EURIPIDE

TRAGÉDIES

IPHIGÉNIE À AULIS

COLLECTION DES UNIVERSITÉS DE FRANCE
publiée sous le patronage de l'ASSOCIATION GUILLAUME BUDÉ

EURIPIDE

TRAGÉDIES

TOME VII

1re partie

IPHIGÉNIE À AULIS

TEXTE ÉTABLI ET TRADUIT
PAR
FRANÇOIS JOUAN
Professeur à l'Université de Paris X

Sixième tirage

PARIS
LES BELLES LETTRES
2023

Conformément aux statuts de l'Association Guillaume Budé, ce volume a été soumis à l'approbation de la commission technique, qui a chargé M. S. G. Daitz d'en faire la révision et d'en surveiller la correction en collaboration avec M. F. Jouan.

95 boulevard Raspail, 75006 Paris
www.lesbelleslettres.com

Premier tirage 1983

ISBN : 978-2-251-00127-2
ISSN : 0184-7155

SIGLA

L Laurentianus 32, 2, saec. XIV in.
 L[1] eiusdem manus correctio.
 L[2] Demetrii Triclinii correctio.
 L[3] manus recentioris correctio.

P Palatinus Vaticanus gr. 287, saec. XIV.
 P[2] manus antiquae correctio (lectio tricliniana).
 P[3] manus recentioris correctio.

Π[2] Pap. Lugduno-Batava 510, saec. III a. (cont. u. 1500-1509 ; 784-792).

Π[3] P. Köln II, 67 (Inv. 5857-5859), saec. II a. (cont. u. 301-309 ; 390-392 ; 569-583 ; 745-749 ; 795-806 ; 819-820).

Π[4] P. Oxy. 3719, saec. III p. (cont. u. 913-18).

De Π[1] (Pap. Fitzwilliam Museum inv. 2), vide ad pag. 56.

NOTICE

Date et circonstances de la représentation. *Iphigénie à Aulis* est une pièce posthume. Euripide avait quitté Athènes en 408 pour la cour du roi de Macédoine, Archélaos, et il était mort à Pella dans l'hiver 407-406[1]. Euripide le Jeune, le fils du poète[2], présenta la pièce au concours des Grandes Dionysies, au printemps de 405, avec les *Bacchantes* et *Alcméon à Corinthe*[3], et obtint pour son père le premier prix[4].

On peut penser que le poète avait déjà commencé à travailler à sa pièce avant de quitter Athènes[5], et on a cru y trouver des souvenirs de son voyage de l'été 408 à travers la Grèce du Nord[6]. Mais l'essentiel a dû être

1. Si l'on tient compte de la tradition selon laquelle Sophocle, au cours du *proagôn* des Dionysies (mars 406) s'était présenté en habits de deuil avec des choreutes sans couronnes, à la suite de la mort de son rival (*Vita*, l. 46-49). Lors de la représentation des *Grenouilles* aux Lénéennes de 405 (janvier-février), Sophocle à son tour était mort. Mais pour A. Dirkzwager (*Ant. Cl.* 47, 1978, p. 476-493), la trilogie posthume d'Euripide aurait été représentée lors de ces mêmes Lénéennes de 405, en même temps que les *Grenouilles* d'Aristophane.

2. Cf. schol. Ar., *Gren.* 67 ci-dessous ; *Vita*, l. 31-32. La *Souda* (*s. v.* Εὐριπίδης) dit qu'il était le neveu d'Euripide.

3. Sch. Ar., *Gren.* 67 : οὕτω καὶ αἱ διδασκαλίαι φέρουσι, τελευτήσαντος Εὐριπίδου υἱὸν αὐτοῦ δεδιδαχέναι ὁμώνυμον (ὀνωνύμως V) ἐν ἄστει Ἰφιγένειαν τὴν ἐν Αὐλίδι, Ἀλκμαίωνα, Βάκχας.

4. *Souda*, *l. c.*

5. Voir *infra*, p. 40.

6. Le Chœur des Noces de Thétis et de Pélée sur le Pélion (1036-1079) pourrait rappeler le séjour effectué par le poète en Magnésie au cours de son voyage (*Vita*, l. 22-25). Cf. F. Jouan, *Euripide et les légendes des « Chants cypriens »*, Belles Lettres, 1966, p. 86-87.

composé en Macédoine et il est probable que la mort a empêché Euripide de mettre la dernière main à son ouvrage. La pièce telle qu'elle nous a été transmise comporte un certain nombre d'anomalies de forme qui suggèrent l'intervention de mains étrangères au poète : celle d'Euripide le Jeune, certainement, mais des remaniements ultérieurs ne sont pas exclus. Toutefois, la connaissance des circonstances exceptionnelles de la composition d'*Iphigénie à Aulis* a stimulé les efforts d'une hypercritique qui, depuis un siècle, a tendu à retirer au poète nombre de passages et de vers pour les attribuer à des continuateurs. En fait, nous le verrons, le doute n'est permis que pour quelques parties de la pièce : pour l'essentiel, nous lisons bien l'œuvre composée par Euripide dans les toutes dernières années de sa vie.

La légende d'Iphigénie : — épopée et lyrisme —

Homère mentionne dans l'*Iliade*[1] le rassemblement des Achéens à Aulis, où il place le célèbre présage du serpent et des passereaux interprété par Calchas, mais il ignore le sacrifice d'Iphigénie. Au cours de l'ambassade auprès d'Achille, Agamemnon fait proposer au héros la main d'une de ses trois filles, Chrysothémis, Laodicè ou Iphianassa[2] ; la dernière citée, bien vivante au cours du siège de Troie, ne peut donc être identifiée avec Iphigénie[3].

La légende du sacrifice apparaît pour la première fois dans l'épopée de Stasinos, les *Chants Cypriens*. Proclos

1. B 303-330.
2. I 145.
3. Aristarque (sc. A *ad loc.*) assimilait cependant l'une à l'autre les deux héroïnes, tout en niant qu'Homère connût la légende du sacrifice. W. Kullmann, *Die Quellen der Ilias*, 1960, p. 196-199, estime que certains passages de l'*Iliade* supposent la connaissance de cet épisode, qu'Homère aurait cependant préféré passer sous silence. Thèse critiquée par A. Severyns, *Ant. Cl.* 30, 1962, p. 543.

résume ainsi l'épisode : « Et pendant que, pour la seconde fois[1], l'expédition était concentrée à Aulis, Agamemnon, au cours d'une chasse, abat une biche ; du coup, il se vante d'avoir fait mieux qu'Artémis. La déesse, irritée, pour empêcher l'appareillage, envoie des tempêtes en mer. Calchas leur dit la colère de la déesse et ordonne qu'Iphigénie soit sacrifiée à Artémis. On la fait donc venir sous le prétexte d'épouser Achille et on prépare le sacrifice. Mais Artémis la dérobe, la transporte chez les Taures et la rend immortelle, après avoir remplacé la jeune fille par une biche à Aulis »[2].

Mais il apparaît clairement qu'Iphigénie a été une figure du culte bien avant d'entrer dans la légende troyenne[3]. C'était une divinité apparentée à Artémis, à laquelle la tradition aux temps historiques l'associait sous des formes diverses : comme sa victime au sanctuaire d'Aulis ; comme sa prêtresse en Tauride et à

1. Dans les *Chants cypriens* il y avait une première expédition qui s'égarait et aboutissait en Mysie.

2. Proclos, *Ep.*, l. 135-143 Sev. (= 104, 13-20 Allen) : Καὶ τὸ δεύτερον ἠθροϊσμένου τοῦ στόλου ἐν Αὐλίδι Ἀγαμέμνων ἐπὶ θηρῶν βαλὼν ἔλαφον ὑπερβάλλειν ἔφησε καὶ τὴν Ἄρτεμιν. Μηνίσασα δὲ ἡ θεὸς ἐπέσχεν αὐτοὺς τοῦ πλοῦ χειμῶνας ἐπιπέμπουσα. Κάλχαντος δὲ εἰπόντος τὴν τῆς θεοῦ μῆνιν καὶ Ἰφιγένειαν κελεύσαντος θύειν τῇ Ἀρτέμιδι, ὡς ἐπὶ γάμον αὐτὴν Ἀχιλλεῖ μεταπεμψάμενοι θύειν ἐπιχειροῦσιν. Ἄρτεμις δὲ αὐτὴν ἐξαρπάσασα εἰς Ταύρους μετακομίζει καὶ ἀθάνατον ποιεῖ, ἔλαφον δὲ ἀντὶ τῆς κόρης παρίστησι τῷ βωμῷ. La traduction est aussi celle d'A. Severyns, *Recherches sur la Chrestomathie de Proclos* IV, 1963, p. 82-83.

3. Nous renvoyons à la *Notice* d'*Iphigénie en Tauride* par H. Grégoire (*Euripide* IV, Belles Lettres, 1925), en particulier p. 86-92. On complétera par quelques travaux plus récents : L. Séchan, « Le Sacrifice d'Iphigénie », *R. É. G.* 44, 1931, p. 368-379 ; P. Clément, « New evidence for the origin of the Iphigeneia legend », *Ant. Cl.* 3, 1934, p. 393-409 ; A. Baschmakoff, « Origine tauridienne du mythe d'Iphigénie », *Bull. Assoc. G. Budé* 64, 1939, p. 3-21 ; A. Brelich, *Paides e Parthenoi*, Rome, 1969, p. 242-245 ; 274-275 ; L. Kahil, « Autour de l'Artémis attique », *Ant. K.* 8, 1965, p. 20-33 ; 20, 1977, p. 86-98 ; « La déesse Artémis : mythologie et iconographie », in *Acta of the XI Internat. Congress of Class. Archaeology*, Londres, 1979, p. 73-87 et pl. 31-36 ; H. Lloyd-Jones, « Artemis and Iphigeneia », *JHS*, 103, 1983, p. 87-102.

Brauron ; comme la plus ancienne propriétaire du temple d'Artémis à Aigeira d'Achaïe. Elle se confondait même avec la déesse dans le temple d'Artémis-Iphigénie d'Hermione. Pour Hésiode et Stésichore, la volonté d'Artémis l'aurait « transformée » en Hécate, une divinité elle-même si proche d'Artémis qu'il est souvent difficile de les distinguer dans l'iconographie.

La légende « humaine » d'Iphigénie laisse aussi transparaître certains aspects de la personnalité si complexe d'Artémis : à la fois chasseresse et maîtresse des animaux, déesse vierge et déesse de la fécondité, invoquée comme donatrice d'enfants vigoureux (ce qu'exprime peut-être le nom même d'Iphi-géneia). De plus, les découvertes archéologiques récentes ont conduit à souligner les dominantes chthoniennes dans les deux cultes : Iphigénie accomplit des sacrifices humains pour la déesse en Tauride, recueille les vêtements des femmes mortes en couches en Attique[1] et elle est elle-même sacrifiée à Aulis. On a relevé enfin que les trois principaux sanctuaires d'Artémis auxquels elle était associée (Brauron, Halae et Aulis) comportaient un *adyton*, caractéristique des cultes chthoniens ou funéraires[2].

L'introduction d'Iphigénie dans la légende épique a été sans doute facilitée par le rapprochement des noms Iphigéneia et Iphianassa et par une tradition locale qui désignait Aulis comme le lieu de rassemblement des Achéens à leur départ pour Troie. Et nous savons que Stasinos avait tout simplement ajouté le nom d'Iphigénie

1. *I. T.* 1464-1467.

2. J. Travlos, in *Neue Forschungen in gr. Heiligtümer*, Tübingen, 1976, p. 197-205 ; L. Kahil, « La déesse Artémis... », p. 77. Pour les fouilles de J. Papadimitriou à Brauron, voir *The Princeton Encyclopedia of Classical Sites*, 1976, s. *v. Brauron*, p. 163-164 ; pour celles d'Aulis, *B. C. H.* 81, 1957, p. 586-588 ; 86, 1962, p. 776 et 779 ; *The Princeton Encyclopedia...*, *s. v. Aulis*, p. 127. Pour les textes relatifs au sacrifice d'Iphigénie, voir W. Sale, « The Temple-legends of the Arkteia », *Rh. Mus.* 98, 1975, p. 265-284. Parallèles mythiques : E. Masaracchia, in *QUCC*, 14, 1983, p. 87-102.

à ceux des trois autres filles d'Agamemnon citées par Homère[1].

Dans le *Catalogue des femmes* hésiodique[2], la fille de l'Atride, appelée Iphimédè, aurait été sauvée par la déesse lors du sacrifice d'Aulis, dotée de l'immortalité, et serait devenue « l'Artémis des carrefours », c'est-à-dire Hécate. Stésichore avait suivi cette tradition, tout en faisant d'Iphigénie la fille d'Hélène et de Thésée, premier ravisseur de la Tyndaride[3]. Il était question du sacrifice dans son *Orestie* et un commentateur antique affirme qu'Euripide avait emprunté à ce poème le motif du mariage supposé grâce auquel Iphigénie était attirée à Aulis[4]. L'immolation de la jeune fille devait déjà être chez Stésichore une des causes de la vengeance de Clytemnestre sur son mari. Ce motif est évoqué par Pindare, qui ne parle que de la mort de la jeune fille et non de son salut par Artémis[5].

La Tragédie. Eschyle et Sophocle.

Parmi les légendes de la guerre de Troie, l'épisode d'Aulis comportait des traits qui le vouaient particulièrement à être porté à la scène : unité de temps et de lieu, importance historique, participation des principaux héros achéens, caractère dramatique du choix imposé à Agamemnon et pathétique de l'immolation d'une victime jeune et innocente.M ais des *Iphigénie* d'Eschyle et de Sophocle, il ne reste pratiquement rien pour reconstituer la forme prise chez eux par la légende et les seuls éléments sont à tirer, pour le premier de l'*Agamemnon*, pour le second de l'*Électre*.

1. *Kyp.*, fr. XV Allen. Dans *Oreste* (23), Euripide ramène leur nombre à trois : Chrysothémis, Iphigénie et Électre.
2. Fr. 23 a, 17-26 ; 23 b (Paus. I, 43, 1) M.-W. ; Stés., fr. 38 P. (*Orestie*).
3. Stés., fr. 14 P. (*Helena*).
4. Fr. 40, 25-27 P. (*Orestie*).
5. *Pyth.* XI, 22-23.

Dans la *parodos* d'*Agamemnon*, la colère d'Artémis[1] se traduit par des vents contraires qui empêchent la flotte de sortir du port. Calchas révèle alors que la déesse exige le sacrifice d'Iphigénie pour laisser souffler des vents favorables. Agamemnon hésite longuement, mais le sens de ses responsabilités, sans doute aussi l'ambition[2], l'amènent à céder. Iphigénie est saisie de force. Malgré ses supplications, elle est soulevée de terre, baillonnée, portée à l'autel et égorgée par son propre père[3]. Apparemment, tout le monde ignore que la jeune fille a été sauvée et Clytemnestre va remâcher sa rancune contre son mari jusqu'à son retour de Troie. Il y a quelque raison de penser que dans la pièce perdue[4] Iphigénie était attirée à Aulis par le projet de la donner en mariage à Achille et que ce dernier tentait vainement de défendre la jeune fille les armes à la main, mais on ne peut guère aller au-delà de ces hypothèses[5].

L'*Iphigénie* de Sophocle n'est pas mieux connue, et les seuls renseignements assurés proviennent de la scène de son *Électre* où l'héroïne s'oppose à sa mère. A son habitude, Sophocle paraît avoir suivi d'assez près la

1. Dans *Ag.* 114-138, Artémis contrecarre les projets de son père parce qu'elle est irritée contre les aigles de Zeus qui ont dévoré une hase pleine. Il n'est pas question d'une faute personnelle d'Agamemnon ; cf. H. Lloyd-Jones, *o. c.*, p. 101-102. Mais nous ne pouvons affirmer qu'il en était de même dans *Iphigénie*.

2. *Ag.* 205-227. Le débat sur la responsabilité d'Agamemnon est toujours ouvert : voir E. Fraenkel, « Alcuni problemi nell'*Agamemnone* di Eschilo », *Dion.* 12, 1949, p. 3-16 ; Denniston-Page, *Aeschylus, « Agamemnon »*, Oxford, 1957, p. 88 ; M. de Oliveira Pulquéro, « O problema do sacrifício de Ifigénia no *Agamémnon* de Ésquilo », *Human.* 21-22, 1969-1970, p. 366-375 ; S. Saïd, *La faute tragique*, Paris, 1978, p. 113-114, 159-164, 337-338.

3. *Ag.* 228-247.

4. Fr. 134-141 Mette. Mais la tradition indirecte ne fournit qu'un vers complet (141) et les fragments papyrologiques (137-140) sont trop mutilés pour être vraiment utilisables.

5. Cf. Th. Zielinski, *Tragodoumenôn libri tres*, Cracovie, 1925, p. 250-263. Sur des bases très fragiles, Zielinski imaginait encore que Clytemnestre s'appuyait sur Palamède pour tenter de déjouer les intrigues de Ménélas et d'Ulysse.

version des *Chants Cypriens*. Ici, la faute d'Agamemnon était double : il était coupable d'avoir tué un cerf consacré à la déesse et de s'être vanté de se montrer plus habile chasseur qu'elle[1]. Mais à la différence de Stasinos et d'Eschyle, Sophocle expliquait l'impossibilité de quitter Aulis par l'absence de vent[2]. Calchas révélait l'oracle d'Artémis et Ménélas faisait pression sur son frère[3]. Il semble bien que l'action de l'*Iphigénie* de Sophocle[4] se déroulait à Argos où Ulysse, accompagné de Diomède, venait chercher la jeune fille sous le prétexte d'un mariage avec Achille (qui avait accepté d'entrer dans le complot). Au dénouement, un messager — peut-être Talthybios — venait apprendre à Clytemnestre la mort d'Iphigénie[5].

Euripide. Si ces essais de reconstitution peuvent être suspectés parce qu'ils se fondent surtout sur des récits tardifs (Ovide, Hygin, Apollodore), ils sont cependant confortés dans une certaine mesure par les références assez nombreuses à cet épisode que contiennent les drames d'Euripide antérieurs à *Iphigénie à Aulis*. Car avant de traiter lui-même ce thème, le poète semble s'être longtemps inspiré des versions de ses devanciers. Ainsi dans *Andromaque*, les *Troyennes*, *Électre*, *Oreste* et surtout *Iphigénie en Tauride*.

Le prologue de cette dernière pièce (1-31) offre un

1. *El.* 566-569. Les deux motifs sont aussi réunis chez Hygin 98 ; Apollodore, *Ep.* III, 21 ; sc. A (Ar.), *Il.* I, 108 ; sc. MTAB, Eur., *Or.* 658.

2. *El.* 564 ; 573-574.

3. *El.* 537 ; 545 ; 575-576.

4. Fr. 305-312 Radt, p. 270-274 ; voir Pearson, *The fragments of Soph.* I, p. 218-223.

5. Zielinski, *o. c.*, p. 264-273 ; W. H. Friedrich, « Zur Aulischen Iphigenie », *Hermes* 70, 1935, p. 97-100 ; F. Jouan, *Euripide et les... « Chants Cypriens »*, p. 272-273 ; W. Ritchie, in *Dionysiaca* (Nine Studies... presented to Sir Denys Page), Cambridge, 1978, p. 201, n. 12.

tableau du rassemblement des Achéens à Aulis qui reflète la « vulgate » légendaire, à l'exception de la raison alléguée pour la colère d'Artémis. Le motif proposé ici est celui du vœu imprudent : Agamemnon aurait promis de sacrifier à la déesse « le plus beau produit de l'année » et se serait ensuite récusé en apprenant qu'il s'agissait de sa fille Iphigénie (20-24). Quelle que soit l'origine de ce motif[1], Agamemnon est coupable et Artémis punit l'armée en retenant les vents[2]. On consulte les victimes, Calchas révèle l'oracle (16-24). Ménélas fait pression sur son frère[3]. C'est sans doute Ulysse qui imagine le plan qu'il exécutera en allant chercher Iphigénie à Argos sous prétexte de lui faire épouser Achille[4]. Iphigénie revit au cours de la pièce la scène joyeuse où elle prenait congé des siens, en particulier du petit Oreste (230-235 ; 372-377 ; 828-829 ; 834-835) et celle de son arrivée à Aulis (214-217 ; 370-371 ; 856-859). Comme dans toute la tradition antérieure, elle est conduite de force au sacrifice, malgré ses supplications, et elle est immolée par son propre père (26-27 ; 359-371). Mais Artémis l'a dérobée aux Achéens au dernier moment en lui substituant une biche et transportée en Tauride (28-30). Toutefois, elle ne l'a pas dotée de l'immortalité, motif qui ne convenait pas à la version et au dénouement choisis par

1. Sur ce thème de folklore, cf. C. Robert, *Gr. Held.*, p. 1097 ; L. Séchan, « Le sacrifice d'Iphigénie », *R. É. G.* 44, 1931, p. 379-380. On a parfois attribué ce motif à Stésichore (M. Mayer, *De Euripidis Mythopoeia*, Berlin, 1883, p. 26-27). Cette raison a pu être imaginée par Euripide à partir d'une autre dont Phérécyde est notre premier témoin (fr. 93 M. ; sc. *Or.* 999) : Agamemnon aurait expié le refus d'Atrée (dont le nom apparaît en *I. T.* 3) de sacrifier aux dieux l'agneau d'or de son troupeau (Apd., *Ep.* III, 21 ; cf. II, 10).

2. Nous comprenons ainsi, à la différence de Grégoire, le v. 15 : Δεινῆς δ' ἀπλοίας πνευμάτων τ' οὐ τυγχάνων : « rencontrant une terrible impossibilité de naviguer et (c'est-à-dire) une absence de vents ».

3. *And.* 624-626 ; *El.* 1024-1029 ; *Or.* 658-659.

4. Pour Clytemnestre (*El.* 1020-1023), Agamemnon lui-même avait conçu cette ruse dès son départ d'Argos, ce que dément Électre (1069-1070).

le poète[1]. Tous les Grecs la croient morte (175-176 ; 564 ; 771 ; 831).

Dans son exil taurique, Iphigénie entretient elle aussi une vive rancune contre les responsables de son malheur : Hélène et Ménélas (8 ; 354-356 ; 523 ; 525), Calchas et Ulysse (531-535), l'ensemble des Danaens (359-360). Deux exceptions toutefois : Achille, qui paraît être comme elle-même une victime des ruses d'Ulysse (538-539) et, plus curieusement, son père Agamemnon envers lequel elle manifeste l'indulgence qu'on accorde à un malheureux, accablé lui aussi par la fatalité (565 ; cf. 211 ; 853).

« Iphigénie à Aulis ». Lorsque Euripide prend à son tour pour sujet d'un drame l'épisode d'Aulis, il puise très largement dans la tradition antérieure, épique et dramatique. Dans aucune de ses pièces les antécédents de la guerre de Troie, qui formaient la matière des *Chants Cypriens*, ne tiennent autant de place. Pour l'épisode lui-même, Euripide conserve les grandes lignes du récit : rassemblement des Achéens à Aulis, impossibilité de prendre la mer qui entraîne la lassitude générale et les menaces d'une dispersion de l'armée, révélation par Calchas de l'oracle exigeant le sacrifice d'Iphigénie, prétexte d'un mariage avec Achille, sacrifice et substitution de la biche, rancune de Clytemnestre à l'égard de son mari.

Il semble qu'il s'accorde avec Eschyle pour l'absence de faute d'Agamemnon à l'égard d'Artémis, sans doute pour l'alliance de Clytemnestre et d'Achille et l'intervention de ce dernier en faveur de la jeune fille. A Sophocle, il doit les motifs du manque de vent et des pressions de Ménélas sur son frère. On pourrait sans doute allonger la liste des dettes du poète si l'on connaissait mieux les deux pièces perdues. En tout cas, le poids de

1. *I. T.* 1462-1464.

la tradition se mesure à l'apparition plus ou moins fugitive de détails en désaccord avec la version imaginée par le poète : motivations accessoires, desseins abandonnés ou vaines rumeurs, pour reprendre la classification de Th. Zielinski[1].

Donnons quelques exemples : à côté de l'absence de vents, apparaît une fois le motif des vents contraires (1322-1323). Le prologue établit nettement que le projet de mariage d'Iphigénie n'est qu'un leurre et qu'Achille n'en est pas informé (105 ; 128-132). Mais le vieux serviteur d'Agamemnon semble croire à sa réalité[2], le bruit en a couru dans l'armée achéenne (430 ; 435-439) et Achille lui-même, après un moment de stupeur bien naturel, ne paraît pas exclure un tel projet[3]. De même, il y a une équivoque, jusque dans le vocabulaire, à propos de l'arrivée d'Iphigénie : tantôt il est dit que Clytemnestre *conduit* sa fille à Aulis, tantôt qu'elle doit l'*envoyer* depuis Argos à l'armée, souvenir d'une version où Iphigénie voyageait sans sa mère[4]. Quand Achille déclare que si l'on avait fait appel à lui, il aurait accepté de prêter son nom pour tromper Clytemnestre (962-967), on retrouve là encore le souvenir probable d'un motif tragique.

Autre exemple : au v. 107, Agamemnon déclare que trois autres chefs achéens sont au courant de l'oracle : Calchas, Ulysse et Ménélas. Or seul ce dernier apparaît

1. *Rev. Belge Phil. Hist.* 6, 1927, p. 593-602. Cf. notre *Euripide et les... « Chants Cypriens »*, p. 36.

2. 124-125. Les explications traditionnelles mettent en cause la maladresse de l'auteur (ou de l'adaptateur) du prologue, ou encore l'esprit obtus du vieux serviteur !

3. Cf. 935-936 ; 1354-1356 ; 1404-1405 ; 1410-1413. Il n'est pas impossible qu'au dénouement de *Télèphe*, Agamemnon ait promis sa fille à Achille pour le remercier du service qu'il avait rendu à la cause grecque en guérissant le héros mysien (sur cette pièce, cf. *Euripide et les... « Chants Cypriens »*, p. 222-255).

4. D'un côté ἕπεσθαι (457), ἄγειν (885), de l'autre πέμπεσθαι (1356), πέμπειν (100), στέλλειν (119), ἀποστέλλειν (362).

sur la scène et s'oppose aux tentatives de son frère pour sauver Iphigénie. Mais Agamemnon ne cesse de redouter les manœuvres des deux autres : sans les nommer, c'est à eux que Ménélas menace de recourir (413-414) et son frère ne s'y trompe pas (518-535). Achille s'attend à ce que ce soit Ulysse qui prenne la tête de la troupe qui viendra saisir Iphigénie et la traîner au supplice (1362-1366). Cette menace, pour rester virtuelle, n'en pèse pas moins fortement sur la conduite d'Agamemnon[1]. A travers elle, on distingue le souvenir d'une version où c'étaient Ménélas, Calchas, et surtout Ulysse, qui conduisaient l'action.

Dans le plan « raisonnable » proposé par Achille à Clytemnestre (essayer de la persuasion auprès d'Agamemnon avant d'en venir à la force), on devine aussi une polémique contre une version (probablement celle d'Eschyle) où Achille se jetait étourdiment contre les Atrides pour défendre Iphigénie et devait battre en retraite, lapidé par l'armée (motif repris en mineur au v. 1350). Enfin, jusqu'au moment où Iphigénie décide de s'offrir volontairement en sacrifice, on ne cesse de faire état des violences qui l'attendent : elle sera traînée à l'autel par les cheveux (1365), immolée comme une génisse (1082-1083 ; cf. *I. T.* 359) et le couteau sera brandi par son propre père (873 ; 875 ; 880 ; 1131 ; 1177-1178 ; 1185-1186).

L'action. L'influence de ses prédécesseurs n'a pourtant pas empêché Euripide de renouveler le sujet en bâtissant une action originale et habilement agencée.

La donnée initiale est l'oracle d'Artémis, qui pose aux Grecs la condition exigée par les dieux pour quitter Aulis et

1. Cf. H. W. Friedrich, « Zur Aulischen Iphigenie », *Hermes* 70, 1935, p. 73-81 ; *Euripides und Diphilos*, 1953, p. 100-103, et *infra*, p. 32.

tirer vengeance du rapt d'Hélène. Mais c'est un secret entre le grand-prêtre et quelques membres de l'état-major. En fait, tout repose encore sur le choix d'Agamemnon. Comme chez Eschyle, le chef de l'armée a librement accepté cette condition (360-362). Mais à la différence du roi eschyléen, il a pris conscience dans un second temps de l'atrocité de ce meurtre. Le prologue le saisit à la minute du revirement. Dans une première lettre à Clytemnestre, il lui avait demandé d'envoyer à Aulis leur fille Iphigénie qu'Achille voulait pour femme. Il confie un contre-ordre écrit au vieil esclave. Cet emploi d'une lettre évite l'envoi de héros grecs à Argos[1] et laisse Agamemnon seul maître des événements.

En apparence du moins, car Ménélas va intercepter cette seconde lettre et s'indigner de ce qu'il considère comme une trahison. Le conflit débouche sur un *agôn* entre les deux frères, dont l'un doit être le principal bénéficiaire du sacrifice, tandis que l'autre en sera à la fois l'artisan et la victime. C'est la première dispute des Atrides, il y en aura d'autres au long de la guerre[2]. Leur conflit met en évidence les défauts de caractère des deux frères : un mélange d'ambition et d'indécision chez l'un, un grand égoïsme et une faiblesse coupable pour Hélène chez l'autre. La querelle est interrompue par une nouvelle péripétie : un messager vient annoncer avec une joie naïve l'arrivée prochaine d'Iphigénie — et qui plus est accompagnée de Clytemnestre. Le désespoir d'Agamemnon devant cette double déconvenue entraîne le revirement de Ménélas[3]. Il exhorte son frère à re-

1. Euripide avait déjà usé à diverses fins dramatiques du procédé de la lettre : dans *Iphigénie en Tauride*, 727 sqq. (comparer pour l'emploi et l'expression *I. T.* 760-761 et *I. A.* 112-113), dans *Hippolyte*, 856 sqq. ; 1253-1254, et *Sthénébée* (*T. G. F.*², p. 567-568).

2. Par exemple au moment de quitter la Troade (*Nostoi*) : voir le résumé de Proclos, l. 279-280 Sev. (108, l. 16-17 Allen).

3. Sur le sens de ce revirement, voir *infra*, p. 33.

noncer, à licencier l'armée. Mais Agamemnon se persuade qu'il n'est désormais plus possible d'éviter le sacrifice. Ainsi, après une série de coups de théâtre, le roi se trouve-t-il ramené malgré lui à la situation initiale, encore aggravée par la présence de Clytemnestre.

Mais la lutte pour la vie d'Iphigénie ne fait que commencer. Les trois premières scènes du second épisode sont fondées sur le contraste entre la joie des deux personnages féminins et le désespoir qui étreint Agamemnon et qu'il doit s'efforcer de dissimuler. L'épisode commence par un gracieux tableau de genre : l'arrivée en char de Clytemnestre, d'Iphigénie et du petit Oreste et leur accueil par le chœur des femmes de Chalcis[1]. Les deux dialogues successifs d'Agamemnon avec Iphigénie, puis avec Clytemnestre, sont presque exclusivement des stichomythies. Le premier met en évidence l'affection réciproque du père et de la fille, mais la joie innocente de celle-ci augmente la douleur d'Agamemnon et colore tragiquement ses réponses à double sens. Le second accentue encore le chagrin du roi, accablé par sa femme de questions sur son futur gendre et anéanti par le ferme refus de Clytemnestre de rentrer à Argos avant la cérémonie. A la fin de ce second épisode, Agamemnon est plus que jamais dans une impasse.

L'épisode suivant va successivement dévoiler son secret et voir se constituer une nouvelle alliance en vue de sauver la jeune fille. Achille est venu mettre le chef de l'armée en demeure de hâter le départ. Les paroles aimables que lui adresse Clytemnestre troublent la « pudeur » du jeune guerrier et donnent lieu à un quiproquo qui nous mènerait aux frontières de la comédie si la noblesse des interlocuteurs et le sentiment de dignité blessée qui s'empare d'eux lorsqu'ils prennent conscience d'avoir été joués ne sauvaient le sérieux de la scène.

1. L'authenticité de cette scène a été parfois mise en doute : voir *infra*, p. 30.

L'intervention du vieux serviteur, justifiée par son dévouement à Clytemnestre, constitue un exemple remarquable d'économie de moyens dramatiques : nul n'était mieux informé du complot que le confident d'Agamemnon et la rencontre fortuite de Clytemnestre et d'Achille lui permet de les informer tous deux en même temps des projets du roi. Après des préliminaires embarrassés, le vieillard leur assène sa révélation en un vers (873), et la complète par des explications succinctes.

Dans son désarroi, Clytemnestre n'a d'autre ressource que de se tourner vers Achille, dont le nom a été utilisé pour attirer Iphigénie dans le camp. Sauver la jeune fille irait certes contre ses intérêts en empêchant le départ et en l'opposant au chef de l'armée, alors qu'aucun motif sentimental, aucune contrainte juridique ne l'obligent à prendre sa défense. Il va pourtant exposer dans une longue tirade les raisons qui le poussent à la secourir : une sorte d'obligation morale, du fait que son nom a été associé à celui d'Iphigénie, la pitié pour deux femmes maltraitées, un vif ressentiment enfin contre l'Atride qui s'est servi de lui comme d'un instrument. Pourtant, avec prudence, il décide de n'intervenir que si Clytemnestre ne peut fléchir son mari par la persuasion.

L'épisode est fermement conduit et riche en rebondissements. Il met en relief le caractère d'Achille et annonce le drame de la mère qui va succéder à celui du père.

A la fin du troisième *stasimon*, Clytemnestre guette devant la tente le retour de son mari. A son arrivée, Agamemnon risque une dernière tentative — évidemment vouée à l'échec — pour éloigner sa femme du camp. En présence de la jeune fille portant le petit Oreste dans ses bras, Clytemnestre n'a pas de mal à convaincre l'Atride d'imposture. Elle plaide alors longuement la cause d'Iphigénie. Une partie de ses arguments s'étaient déjà trouvés dans la bouche d'Achille. Il en est d'autres plus originaux, comme l'accusation qu'elle lance contre Agamemnon d'avoir tué son premier mari, Tantale, et le fils qu'elle en avait eu : un motif qui apparaît pour la première fois et dont l'origine est obscure[1]. Elle s'est cependant toujours conduite en épouse irréprochable et dévouée. Cette image inattendue de Clytemnestre souligne l'importance du sacrifice d'Iphigénie comme facteur de transformation d'une mère vertueuse en femme adultère et criminelle.

Au plaidoyer de Clytemnestre succède la fameuse prière d'Iphigénie, imitée de si près par Racine. Quel que soit son degré d'originalité, l'appel à l'intercession du petit Oreste (1241-1248) doit être l'invention propre d'Euripide. Agamemnon, déchiré, reste cependant ferme : il invoque pour maintenir sa décision l'importance des préparatifs de guerre, la volonté unanime de l'armée. Il y ajoute un motif politique et patriotique qui va s'amplifier dans les scènes suivantes : l'expédition de Troie intéresse la Grèce entière, qui doit rester libre et réprimer l'insolence des Barbares (1259-1275).

Après une longue monodie d'Iphigénie, l'arrivée d'Achille vient dissiper les derniers espoirs qu'il était possible d'entretenir pour le salut de la jeune fille. Le héros répond aux questions angoissées de Clytemnestre qu'il a échoué dans ses efforts pour défendre publiquement la cause d'Iphigénie. Il a même risqué d'être lapidé par ses propres troupes. Tous deux envisagent encore une ultime résistance, quand Iphigénie, restée silencieuse depuis l'apparition d'Achille, les interrompt au milieu d'un vers pour leur faire part de sa décision : non seulement elle s'incline devant l'inévitable (1370) mais elle affrontera délibérément la mort pour le salut de la Grèce et pour sa propre gloire (1368-1401). Ce brusque revirement peut surprendre : il choquait déjà Aristote et la critique moderne s'est longuement interrogée sur

1. Voir l'annotation aux v. 1148-1156.

son bien-fondé[1]. Disons seulement ici qu'il scelle le destin d'Iphigénie. L'héroïsme de la jeune fille suscite chez Achille une admiration toute prête à se transformer en amour. Le héros se propose même de l'assister jusqu'au pied de l'autel, pour le cas où au dernier moment elle se révolterait contre la mort.

Les adieux d'Iphigénie à Clytemnestre sont d'un sobre pathétique, tout au moins de la part de la jeune fille. Ses ultimes pensées vont à ses sœurs, à son jeune frère, à son père auquel elle voudrait épargner le ressentiment de sa mère. Sa sortie de scène au cours d'un long chant alterné avec le Chœur (1475-1531), libre et fière, contraste par ses accents triomphaux avec le pathétique de la situation.

Seul un récit de Messager pouvait décrire le sacrifice. Certes, il ne manque pas (1540-1612), mais il est déparé par tant d'anomalies de fond et de forme que dans son état actuel il ne peut être attribué à la main d'Euripide, et qu'il n'est même pas sûr qu'il soit fidèle au dessein du poète[2] : on en retiendra le geste d'Agamemnon qui se voile la face, la « devotio » d'Iphigénie, le rôle d'Achille dans les rites préliminaires et l'invocation à Artémis. Au moment où le couteau du sacrificateur s'abat sur le victime, une biche se substitue miraculeusement à la jeune fille, qui disparaît aux regards. Malgré les assurances de Calchas, confirmées dans les derniers vers par Agamemnon, d'après lesquelles leur fille a été sauvée et se trouve chez les dieux, Clytemnestre déclare conserver des doutes. L'Atride prend congé de sa femme tandis que l'armée s'apprête au départ.

L'intrigue est cohérente, variée, riche en coups de théâtre : on y sent la maîtrise d'un praticien chevronné. Le hasard y tient peu de place et les actes des personnages sont dictés par leur caractère et leurs réactions

1. *Infra*, p. 37.
2. Voir *infra*, p. 26-28.

devant les faits. A la tragédie du père succède celle de la mère, puis de la fille. L'un après l'autre, les efforts tentés pour sauver Iphigénie échouent, jusqu'au moment où la jeune fille elle-même, en décidant de s'offrir à la mort, devient le véritable *deus ex machina* du drame.

Les anomalies. Pourtant certaines parties de la pièce présentent de telles bizarreries de forme et de fond que depuis longtemps la plupart des éditeurs et des critiques se sont refusés à les attribuer à Euripide. On a dans le passé échafaudé les hypothèses les plus singulières pour expliquer l'état actuel du drame : mélange de deux éditions, voire de deux pièces, l'une d'Euripide, l'autre de son fils, refonte et achèvement de la pièce authentique par Euripide le Jeune, reconstruction pour des représentations ultérieures, etc. L'effort le plus méthodique entrepris pour distinguer le texte primitif des ajouts est celui de D. L. Page[1] : il aboutit à éliminer plus du tiers des vers, attribués pour partie à Euripide le Jeune, pour partie à des poètes, metteurs en scène, acteurs ou éditeurs du IVe et du IIIe siècle, pour partie à des réfections byzantines. On est heureusement revenu depuis quelques décennies d'un tel penchant pour les athétèses, sans que pourtant l'unanimité se soit faite — tant s'en faut — sur les points les plus litigieux : il s'agit pour l'essentiel du prologue, de l'*exodos*, de la seconde partie de la *parodos*, et à un moindre degré de la scène d'arrivée de Clytemnestre et d'Iphigénie.

Le prologue. La disposition du texte du prologue est sans autre exemple dans le théâtre attique. Il comporte en effet un dialogue en anapestes entre Agamemnon et un vieux ser-

1. *Actors' interpolations in Greek Tragedy*, Oxford, 1934, p. 122-216. Page, qui s'inspire beaucoup de l'édition d'E. B. England (*The Iphigenia at Aulis*, Londres, 1891), mais qui va encore plus loin que lui dans

viteur (1-48), puis un monologue du roi en trimètres iambiques, dans la forme habituelle des prologues euripidéens (49-114), et de nouveau un dialogue anapestique (115-163). Une telle singularité a donné naissance à une « littérature » considérable, où l'on trouve exposées toutes les solutions imaginables : authenticité des trois parties, de deux, d'une seule, caractère apocryphe de l'ensemble. Tantôt ce sont les trimètres, tantôt les anapestes qui sont attribués à Euripide, le reste étant l'œuvre d'Euripide le Jeune ou d'un « arrangeur » plus tardif. Ou bien l'adaptateur est parti des esquisses de prologues alternatifs d'Euripide. Ou encore on a recherché la solution dans l'interversion des iambes et du premier groupe d'anapestes[1]. Une chose est certaine : les deux parties, anapestes et iambes, se complètent et sont nécessaires à l'exposition du sujet.

A date récente, plusieurs études approfondies de ce problème ont abouti à des jugements totalement opposés : certaines ont conclu à l'authenticité d'ensemble du prologue, dans l'ordre même où il est donné par les manuscrits[2]. Une autre en revanche estime qu'il faut retirer

les athétèses, élimine 548 vers sur 1.629. Il retranche en particulier tous les passages où figure le petit Oreste, introduits à son avis dans le texte « spectaculi causa ».

1. C'est la disposition adoptée en particulier par G. Murray (49-114 ; 1-48). Sur le prologue en anapestes d'*Andromède*, voir E. Fraenkel, in *Studi Paoli*, Florence, 1936, p. 303-304.

2. G. Mellert-Hoffmann, *Untersuchungen zur « Iphigenie in Aulis » des Euripides*, Heidelberg, 1969, p. 91-155 ; C. W. Willink, « The Prologue of *Iphigenia at Aulis* », *Class. Quart.* 21, 1971, p. 343-364 (qui admet l'authenticité de l'ensemble, mais pense que l'ordre original était 49-96 ; 1-48 ; 97-114 ; 115-163) ; B. M. W. Knox, « Euripides' *Iphigenia in Aulide* 1-163 (in that order) », *Yale Class. St.* 22, 1972, p. 239-261 (B. Knox isole onze arguments principaux contre l'authenticité et la disposition du texte transmis et en fait une réfutation sytématique) ; R. Van Pottelbergh, « Remarques sur l'*Iphigénie en Aulide*, tragédie malmenée s'il en fût », *Ant. Cl.* 43, 1974, p. 304-308. Cf. aussi H. J. Mette, *Der Verlorene Aischylos*, Berlin, 1963, p. 65-66 ; D. C. Goetz, *The Iphigeneia at Aulis : a critical study*, Diss., Austin, 1972 ; H. Erbse, *Studien zum Prolog der euripideischen Tragödie*, Berlin-New York, 1984, p. 269-280.

à Euripide à la fois les anapestes et les trimètres[1]. En fait, l'éditeur est bien obligé de constater des contradictions entre les deux parties[2], des répétitions inutiles, des faiblesses dans l'expression. D'un autre côté, la scène telle que nous la lisons est dans ses grandes lignes complète et cohérente et par bien des détails conforme aux usages d'Euripide[3]. Double esquisse laissée inachevée? Tentative pour renouveler, dans cette œuvre tardive, la forme traditionnelle du prologue tragique? Le choix reste ouvert, mais, à notre sens, l'ensemble est marqué par l'esprit euripidéen, même si le texte a subi ultérieurement retouches et aménagements.

L'exodos Contre l'*exodos*, en revanche, les charges sont beaucoup plus graves[4]. Résumons les principaux arguments invoqués contre l'authenticité de cette partie : 1) la liaison maladroite avec la scène précédente : en 1531, ou au mieux en 1510, Iphigénie quitte le théâtre et en 1532 un Messager vient annoncer son sacrifice. 2) Les attitudes des participants ne correspondent pas à ce qu'on atten-

1. D. Bain, « The Prologues of Euripides' *Iphigeneia in Aulis* », *Class. Quart.* 27, 1977, p. 10-26.

2. Les plus grandes difficultés concernent les v. 106-107 et 124-126 et les redites entre 5-48 et 107-114. On se reportera aux notes à ces passages.

3. G. Mellert-Hoffmann, *o. c.*, p. 120, à la suite de G. Ludwig, signale en particulier le parfait équilibre des vers dans la partie en trimètres :

49-79 <	49-65 : 17 66-79 : 14	31 v.
80-110 <	80-93 : 14 94-110 : 17	31 v.

Ces indications ont été développées par J. Irigoin, « Le prologue et la parodos d'*Iphigénie à Aulis* », *REG*, 101, 1988, p. 240-43.

4. Cf. Th. Zielinski, *Tragodoumenôn libri tres*, Cracovie, 1925, p. 277-285 ; L. Séchan, « Le sacrifice d'Iphigénie », *R. É. G.* 44, 1931, p. 392-421 ; D. L. Page, *Actors' Interpolations...*, Oxford, 1934, p. 196-204 ; E. Valgiglio, « L'*Ifigenia in Aulide* di Euripide, II », *Riv. St. Cl.* 5, 1957, p. 70-72 ; S. Cecchi, « L'esodo dell'*Ifigenia in Aulide* », *ibid.*, 8, 1960, p. 69-87 ; H. Siegel, *Euripides « Iphigenia at Aulis ». Analysis and critique*, Diss., New York Univ., 1978, p. 165-170.

dait : Agamemnon, qui devait sacrifier sa fille, se tient à l'écart et se voile la face (1547-1550) ; Achille, qui s'était dit prêt à secourir Iphigénie au pied même de l'autel, prend une part active au sacrifice et prononce la prière d'offrande (1568-1577) ; Calchas s'acquitte pour la seconde fois — et bien tardivement — du rite de couronnement de la victime (1567 ; *cf.* 1477-1478). 3) Si toute l'armée est garante de la substitution de la biche (1584-1589), le scepticisme de Clytemnestre n'a guère de raison d'être. 4) Il existe des ressemblances étroites entre ce récit et celui du sacrifice de Polyxène dans *Hécube* (521-570), qui laisseraient craindre un plagiat. 5) Surtout à partir du vers 1571, la multiplication des fautes de métrique et de syntaxe suggère un travail de réfection médiocre et tardif, probablement byzantin. 6) Une restauration importante paraît avoir été rendue nécessaire par le très mauvais état du texte, dont témoignent nos manuscrits. Dans L, une lacune est signalée après 1569 ; d'autre part, une seconde main s'est substituée à la première, à partir de 1578 dans L et de 1570 dans P. 7) Élien cite comme tirés d'*Iphigénie à Aulis* deux vers qui ne figurent pas dans le texte conservé et qu'on attribue généralement à l'*exodos* authentique. Artémis, sans doute *ex machina*, y disait à Agamemnon (ou à Clytemnestre) :

> « Je déposerai dans les mains des Achéens une biche cornue : en la sacrifiant ils se flatteront d'immoler ta fille »[1].

8) Enfin, on note des désaccords entre le récit du Messager

1. Fr. 857 N² (El., *H. A.* VII, 39) :

> Ἔλαφον δ' Ἀχαιῶν χερσὶν ἐνθήσω φίλαις
> κεροῦσσαν, ἣν σφάζοντες αὐχήσουσι σὴν
> σφάζειν θυγατέρα.

Pour l'historique de la question et de nouvelles spéculations sur ce que pourrait être le dénouement authentique, cf. O. Ameduri, « Su alcuni versi dell'*Ifigenia in Aulide* di Euripide », *Vichiana* 4, 1975, p. 251-255.

et les documents littéraires[1] et surtout iconographiques[2] qui paraissent dépendre de la pièce d'Euripide.

On a tiré de ces faits les conclusions les plus variées. Certains en ont déduit qu'il fallait retirer entièrement l'*exodos* à Euripide. Ainsi, pour Zielinski, à part le motif du sacrifice volontaire, le morceau s'inspirerait entièrement du récit de Sophocle. D. L. Page reconnaissait dans la première partie une œuvre du IVe siècle, mêlée d'interpolations plus tardives, et à partir du v. 1578 des traces du texte du IVe siècle noyées dans des réfections byzantines. Selon d'autres, notre *exodos* est pour l'essentiel celle d'Euripide le Jeune et le fragment d'Élien appartenait à une forme distincte de dénouement, sans doute plus récente, où Artémis apparaissait *ex machina*. D'autres encore, éliminant le témoignage d'Élien, pensent que dans sa substance le récit est fidèle aux intentions d'Euripide, même si la main d'Euripide le Jeune s'y fait sentir. La dégradation du texte vers la fin aurait rendu nécessaires des retouches maladroitement exécutées, mais d'importance réduite pour le sens de l'épisode[3]. C'est ainsi, par exemple, que L. Séchan a tenté de répondre à l'ensemble des objections soulevées par les adversaires de l'authenticité de l'*exodos*, mais toute l'érudition et la finesse de ce grand connaisseur de la tragédie ne pouvaient venir à bout de façon pleinement convaincante d'une tâche aussi difficile. L'éditeur ne peut faire plus que de soumettre au lecteur le texte reçu, en signalant en note les difficultés les plus sérieuses qu'il soulève.

1. Notamment Lucrèce, *Nat. Rer.* I, 84-101.

2. Sur cette question, cf. *infra*, p. 50.

3. Dans le passé, Firnhaber (1841), H. Weil (1879) et Headlam (1889) s'étaient prononcés pour l'authenticité, au moins de fond, de notre *exodos*. S. Cecchi (1959), plus prudent, pense qu'une base euripidéenne a été surchargée d'ajouts de diverses époques. M. West (*BICS*, 28, 1981, p. 73-78) a proposé d'attribuer ces vers à Eugénios, professeur à Constantinople au temps d'Anastase Ier (ve s.), qui aurait complété par ses propres moyens un manuscrit très altéré.

La seconde partie de la parodos.

Dans une première triade (164-230) le Chœur des femmes d'Érétrie décrit le camp d'Aulis et les occupations des héros grecs dans l'attente du vent favorable. Une seconde partie (231-302) constitue une manière de « Catalogue des Vaisseaux » ; les choreutes passent en revue les principaux contingents de la flotte, avec les noms de leurs chefs, et décrivent les emblèmes des navires. Cette seconde moitié a été généralement considérée comme une adjonction ultérieure — d'Euripide le Jeune ou d'un poète plus tardif[1]. Elle donnerait à la *parodos* des dimensions sans exemple dans l'œuvre d'Euripide (159 v.). On a dénoncé également la pauvreté et la monotonie du style, les défaillances métriques et l'absence de *responsio* dans la dernière partie[2].

Quelques critiques ont cependant défendu l'authenticité de ce passage[3]. Ils rappellent que vers la fin de sa vie, à la fois sous l'influence de l'œuvre d'Eschyle et du renouveau du dithyrambe, Euripide aime à construire de larges ensembles lyriques. Il y a une certaine unité d'inspiration et de mètre entre les deux parties, et des correspondances de l'une à l'autre. Le choix et la présentation des contingents semblent obéir pour une part à des raisons d'actualité[4]. Le préjugé intervient dans la condamnation portée sur la forme et les problèmes de *responsio* ne semblent pas non plus insurmon-

1. Pour une bibliographie et une étude d'ensemble de cette question, voir *Euripide et les... « Chants Cypriens »*, p. 293-298.

2. Voir notamment D. L. Page, p. 141-146.

3. Par exemple, W. Kranz, *Stasimon*, Berlin, 1933, p. 240 ; W. Schmid, *Gr. Lit.*, p. 642 ; H. Grégoire, *Bull. Ac. Roy. Belg., Cl. des Lettres* 34, 1948, p. 16-31 (sans exclure cependant une intervention possible d'Euripide le Jeune) ; H. M. Schreiber, *Iphigenies Opfertod*, Francfort, 1963, p. 100-101 ; W. Stockert, *Prometheus* 8, 1982, p. 21-30, sans se prononcer, fournit pourtant des arguments en faveur de l'authenticité.

4. H. Grégoire, *o. c.*

tables. C'est dire que cette partie de la *parodos*, à notre avis, n'est pas indigne d'Euripide.

Les interpolations mineures. Pour des raisons diverses, de fond ou de forme, on a attribué à Euripide le Jeune ou à des interpolateurs plus tardifs des passages assez étendus dans le dialogue, et même les chants lyriques. Par exemple, D. L. Page écarte du texte authentique une partie du dialogue de Ménélas et d'Agamemnon (403-439 et 506-542), la fin du premier *stasimon* et l'épisode de l'arrivée en char de Clytemnestre et d'Iphigénie (590-630), une grande partie de la scène entre Achille et Clytemnestre, la monodie d'Iphigénie (1276-1335) et la dernière scène où paraît Achille (1402-1432). Nous indiquerons chemin faisant les raisons alléguées par les philologues des siècles passés à l'appui de ces condamnations. Pour notre part, nous réserverons les « crochets droits » à quelques dittographies et à quelques interpolations non contestables.

Les personnages. La peinture des caractères tient une place de premier plan dans les tragédies de la dernière période d'Euripide. Ce sont eux qui, dans une large mesure, déterminent l'action. Les personnages d'*Iphigénie à Aulis* sont nombreux et aucun n'a un rôle vraiment prédominant. Certains critiques désignent Agamemnon comme le héros principal[1]. Pour d'autres, c'est Iphigénie, car son nom entre dans le titre de la pièce et son destin, qui occupe tous les autres personnages, sert de pierre de touche à leurs caractères[2]. Il est vrai que l'action tourne autour d'une absente, Artémis ; elle exprime par son oracle des exigences cruelles, devant lesquelles chacun

1. Ainsi V. Frey, *Mus. Helv.* 4, 1947, p. 42 sqq. Son rôle était interprété par le protagoniste.
2. Cf. A. Bonnard, « *Iphigénie à Aulis*, tragique et poésie », *Mus. Helv.* 2, 1945, p. 90 sqq.

se détermine suivant son tempérament. Mais nul ne montre une personnalité ferme et une attitude constante. Plus soucieux de leurs intérêts particuliers que du bien public et esclaves de leurs sentiments et de leurs passions, ils louvoient sans cesse entre la révolte et la soumission, prompts à modifier leur dessein précédent pour un autre, qui leur paraît meilleur[1]. Aussi a-t-on pu dire qu'*Iphigénie à Aulis* est la tragédie des revirements[2] : elle s'ouvre sur un premier revirement d'Agamemnon, assez rapidement suivi d'un second, quand il se convainc avec l'arrivée du Messager qu'il ne peut éluder l'ordre de l'oracle. Ce même événement entraînera en sens inverse le revirement de Ménélas. Achille, venu exiger du chef de l'expédition un prompt départ pour Troie, mettra tout en œuvre pour empêcher le sacrifice d'Iphigénie, sans lequel la flotte ne peut appareiller. Le revirement le plus important est naturellement celui d'Iphigénie, qui contraindra Achille et Clytemnestre à renoncer à leurs ultimes efforts pour la sauver. Ainsi l'influence des événements et des êtres ne cesse de pousser les personnages d'un extrême à l'autre. Chacun s'efforce, à un moment donné, de sauver Iphigénie, mais faute de persévérer dans ses desseins ou de s'accorder avec autrui, tous échouent dans leurs tentatives. La délicatesse de sentiments[3] l'emporte chez eux sur l'énergie, dans une situation qui demanderait de la lucidité, de la force et de l'abnégation.

Agamemnon. L'Agamemnon homérique n'était pas un parangon de fermeté et l'*Iliade* nous le montre à plusieurs reprises

1. Sur ce thème, voir les v. 107-108 ; 388 ; 401 (Ag.) ; 500-504 (Mén.) ; 1375-1376 (Iph.) ; 1409-1410 ; 1425.

2. A. Bonnard, *o. c.*, p. 95-96 ; R. Goossens, *Euripide et Athènes*, Bruxelles, 1963, p. 680 sqq. ; B. M. Knox, *Greek Rom. and Byz. St.* 7, 1966, repris dans *Word and Action*, Baltimore-Londres, 1979, p. 243-246 ; A. Rivier, *Essai sur le tragique d'Euripide*[2], Paris, 1975, p. 85.

3. Pour l'importance de l'*aidôs*, de la sympathie, de la pitié dans

en proie au découragement ou obligé de s'incliner devant un de ses pairs. Dans la pièce d'Eschyle, il balance longuement et ne se décide pas à licencier l'armée pour épargner sa fille. Contre sa volonté, il cède à son retour aux sollicitations de Clytemnestre et foule le tapis de pourpre. Dans *Hécube*, troublé et hésitant, il donne à la reine la permission d'accomplir sa vengeance, mais à condition que les Grecs ignorent son propre rôle. Cette faiblesse devient ici le principal trait de caractère du chef de l'armée. Avec un autoritarisme de surface et une vive ambition cachée, Agamemnon est mal à l'aise pour exercer une autorité contestée par des lieutenants qu'il soupçonne de vouloir dresser l'armée contre lui. Il craint aussi sa femme. S'il ne tenait pas tant à son commandement, il renoncerait bien à sacrifier Iphigénie, car c'est un bon père et il a une tendresse toute particulière pour sa fille aînée. Le conflit en lui entre le Roi et le Père se résout par une résignation peu glorieuse au destin, qu'il déguise en sacrifice à la raison d'État et en témoignage d'un patriotisme panhellénique dont la sincérité reste sujette à caution[1].

Ménélas. Si l'on éprouve quelque sympathie pour le général en chef, il est beaucoup plus difficile d'en éprouver pour son frère. Plus impulsif, celui-ci est prompt à l'injure et aux violences. En exigeant qu'Agamemnon sacrifie sa fille pour pouvoir lui-même retrouver sa femme, il

les motivations des principaux personnages, voir en particulier H. Vretska, *Wiener Stud.* 74, 1961, p. 25-27.

1. Sur Agamemnon, on consultera en particulier W. H. Friedrich, *Hermes* 70, 1935, p. 81-86 ; V. Frey, *o. c.* ; F. M. Wassermann, *T. A. Ph. A.* 80, 1949, p. 174-186 ; E. M. Blaiklock, *The male characters of Eur.*, Wellington, 1952, p. 115-117 ; E. Valgiglio, « L'*Ifigenia in Aulide...*, I », *Riv. St. Cl.* 4, 1956, p. 183-199 ; H. Siegel, « *Iphigenia at Aulis...* », p. 22-41, et *Hermes* 109, 1981, p. 257-265 (Siegel fait de la crainte d'Ulysse et de l'armée le ressort principal de la conduite d'Agamemnon).

étale son égoïsme et sa mesquinerie. Il est vrai qu'après l'arrivée du Messager il fait amende honorable et encourage Agamemnon à renoncer au sacrifice... et à son commandement. Mais la sincérité de ce revirement a été souvent suspectée. Pour les uns, le Ménélas d'*Iphigénie à Aulis* est toujours ce personnage à la fois lâche et cruel que le poète a mis en scène dans les *Troyennes*, *Hélène*, *Andromaque* et *Oreste*. Son étalage de sentiments fraternels ne serait qu'hypocrisie et ses arguments tendraient plutôt à aiguillonner l'ambition de son frère qu'à le pousser à se démettre[1]. Pour d'autres, Ménélas serait au contraire sincère : Euripide aurait voulu réhabiliter le mari d'Hélène, en montrant que les hommes les plus enfoncés dans leur égoïsme peuvent être touchés par la pitié et éprouver des sentiments altruistes[2]. La première interprétation nous semble plus vraisemblable que la seconde, mais rien dans le texte ne l'impose absolument. Euripide lui-même n'a-t-il pas voulu laisser en dernier ressort à son public la faculté de se prononcer?

Clytemnestre.

Aussi imprévue que l'intervention de Ménélas est l'arrivée dans le camp d'Aulis de Clytemnestre accompagnant sa fille. A première vue, on peut se demander si c'est bien la même femme que l'*Orestie* et les deux *Électre* dépeignaient comme la maîtresse d'Égisthe, la meurtrière de son mari et l'ennemie de ses enfants. Elle apparaît comme une épouse irréprochable, une maîtresse de maison dévouée, une mère passionnée. Il est probable qu'une telle présentation était de nature à surprendre les spectateurs, même s'ils se souvenaient que quelques

1. Par exemple, L. Parmentier, *Bull. Ac. Roy. Belg.*, *Cl. des Lettres* 12, 1926, p. 270-273 ; G. M. A. Grube, *The drama of Euripides*², 1961, p. 426-427 ; H. Siegel, *o. c.*, p. 8-21 (avec une large bibliographie de la question).

2. R. Bogaert, « Le revirement de Ménélas », *Les Ét. Cl.* 33, 1965, p. 3-11 ; D. C. Goetz, *The Iphigenia at Aulis*, p. 42 sqq.

années auparavant, dans *Hélène*, Euripide avait pareillement dépeint sa sœur, la volage épouse de Ménélas, comme une nouvelle Pénélope ! De ses origines épiques, elle garde cependant la stature morale d'une maîtresse-femme, indépendante, énergique, tenace, dotée d'un grand sens de ses droits et prérogatives. C'est avec habileté et vigueur qu'elle défendra la vie de sa fille. On peut toutefois se demander ce qui l'emporte comme ressort de sa conduite, de l'amour maternel ou de l'amour-propre outragé, et si elle veut avant tout sauver son enfant ou protéger sa propre félicité de mère[1]. Lorsque tout a échoué, elle entoure sa fille des manifestations d'une douleur encombrante, plus propre à la décourager dans sa décision de mourir qu'à l'aider à accomplir le destin qu'elle a choisi. Et on comprend bien que malgré les ultimes prières d'Iphigénie, Agamemnon n'aura rien de bon à attendre d'une rancune qui se nourrira d'elle-même pendant les années du siège de Troie.

Achille. Achille serait pour Agamemnon un adversaire plus redoutable encore, mais le poète n'a pas voulu mettre les deux hommes en présence. Après une entrée belliqueuse, digne du héros de l'*Iliade*, son assurance s'effondre lorsqu'il se trouve brusquement face à face avec Clytemnestre et que celle-ci lui adresse des propos aimables. Le bouillant Achille est du coup paralysé par sa timidité devant les femmes et son sens des convenances. La révélation du complot ourdi par Agamemnon va déclencher en lui toute une série de réactions, dont certaines sont celles qu'on attendait du héros épique, tandis que d'autres sont fort surprenantes de sa part. Outragé dans son sens de l'honneur et sa susceptibilité, il s'em-

1. Cf. E. Valgiglio, *Riv. St. Cl.* 5, 1957, p. 47-55 ; H. Siegel, *o. c.*, p. 96-104. Cette Clytemnestre est très différente de la femme vieillie et avilie de l'*Électre*.

porte contre Agamemnon et menace de venger par les armes l'insulte qu'on lui a faite. Mais il compatit non moins vivement au malheur des deux femmes et la pitié lui inspire pour cette jeune fille inconnue de lui un dévouement qui va jusqu'à mettre en jeu sa carrière et sa vie. Cependant, il s'efforce de démontrer que son attitude s'accorde pleinement avec les principes qui gouvernent son existence, bravoure mais aussi sens de la justice, maîtrise de soi et réflexion. Cet Achille idéalisé, qui a suivi non seulement l'enseignement de Chiron, mais celui des sophistes[1], donne par certains aspects l'image la plus distinguée d'un éphèbe athénien de la fin du ve siècle. Cette nouvelle présentation du héros n'a pas dû déplaire au public de la pièce, même s'il a choqué certains critiques modernes[2].

Euripide n'a pas voulu faire un Achille amoureux, mais celui-ci semble moins réfractaire à ce sentiment que d'autres jeunes gens d'Euripide comme Hippolyte et Ion. Il n'hésite pas à avouer son admiration pour l'héroïsme de la jeune fille et souhaite en faire sa femme : trait délicat et de juste psychologie, qui achève la peinture d'un caractère très nuancé[3].

Iphigénie. On a pu dire qu'il y avait deux Iphigénie dans la pièce, d'abord la jeune fille naïve et espiègle qui accompagne sa mère au camp d'Aulis et se jette tendrement au cou de

1. Voir en particulier R. Goossens, *o. c.*, p. 691-711.

2. Par exemple, Blaiklock, *o. c.*, p. 118-121 ; H. D. F. Kitto, *Greek Tragedy*³, 1961, p. 366 ; D. J. Conacher, *Euripidean drama*, 1967, p. 259-260 ; H. Siegel, *o. c.*, p. 81-95. A. R. Bellinger, « Achilles' son and Achilles », *Yale Cl. St.* 6, 1939, p. 1-13, avait bien montré ce que cet Achille devait au Néoptolème du *Philoctète* de Sophocle, représenté en 409. Sur Achille, voir encore H. C. King, *Achilles : Paradigms of the War Hero*, Berkeley-Los Angeles, 1987 ; C. A. E. Lusching, *Tragic aporia. A Study of Euripides' Iph. at Aulis*, Berwick (Austr.), 1988, p. 56-71. Étude détaillée de la scène entre Achille et Clytemnestre par W. Ritchie, in *Dionysiaca*, Cambridge, 1978, p. 179-203.

3. Voir aussi W. H. Friedrich, *Euripides und Diphilos*, 1953, p. 96-105 ; E. Valgiglio, *o. c.*, p. 51-52.

son père. Alors qu'elle se voit à la veille d'un heureux mariage, elle est comme foudroyée par la nouvelle qu'elle va mourir de la main de ce même père. Avec des mots jaillis du fond de son cœur, elle tente de convaincre Agamemnon de la laisser vivre. Mais dans un second temps, quand elle s'aperçoit de l'inutilité des efforts déployés pour la sauver, elle annonce sans ambages son intention d'accepter son destin. Elle détaille calmement ses raisons et proclame sa fierté de contribuer par sa mort à assurer la supériorité des Grecs sur les Barbares.

Ce revirement était condamné par Aristote comme un exemple d'inconséquence de caractère[1], et si généralement la critique moderne n'a pas suivi l'auteur de la *Poétique* sur ce point, on a parfois tenté de montrer que ce reproche était fondé[2]. On a estimé que la décision d'Iphigénie n'était ni suffisamment préparée ni en harmonie avec son caractère. On accuse la jeune fille de répéter sans réflexion les arguments de son père, ou encore d'être une raisonneuse, une « femme savante » comme le théâtre d'Euripide en offre d'autres exemples, ou une orgueilleuse qui veut jouer à l'héroïne nationale. Le sacrifice volontaire serait un pur artifice de théâtre, déjà utilisé à plusieurs reprises par le poète : c'est ce que traduit le raccourci de R. Goossens, qui définit la jeune fille comme « une Macarie qui veut faire de Clytemnestre une Praxithéa »[3].

1. Arst., *Poét.* 15, 1454 a, 29 ; 31-33 : Ἔστι δὲ παράδειγμα... τοῦ δὲ ἀνωμάλου ἡ ἐν Αὐλίδι Ἰφιγένεια · οὐδὲν γὰρ ἔοικεν ἡ ἱκετεύουσα τῇ ὑστέρᾳ.

2. L'étude la plus critique est celle de H. Funke, « Aristoteles zu Eur.' *Iphigeneia in Aulis* », *Hermes* 92, 1964, p. 284-299. Voir aussi Kitto, *o. c.*, p. 364.

3. Cf. R. Goossens, *o. c.*, p. 685-687 (allusion aux *Héraclides* et à l'*Erechtée* d'Euripide) ; pour D. J. Conacher, p. 262-264, et H. Siegel, *o. c.*, p. 42-80, Iphigénie a été dupée par son père. Br. Snell (*Aischylos und das Händeln im Drama*, Leipzig, 1928, p. 153) estimait qu'il y avait quelque chose de surchauffé et de « narcotique » dans le sacrifice volontaire d'Iphigénie. Le mot a été souvent repris par la suite

Les arguments ne manquent pas pour réfuter une telle appréciation : à ceux qui critiquent le manque de préparation psychologique de la décision d'Iphigénie, on peut rappeler la difficulté qu'a toujours éprouvée la tragédie grecque à traduire scéniquement une évolution de sentiments. En général, le nouvel état succède au précédent sans autre transition qu'un long silence du personnage pendant lequel mûrit en lui le changement[1]. C'est bien le cas d'Iphigénie : elle a eu le temps de méditer les dernières paroles que son père lui a adressées (1255-1275) et elle s'est tue pendant la stichomythie entre Clytemnestre et Achille (1345-1368). Elle comprend clairement alors qu'Achille va risquer sa vie sans aucune chance de la sauver. Dans la noblesse et la simplicité de son cœur, elle ne voit d'autre solution que d'accepter son destin. Après une révolte bien naturelle contre la mort, elle remporte cette dure victoire sur elle-même. Mais elle va au-delà de la simple résignation, soulevée par une exaltation née de la certitude du grand service qu'elle va rendre à la Grèce et de la gloire qui rejaillira sur elle. Cet élan, cette volonté de sacrifice total sont bien dans la vérité d'une âme d'élite et d'un âge avide d'absolu[2]. Iphigénie n'est pas une raisonneuse au cœur

(cf. H. Siegel, « Self-delusion and the *volte-face* of Iphigenia... », *Hermes* 108, 1980, p. 300-321).

1. Sur ce thème du revirement dans la tragédie, voir B. M. Knox, *Word and Action*, p. 231-249. Il en va de même pour Polyxène, silencieuse dans *Hécube* des v. 216 à 341.

2. Cf. G. M. A. Grube, *o. c.*, p. 435-437 ; G. Mellert-Hoffmann, *o. c.*, p. 68-90 ; V. Di Benedetto, *Euripide teatro e societa*, 1971, p. 62-64 ; B. Knox, *o. c.*, p. 243-246 ; H. Erbse, *Studien zum Prolog...*, p. 278-280. A. Green, *Un œil en trop*, 1969. p. 185-196, qui s'était penché sur Iphigénie en psychanalyste, perçoit dans les paroles de la jeune fille « un son d'une étonnante vraisemblance » (p. 185). Il explique son acceptation « par la seule identification à l'objet du désir paternel » (*ibid.*). C'est aussi par l'amour filial que H. Neitzel, *Würzburger Jahrbücher* 6, 1980, p. 61-70, justifie la conduite finale d'Iphigénie. Pour W. D. Smith, « Iphigenia in love », in *Arctouros*, 1979, p. 173-180, Iphigénie se sacrifierait pour sauver la vie de l'homme qu'elle aime. Je ne pense pas que le spectateur athénien ait pu voir les choses ainsi.

sec, et ce serait la diminuer et affaiblir l'intérêt du drame que de voir en elle la simple dupe de son père. A tort ou à raison, mais en toute lucidité, Iphigénie rejette le motif médiocre de la guerre pour une femme infidèle au profit du thème de la croisade panhellénique. Par son sacrifice même elle va le magnifier et imposer aux Grecs de se hisser au niveau de son propre héroïsme.

La tension qui se libère par ce choix n'abolit pas, bien au contraire, les qualités de sensibilité d'Iphigénie dans les dernières scènes : une affection persistante pour son père qu'elle se défend de juger, de la tendresse pour sa mère, son frère et ses sœurs et un vœu délicat de voir se rétablir l'harmonie entre ses parents après sa mort. Dernière de la lignée des jeunes filles sacrifiées du théâtre d'Euripide[1], c'est sans nul doute la plus délicatement humaine et la plus attachante de toutes.

Les personnages secondaires

Des personnages secondaires, le seul qui ait quelque relief est le Vieux Serviteur du couple royal, lui aussi dernier avatar d'une lignée d'esclaves euripidéens que les faiblesses de l'âge n'empêchent pas de se dévouer corps et âmes à leurs maîtres[2]. Il est dans une certaine mesure supérieur à ceux-ci par sa droiture et son courage, qui se manifestent avec éclat en deux occasions, contre Ménélas et en faveur de Clytemnestre et d'Achille[3].

1. Sur ce thème du sacrifice volontaire chez Euripide, et en particulier dans notre pièce, voir H. M. Schreiber, *Iphigenies Opfertod*, Diss., Francfort, 1963, p. 6-48 ; E. Valgiglio, *Il tema della morte in Eur.*, Turin, 1966, p. 24-35 ; 72-77 ; Cl. Nancy, « *Pharmakon Sôtèrias* : le mécanisme du sacrifice humain chez Euripide », in *Théâtre et Spectacles dans l'Antiquité* (Strasbourg, 1981), Leyde, 1983, p. 17-30.

2. Voir à ce propos les remarques de S. Daitz, « Concepts of Freedom and Slavery in Eur.' *Hecuba* », *Hermes* 99, 1971, p. 217-226.

3. Il est à plusieurs reprises qualifié de πιστός (45 ; 114 ; 153 ; 304) et d'εὔνους (867 ; 871). Sur ce personnage, voir H. Siegel, *o. c.*, p. 105-116. Comparez les types de vieil esclave dévoué dans *Ion*, *Électre* et *Hélène*.

Le Chœur, comme souvent dans les dernières pièces d'Euripide (*Phéniciennes*, *Bacchantes*) est formé d'étrangères, qui assistent aux événements en spectatrices. Leur principal lien avec l'action est d'être des Grecques (des jeunes femmes de Chalcis[1]), donc conscientes de l'enjeu panhellénique de la guerre, et des femmes prêtes à prodiguer leur sympathie à une mère et une fille plongées dans l'adversité.

« Iphigénie à Aulis » et l'actualité.

L. Parmentier[2] considérait que les références à l'actualité manquaient dans *Iphigénie à Aulis* comme dans les *Bacchantes*, ce qu'il expliquait par le séjour d'Euripide à Pella. Des travaux plus récents ont tendu à démontrer que tout autant que dans ses pièces précédentes le poète, par la bouche de ses personnages, continue à dire son sentiment sur les affaires du temps. Pour certains, le choix même du sujet aurait été subordonné à des préoccupations concernant l'actualité. E. Delebecque[3] estime, d'après son analyse du drame, qu'il reflète la situation politique dans la première moitié de l'année 408, ce qui supposerait que l'essentiel en était écrit avant le départ du poète pour la Macédoine. R. Goossens[4] pense pour sa part que les allusions s'étendent aussi aux événements de l'année 407. Mais tous deux se rejoignent dans la conviction — peu contestable — que la pièce était destinée à un public athénien.

De fait, la vie politique athénienne est bien présente à l'esprit du poète, comme en témoignent des anachronismes conscients et des réflexions générales qui s'intègrent mal à l'action. La « campagne électorale » qui

1. Jeunes femmes, et non jeunes filles (cf. 176 ; 917-918), par conséquent plus libres de méditer sur les « plaisirs d'Aphrodite » (543-557).
2. *Bull. Ac. Roy. Belg.*, *Cl. des Lettres* 12, 1926, p. 265.
3. *Eur. et la Guerre du Péloponnèse*, 1951, p. 366-375.
4. *Eur. et Athènes*, p. 673-683.

porte Agamemnon à la tête de l'armée se situe mieux dans l'Athènes du ve siècle que dans la société homérique : après avoir mendié les voix de ses électeurs, Agamemnon se trouve dans la situation peu confortable du stratège qui redoute les intrigues de ses rivaux, la rébellion d'une armée turbulente prête à imposer ses décisions à ses chefs, et qui appréhende même d'être déposé par un « vote de défiance »[1]. Dans l'armée massée à Aulis apparaissent les vices de la démocratie post-péricléenne stigmatisés à l'envi par des hommes aussi différents que Thucydide, Aristophane ou Euripide lui-même[2]. Devant tant de tracas, on comprend qu'un homme mal cuirassé contre l'adversité comme Agamemnon soupire après le calme d'une vie retirée, à l'image de nombre d'Athéniens de cette époque qui s'écartaient de la vie politique[3].

Un pas de plus a été franchi par ceux qui ont cru voir se dessiner derrière Agamemnon la silhouette de l'Alcibiade des années 408-407. Rentré en grâce auprès du peuple et revenu à Athènes au début de 408, il avait été nommé stratège avec pleins pouvoirs et pourvu de forces navales et terrestres importantes. Mais, comme l'Atride, Alcibiade avait temporisé pendant de longs mois, au moment où on attendait de lui une vigoureuse offensive sur les côtes d'Asie Mineure, décevant ainsi les espérances des Athéniens[4]. Quant à Ulysse, « fils de Sisyphe », il incarnerait la politique tortueuse et hostile à Athènes de Corinthe[5]. Même le choix d'un chœur de Chalcidiennes et les références à Chalcis et à l'Euripe ne seraient pas exemptes d'intentions, alors que peu auparavant les

1. *I. A.* 357 ; 367-368 ; cf. R. Goossens, p. 681.
2. Sur les rapprochements entre Thucydide et Euripide, voir J. H. Finley, *Harvard St.* 49, 1938, en particulier p. 34-36 ; 42-44.
3. Voir J. H. Finley, *o. c.*, p. 34 ; Di Benedetto, *Euripide teatro e societa*, 1971, p. 306.
4. E. Delebecque, p. 378-382 ; R. Goossens, p. 680-682.
5. H. Grégoire, *Bull. Ac. Roy. Belg.*, 1933, p. 86-97, en particulier p. 89 ; E. Delebecque, p. 369.

Chalcidiens avaient jeté sur le fameux détroit un pont reliant l'Eubée au continent[1].

Mais vouloir à tout prix retrouver dans la tragédie des allusions à des hommes et à des faits précis n'est pas sans aléas, et la critique tend à se montrer toujours plus méfiante à l'égard de telles tentatives. Rien n'illustre mieux ce fait que les divergences des commentateurs à propos d'un des thèmes majeurs de la tragédie, la représentation de la guerre de Troie comme une expédition de tous les Grecs réunis contre les Barbares.

L'expédition panhellénique : précepte ou prétexte?

Apparemment, avec ce motif nous nous trouvons très loin de l'esprit d'*Hécube* et des *Troyennes*, où le poète s'était placé dans le camp des « barbares » vaincus pour stigmatiser les fautes et les injustices de leurs vainqueurs ; loin aussi de l'*Hélène* où la guerre n'apparaissait en définitive que comme une monstrueuse duperie. Même dans les premières scènes d'*Iphigénie*, la campagne ne semble guère avoir d'autre but que de reprendre une femme volage à un séducteur pour la rendre à son mari. Cependant, à cette conception première se substitue progressivement le motif de la croisade panhellénique destinée à châtier l'insolence des barbares et à protéger la terre de Grèce. Ce motif acquiert une telle importance qu'il domine toute la dernière partie et devient l'unique justification du sacrifice de la jeune princesse.

Peut-on penser que ce revirement est celui du poète lui-même? Les tenants de l'explication historique le croient. Ils font état de l'intervention croissante au cours de ces années des « barbares » — c'est-à-dire des Perses — dans la lutte entre les deux coalitions. A partir de 412, Sparte se rapproche progressivement du Grand Roi et obtient de ses représentants, en particulier de Cyrus le

1. Diod. XIII, 47, 3-6 ; E. Delebecque, p. 369-370. Le pont fut établi en 410, mais nous ne savons pas combien de temps il subsista.

Jeune, gouverneur de Lydie depuis 408, des subsides qui lui permettent d'entretenir des opérations navales sur les côtes d'Asie Mineure et même de débaucher les équipages de la flotte athénienne de Samos[1]. Le rôle peu glorieux des Atrides dans la pièce, les jugements dépréciatifs sur leur origine asiatique — le Sipyle, berceau de leur dynastie est aussi le pays de Cyrus[2] — traduiraient les griefs des Athéniens à l'égard des Spartiates, traîtres à la cause grecque.

Réunir toutes les forces de la Grèce pour lutter contre les Barbares était une des idées politiques maîtresses de Gorgias, qui a séjourné à Pella vers la même époque. Sous des formes voisines, on la retrouve chez Aristophane et elle était sûrement répandue dans certains cercles athéniens[3]. Euripide a pu faire sien un projet politique dans lequel il voyait un moyen de salut pour la Grèce.

Mais si l'on suppose un engagement politique du poète dans ce sens, on peut aussi l'imaginer en sens opposé : Euripide aurait pu se proposer de mettre en évidence la mauvaise foi d'un Agamemnon ou d'un Ménélas, qui dissimulent sous de beaux semblants des buts de guerre égoïstes et méprisables, en trompant ainsi leurs troupes et en imposant à la naïveté d'Iphigénie un marché de dupe[4]. Dans cette dernière pièce troyenne, le pessimisme de l'*Hélène* se trouverait encore aggravé et l'exaltation

1. Sur ces événements, cf. Xén., *Hell.* I, 4, 8 sqq.

2. 952 : Σίπυλος... ὅρισμα βαρβάρων ; E. Delebecque, *l. c.* ; G. Goossens, p. 682-683.

3. Sur le rôle du thème panhellénique dans la pièce, outre les études de Delebecque (p. 403-410) et de Goossens (p. 682-687), voir G. Mellert-Hoffmann, *o. c.*, p. 62-66 ; E. Lévy, *Athènes devant la défaite de 404*, Paris, 1976, p. 157-158; M. Lefkowitz, *Women in Greek Myth*, Baltimore, 1986, p. 97-99.

4. Cf. E. M. Blaiklock, *o. c.*, p. 119-120 ; H. Funke, *o. c.*, p. 287-288 ; H. Vretska, *Wien. St.* 74, 1961, p. 36-38 ; H. Siegel, *Hermes* 108, 1980, p. 315-317. L'affirmation de la supériorité des Grecs sur les barbares est certainement ironique d'après S. Saïd, in *Ktema*, 9, 1984, p. 27--53 (p. 34-38 et bibliographie n. 60 p. 34); cf. Ph. Vellacott, *Ironic Drama*, Cambridge, 1975, p. 173-77; H. Neitzel, *Philol.*, 131, 1987, p. 215-222.

des motifs patriotiques de la guerre ne serait qu'ironie et dérision.

Est-il indispensable, en définitive, de supposer dans l'emploi de ce motif un engagement personnel du poète? Il convenait admirablement au développement de l'intrigue. Ce changement d'éclairage — apparent ou réel — donnait tout son prix au sacrifice d'Iphigénie, à ses propres yeux comme aux regards d'Achille et de toute l'armée grecque. Ainsi le mouvement qui entraînait la jeune fille jusqu'à l'autel d'Artémis était celui d'une ascension vers la gloire, présageant la gloire à venir des armes achéennes. Libre après cela au public athénien de se laisser prendre à l'éclat rhétorique du motif panhellénique, et aux « intellectuels » de percevoir sous les paroles du poète une ironie cachée... La vérité dramatique n'est pas nécessairement une.

Éthique. *Iphigénie à Aulis* témoigne aussi de l'état dernier des réflexions d'Euripide sur le monde et la conduite de la vie. Il y confirme, nous l'avons vu, un éloignement pour l'activité politique déjà perceptible dans ses pièces antérieures. De même s'y accentuent ses divergences avec les conceptions qui dominent dans l'enseignement des sophistes. Pour la plupart d'entre eux, celui-ci visait à exalter l'individu et à développer les talents qui mettraient leurs élèves au-dessus de la foule. Or la leçon de la pièce va dans le sens opposé, puisque tous les personnages, et particulièrement Iphigénie, doivent se sacrifier à l'intérêt commun, ce qui rejoint l'éthique traditionnelle de la cité grecque, celle de l' « ancienne éducation » prônée par Aristophane. Justement il est beaucoup parlé d'éducation dans *Iphigénie à Aulis*, et le plus beau produit en est le jeune Achille. Or le poète prend soin de préciser qu'il a été élevé par le sage Chiron, le bon Centaure auquel on attribuait un recueil de préceptes qui était une des bases de l'éducation traditionnelle[1]. De fait, ce sont les vertus morales que Chiron a surtout développées chez Achille (709), l'amour de la vérité (1005-1007), la haine du mensonge et de l'hypocrisie (936-937 ; 957), la simplicité (927). Certes, le jeune homme ne renonce pas à s'appuyer sur la raison, mais il en connaît les limites[2]. Lui qui se sait par nature fier et emporté travaille par-dessus tout à se dominer au milieu des vicissitudes de la fortune (919-921). Dans ce système moral, la vertu la plus prisée est la maîtrise de soi, qu'on l'appelle *sophrosynè*, *sophia*, *arétè*, ou surtout *aidôs*, mot qui revient comme un leitmotiv tout au long de la pièce[3]. Cette modération est particulièrement nécessaire dans tout ce qui est du domaine d'Aphrodite[4].

L'éloge des vertus tempérées entraîne implicitement la condamnation de l'ambition politique et des âpres joies du pouvoir. Agamemnon lui-même, qui a recherché les honneurs, est surtout sensible aux tracas et aux dangers qu'ils entraînent (17-18). Par sa position élevée, il est en butte aux attaques des démagogues et redoute d'être mis en danger par les revirements inconsidérés de la foule. A l'entendre, à écouter le Chœur, on voit se dessiner un nouvel idéal, celui d'une condition moyenne apportant la sécurité de tous les jours et des joies modérées[5], puisées en particulier dans la vie de famille. Vertus

1. V. 709-710. Sur cette partie de la vie d'Achille et sur les Χείρωνος Ὑποθῆκαι, voir *Euripide et les... « Chants Cypriens »*, p. 87-92, et bibliographie, p. 91, n. 5.

2. 924. Le bon sens est lui-même nécessaire à l'exercice du pouvoir (374), mais l'intelligence n'est plus la vertu majeure.

3. αἰδώς : 821 ; 994 ; 1089 ; 1342 ; αἰδεῖσθαι : 380 ; 451 ; 563 ; 833 ; 839 ; 848 ; 997 ; 1246. Sur la « vertu d'Achille », cf. R. Goossens, p. 699-711.

4. 543-557 ; 568-570. Sur le climat de « suspicion sexuelle » dans la pièce, voir A. Green, *Un œil en trop*, 1969, p. 181-183.

5. μέτριος en 543 ; 554 ; μετρίως en 921. En contrepoint, un accent particulier est mis dans la pièce sur le thème Éris/Éros : voir J. R. Wilson, *Greece and Rome* 26, 1979, p. 16-19.

et bonheurs privés semblent bien constituer pour Euripide vers la fin de sa vie un ultime recours en face de la dégradation des mœurs publiques[1]. Le poète n'en semble pas moins conscient du danger que l'abstention des honnêtes gens fait courir à la cité : il facilite la mainmise des méchants sur les affaires, qui entraînera le châtiment divin (1089-1097).

La religion. Est-ce à dire que le sentiment religieux tienne une grande place dans *Iphigénie à Aulis*? Il serait excessif de le prétendre, bien que le pivot de l'action soit la volonté d'Artémis. Mais en tant que personne divine, elle est absente de l'intrigue et, dans la forme de l'*exodos* que nous lisons, elle n'apparaît même pas au dénouement. Elle n'intervient que par un oracle, dont Calchas est le seul garant, et qui exprime une exigence d'autant plus singulière qu'elle n'est pas justifiée par une faute d'Agamemnon. A quel titre la déesse imposait-elle au chef de l'armée un sacrifice dont la cruauté n'avait pas d'équivalent dans la pratique religieuse du ve siècle[2]? Le poète ne le dit pas, et pourtant aucun des personnages ne met en doute la légitimité de son ordre[3]. Il semble qu'ici, comme c'est souvent le cas dans la tragédie de Sophocle, il faut prendre l'oracle comme une donnée de l'histoire. Rien dans le texte ne permet de prétendre qu'il ait été forgé par Calchas ou utilisé comme une machine de guerre par les rivaux d'Agamemnon[4]. C'est Lucrèce[5] et non

1. Cf. Di Benedetto, *o. c.*, p. 294-295 ; 306 sqq.
2. Voir les réflexions d'A. Baschmakoff, *Bull. Assoc. G. Budé* 64, 1939, p. 3-9.
3. A part une timide protestation du Chœur au v. 1403 : τὸ τῆς τύχης δὲ καὶ τὸ τῆς θεοῦ νοσεῖ. A. Green, *o. c.*, p. 170, force le sens de la pièce en parlant d'une protestation contre une décision inique des dieux et des devins.
4. Cf. A. Bonnard, *Mus. Helv.* 2, 1945, p. 89, qui définit Artémis comme « l'alibi du cœur humain ».
5. *Nat. Rer.* I, 83-101. E. Valgiglio, *Riv. St. Cl.* 4, 1956, p. 199,

Euripide qui tire du sacrifice d'Iphigénie une condamnation des crimes de la religion. Dans notre pièce, la volonté de la déesse est une sorte d'absolu désincarné, symbolisant les exigences d'un destin incompréhensible et inévitable. Nous sommes sur la voie de la croyance dans la primauté de la *tychè*, qui régit le sort des personnages de la comédie nouvelle.

Tout aspect religieux n'est cependant pas absent du sacrifice d'Iphigénie : la jeune fille, réclamée par la déesse jeune et vierge, a conscience d'être une victime d'élection[1], et de fait la divinité la consacrera et la sauvera au dénouement. Même sur le plan social, cette immolation devait être moins révoltante aux yeux du public grec qu'aux nôtres : suivant les croyances antiques, le consentement de la victime libérait les sacrificateurs de toute souillure. Et le sacrifice, offert par toute l'armée, devenait un puissant facteur de cohésion morale et religieuse pour la communauté[2].

Mais ce n'est sûrement pas sur cet aspect qu'Euripide a voulu faire porter l'accent de la pièce. Ce qui l'intéresse surtout, c'est l'attitude des hommes en face des exigences du destin. A ce titre, *Iphigénie à Aulis* — à la différence des *Bacchantes* — témoigne de la « sécularisation » progressive de la tragédie, qui menace son essence même et sera une des causes majeures de sa décadence au siècle suivant.

Lyrisme et poésie. Le lyrisme tient une place importante dans *Iphigénie à Aulis* comme dans les autres drames des dernières années d'Euripide. Après une très ample *parodos* et trois *stasima* dont le dernier est lui aussi très développé, on trouve

estime cependant qu'Euripide condamne, non pas la divinité, mais la croyance en une divinité aussi cruelle.

1. A. Rivier, *Essai sur le tragique d'Eur.*[2], 1975, p. 84-85. Sur le rôle du rituel dans la pièce, voir Helen P. Foley, *Ritual Irony. Poetry and Sacrifice in Euripides*, Ithaca-Londres, 1985, p. 65-84.

2. P. Roussel, *RBPhH*, 1922, p. 233-239; *id.*, *REG* 28, 1915, p.248-250.

une monodie d'Iphigénie et un *commos* entre le Chœur et l'héroïne accompagnant sa sortie de scène.

Les thèmes sont en majorité empruntés à la légende troyenne et illustrent les grands moments de la « préhistoire » de la guerre[1] : noces de Thétis et Pélée et naissance d'Achille (1036-1079), naissance d'Hélène (794-800), jeunesse de Pâris sur l'Ida et jugement des déesses (573-580 ; 1284-1309), arrivée du berger troyen à Sparte et enlèvement d'Hélène (581-586). Sous forme d'anticipation, le Chœur imagine aussi la venue des Grecs devant Troie, les combats meurtriers, les angoisses des Troyennes et le sac de la ville (751-792). Les descriptions ont tendance à se développer pour elles-mêmes — comme ces *embolima* qui commencent à se substituer dans la tragédie aux *stasima* — et offrent une sorte d'évasion hors du monde des hommes[2]. Poète visuel par excellence, Euripide compose de grandes fresques[3], décrit des personnages ou des groupes suivant des procédés qui s'inspirent de la peinture ou de la statuaire contemporaines[4]. Il se tourne de préférence vers des spectacles de joie et de beauté, aux couleurs vives, or, argent, verdure, blancheur des chairs. Les scènes de fête sont animées par la musique, le chant, la danse[5]. De brèves paroles au style direct viennent s'intercaler dans la description[6]. La transposition dans la poésie lyrique des thèmes de l'épopée rappelle l'art d'un Stésichore ou d'un Pindare.

Mais ces motifs essentiellement décoratifs ne rem-

1. W. Kranz, *Stasimon*, 1933, p. 260 ; H. P. Foley, *o. c.*, p. 78-84.
2. V. Di Benedetto, *o. c.*, p. 256-260.
3. Par exemple, dans la *parodos*, le spectacle de la flotte grecque rangée en croissant autour de la baie d'Aulis (231-302).
4. Danse bacchique de Cassandre (757-760) ; Protésilas et Palamède jouant aux dés (195-198) ; Achille courant le long du char d'Eumélos (206-230) ; Pâris et Hélène face à face à Sparte (582-586), etc.
5. 757-761 ; 1036-1045 ; 1054-1057 ; 1480 ; 1491-1493.
6. 790-792 ; 1062-1075.

plissent pas à eux seuls les *cantica* : ils sont associés en contrepoint, soit à d'autres épisodes de la légende, d'une tonalité différente, soit à des réflexions inspirées par le sujet même de la pièce. Par exemple, la scène brillante et joyeuse des noces de Thétis et Pélée précède dans le même morceau la description anticipée du sanglant sacrifice d'Iphigénie et de ses « noces avec Hadès ». Le premier *stasimon* (543-589) débute par l'affirmation qu'une femme doit être modérée dans les plaisirs d'Aphrodite (le Chœur pense sûrement par contraste à Hélène), puis il vante les bienfaits d'une bonne éducation (ce qui prépare l'arrivée d'Achille), avant d'en venir aux amours du couple Pâris-Hélène (cause indirecte du malheur d'Iphigénie).

Par beaucoup de traits, ampleur de la composition, aspect ornemental, saut d'un thème à l'autre et brusquerie de la chute, préférence pour les formes astrophiques, virtuosité métrique, ces *cantica* sont caractéristiques du « nouveau lyrisme » influencé dans cette fin du ve siècle par les innovations musicales et la renaissance du dithyrambe[1].

Très frappante aussi est, dans *Iphigénie à Aulis*, la place des scènes en tétramètres trochaïques, de loin la plus importante pour les tragédies conservées d'Euripide[2]. Le changement de rythme souligne la hâte avec laquelle un personnage entre en scène, la vivacité d'un dialogue, le mouvement de la passion, surtout combiné avec le procédé de l'*antilabè*[3].

1. Sur le « nouveau lyrisme » dans les dernières pièces d'Euripide, voir W. Kranz, *o. c.*, p. 228 sqq. ; L. A. Stella, « Euripide lirico », *Atene e Roma* 42, 1940, p. 69-96 ; V. Di Benedetto, *o. c.*, p. 61-64 ; 256-271.

2. Trois scènes en tout (317-401 (sauf 376-377) ; 855-916 ; 1338-1401) ; soit 209 vers (contre 114 pour *Oreste*, 84 pour *Ion* et seulement 38 pour les *Bacchantes*). Voir Th. Drew-Bear, « The trochaic tetrameter in Greek Tragedy », *Am. J. Phil.* 89, 1968, p. 385-405 ; B. Mannsperger, in W. Jens, *Die Bauformen der Tragödie*, Münich, 1971, p. 164-166.

3. Pour ce partage d'un tétramètre entre deux interlocuteurs,

Suivant son habitude, Euripide ne limite pas le spectacle aux épisodes lyriques. A côté de la très belle scène du départ d'Iphigénie vers le sacrifice, on citera l' « ouverture » nocturne du drame ou l'arrivée en char de Clytemnestre, accompagnée de sa fille et de son jeune fils, et son accueil par le Chœur.

Ainsi, malgré les nombreuses touches de réalisme bourgeois, la poésie baigne toutes les parties de cette dernière tragédie d'Euripide, auréolée par la douce et mélancolique figure d'Iphigénie[1].

L'influence de la pièce. Le succès d'*Iphigénie à Aulis* en 406 ne fut pas seulement dû aux circonstances, puisque nous savons qu'elle fut reprise à Athènes en 341 et qu'elle permit à l'acteur Néoptolème de remporter un prix[2]. Des allusions des poètes comiques (Aristophane, Machon, Philétaïros et Ménandre) confirment cette popularité[3]. Aristote mentionne la pièce dans la *Poétique*[4], le philosophe Chrysippe en cite un vers[5] et Ennius la prend pour principal modèle de son *Iphigénie*[6]. A partir de là, il devient difficile de dire si les références à la version euripidéenne, assez nombreuses dans la littérature latine classique, de Lucrèce à Ovide, viennent du poète grec ou du tragique latin. Dans les siècles suivants, Plutarque ne cite pas

cf. 1341-1342 ; 1345-1368 ; B. Seidensticker, *in* W. Jens, *o. c.*, p. 210-214.

1. Voir les réflexions d'A. Bonnard, *Mus. Helv.* 2, 1945, p. 98-104.

2. *I. G.* II², 2320 ; voir P. Ghiron-Bistagne, *Recherches sur les acteurs dans la Grèce antique*, 1976, p. 36-37. Il est vrai qu'il pouvait s'agir de l'*Iphigénie en Tauride*, mais la vraisemblance penche pour notre pièce (cf. D. Bain, *Class. Quart.* 27, 1977, p. 20, n. 46).

3. Voir respectivement *test.* aux v. 196-197 ; 1024 ; Rhinton, fr. 185 K.

4. Cf. *supra*, p. 36, n. 1.

5. Cf. *test.* au v. 28.

6. Sur l'*Iphigénie* d'Ennius, voir H. D. Jocelyn, *The tragedies of Ennius*, Cambridge, 1967, p. 318-342 ; L. Rychlewska, *Eos* 49, 1957-1958, p. 71-81. Le Chœur était formé de soldats.

moins de huit fois des vers d'*Iphigénie* et sept passages entrent dans l'*Anthologie* de Stobée[1].

Un autre indice de popularité est le nombre des œuvres d'art — toutes postérieures à notre pièce — qui représentaient le sacrifice d'Iphigénie[2] : une quarantaine, de la fin du IVe siècle avant J.-C. au Xe après. Les types d'œuvres sont très variés : vases apuliens, bols à reliefs hellénistiques, sculptures, urnes étrusques (une quinzaine), gemme, peintures de Pompéï et d'Herculanum — dont la fameuse fresque de la Maison du Poète tragique qui est sans doute l'image la plus connue du sacrifice d'Iphigénie — mosaïque d'Ampurias, jusqu'à un coffret d'ivoire qui reproduit très tardivement (Xe-XIe siècle) un modèle antique.

La représentation la plus ancienne remonte à un tableau de Timanthe, qui fut très célèbre dans l'Antiquité[3]. Comme il était de très peu postérieur à la représentation de 405, on peut croire qu'il s'inspirait de notre pièce. Malheureusement, nos renseignements sur cette œuvre sont trop incomplets pour qu'on puisse en tirer des indications utiles sur la question de l'*exodos*. Nous savons seulement que le peintre y avait représenté Agamemnon la tête voilée (comme dans notre *exodos*), qu'Iphigénie était encore debout, que Calchas, Ulysse et Ménélas

1. Sur la survie du théâtre d'Euripide dans l'Antiquité païenne et les premiers siècles du christianisme, voir H. Funke, in *Jahrb. für Antike und Christentum* 8-9, 1965-1966, p. 223-279.

2. Voir E. Löwy, « Der Schluss der *Iph. in Aulis* », *Jahreshefte Oesterr. Archaeol. Inst.* 24-25, 1929, p. 1-41 ; L. Séchan, *Études sur la Tragédie grecque*, p. 369-378 ; K. Weitzmann, *Hesperia* 18, 1949, p. 177-192 ; J.-M. Croisille, « Le sacrifice d'Iphigénie dans l'art romain et la littérature latine », *Latomus* 22, 1963, p. 209-225 ; F. Jouan, « Autour du sacrifice d'Iphigénie », in *Texte et Image*, Paris, Belles Lettres, 1983, p. 61-74 et Pl. XVIII-XX.

3. Pline, *N. H.* XXXV, 36, 12 ; cf. L. Séchan, *o. c.*, et *R. É. G.* 44, 1931, p. 398-410 ; J.-M. Croisille, p. 209 ; D. Kemp-Lindemann, *Darstellungen des Achilleus in gr. und röm. Kunst*, Berne-Francfort, 1975, p. 70-71. Timanthe l'avait emporté avec ce tableau sur son rival Colotès.

étaient présents, mais non Achille. Il semble aussi qu'Artémis s'approchait de l'autel avec la biche.

Les œuvres postérieures présentent presque toutes des traditions contaminées, qu'il s'agisse de sources poétiques ou de schémas iconographiques. La plupart s'écartent d'Euripide en ce qu'Iphigénie est portée à l'autel à bras d'homme, et le sacrificateur est généralement Agamemnon lui-même. On ne peut guère rattacher avec certitude à notre pièce qu'une série de bols à reliefs du IIe siècle avant notre ère[1], et de façon plus conjecturale des panneaux peints d'Herculanum[2]. Mais en général, pour les documents d'époque romaine, urnes, fresques, l'influence de la pièce d'Euripide est toujours possible.

Pendant le Moyen Age byzantin, la pièce paraît ignorée et l'on n'en trouve de nouveau mention qu'au XIIe siècle dans les commentaires d'Eustathe, par suite de la redécouverte d'un exemplaire du texte. C'est longtemps après l'édition princeps (1503) que Mélanchton consacre une leçon à *Iphigénie à Aulis*[3]. Ce n'est qu'en plein XVIIe siècle qu'elle inspire des tragédies : l'*Iphigénie* de Rotrou (1643), et naturellement celle de Racine (1674), longuement méditée à partir de la pièce d'Euripide et à la fois si proche et si éloignée de son modèle[4].

1. Cf. L. Séchan, p. 369-370 et fig. 107 ; D. Kemp-Lindemann, *l. c.* ; U. Sinn, *Die Homerischen Becher*, Berlin, 1979, p. 109-113 : cinq exemplaires, représentant deux séries de scènes ; sur l'une, des épisodes du début de la pièce, Agamemnon et le Vieux Serviteur ; Ménélas et le Serviteur ; Ménélas et Agamemnon ; arrivée du Messager annonçant la venue d'Iphigénie ; entrée du char avec Oreste, Iphigénie, Électre (?) ; sur l'autre, leur accueil par Agamemnon ; la rencontre de Clytemnestre et Achille ; l'intervention du Vieux Serviteur ; la scène entre Iphigénie, Clytemnestre et Achille.

2. Cf. G. Ambrosetti, *s. v. Ifigenia*, *Enc. Arte Ant.* IV (1961), p. 95 : sur un tableau, Clytemnestre est entourée de trois jeunes filles, dont l'une paraît s'habiller pour une cérémonie ; sur l'autre serait préparé le message pour Argos. L'influence du drame de Sophocle nous paraît plus vraisemblable.

3. Cf. Schmid-Stählin, *Gr. Liter.* VII, I, 3 (1940), p. 655 et n. 7.

4. Pour la comparaison des deux œuvres, voir L. Séchan, *o. c.*

Pour les siècles suivants, nous citerons seulement l'opéra de Glück (1774), la libre traduction de Schiller (composée à partir de versions anglaise et française) et le très récent film de Michel Cacoyannis qui, par son adroite transposition du drame d'Euripide et par la gracieuse simplicité de sa jeune interprète, a su introduire le public moderne dans l'atmosphère envoûtante de la pièce antique.

Le texte

Les manuscrits. Depuis la publication dans cette collection d'*Oreste* (1959) et des *Bacchantes* (1961), l'œuvre maîtresse d'Alexandre Turyn sur l'histoire du texte d'Euripide[1] a été complétée, et parfois corrigée, par plusieurs travaux importants. Nous n'en retiendrons ici que la partie relative à la famille des manuscrits des « pièces alphabétiques », L et P, nos seuls témoins pour *Iphigénie à Aulis*, dans la mesure où la tâche de l'éditeur peut s'en trouver affectée.

C'est sur l'histoire de cette branche de la tradition et sur un problème qui a suscité d'infinies controverses depuis plus d'un siècle, celui des rapports de L et de P, que les recherches de G. Zuntz et d'A. Tuilier[2] ont apporté des lumières nouvelles, sinon des éclaircissements définitifs.

Comme A. Turyn, tous deux admettent à l'origine de nos deux manuscrits un modèle direct en minuscule

(1931), p. 421-426 ; A. Green, *Un œil en trop*, 1969, p. 165-198. Citons pour mémoire, la même année que l'*Iphigénie en Aulide*, l'*Iphigénie* de Coras et Leclerc. — A propos de la survie littéraire du mythe, on consultera l'ouvrage de J. M. Gliksohn, *Iphigénie. De la Grèce antique à l'Europe des lumières*, Paris, P.U.F., 1983.

1. A. Turyn, *The byzantine manuscript tradition of the tragedies of Eur.*, Univ. Illinois Press, 1957.

2. G. Zuntz, *An inquiry into the transmission of the tragedies of Euripides*, Cambridge, 1965 ; A. Tuilier, *Recherches critiques sur la tradition du texte d'Euripide*, Paris, 1968. L'ouvrage de V. Di Benedetto, *La tradizione manoscritta*, Padoue, 1965, concerne surtout l'autre branche de la tradition, celle des pièces du « choix ».

(Λ), descendant d'un tome isolé des pièces d'Euripide rangées par ordre alphabétique (de *Danaé* à *Kyklops*), retrouvé par Eustathe et translittéré de l'onciale à son usage (vers 1175). Ce nouveau manuscrit paraît avoir disparu ensuite et n'avoir été redécouvert à Thessalonique, dans l'entourage de Thomas Magister et de Démétrius Triclinius, que dans les premières années du XIVe siècle.

Pour G. Zuntz, la copie Λ fut alors exécutée sur le manuscrit d'Eustathe et très peu d'années après (vers 1310-1315), L fut copié sur Λ. Mais le manuscrit L tel que nous le lisons, exemplaire de travail sur papier, a été corrigé et enrichi par une série de travaux de Triclinius étalés sur une durée d'au moins quinze ans. Une étude attentive de ce manuscrit a amené G. Zuntz aux conclusions suivantes :

— une première couche de travaux (Tr^1) exécutés d'une encre très noire, comporte l'élimination de la *scriptio plena*, des corrections de fautes matérielles du scribe, l'indication en marge des principaux changements de mètre, et quelques modifications de mots ou de colométrie sur des critères métriques ;

— une deuxième couche (Tr^2), d'une encre grisâtre, note les subdivisions des parties parlées et chantées ;

— une troisième couche (Tr^3), d'une encre à reflets brunâtres, transcrit les résultats d'un travail critique et métrique plus poussé.

Or Zuntz retrouve d'une manière générale dans P la trace des modifications de Tr^1, mais non de Tr^2 et Tr^3. Il en déduit que, pour les pièces alphabétiques, P a été copié sur L *après* la première série de travaux (vers 1320-1325), mais *avant* les deux autres. Ce que l'on peut résumer ainsi :

$$L = \text{texte de } \Lambda + Tr^1\ Tr^2\ Tr^3$$
$$P = \text{texte de } \Lambda + Tr^1.$$

Cette solution, très satisfaisante pour l'esprit, a cependant été contestée par A. Tuilier avec les arguments de fait suivants :

— certaines variantes de Tr[1] sont absentes du texte de P ;

— inversement, certaines corrections à l'encre brun-noir (Tr[3]) sont passées dans P (Zuntz lui-même l'a admis et a cité quelques exemples typiques) ;

— il y a des différences entre les notes métriques figurant dans les marges de P et dans celles de L ;

— enfin, il arrive — dans un petit nombre de cas — que P ait conservé seul la leçon ancienne, celle de Λ.

A partir de là, A. Tuilier propose une solution différente : pour lui, L et P seraient des *gemelli*, transcrits tous deux à quelques années d'intervalle d'après Λ, qu'il considère comme l'exemplaire même de translittération d'Eustathe. La critique de Triclinius se serait exercée conjointement sur les deux exemplaires, ce qui expliquerait les ressemblances et les différences de texte entre L et P, mais aussi leur caractère non systématique. J. Irigoin a fourni à l'appui de cette thèse un argument codicologique important : les deux manuscrits sont écrits sur deux colonnes (pour les parties dialoguées), mais on doit lire dans L alternativement un vers de chaque colonne, tandis que dans P on lit d'abord la colonne de gauche, puis celle de droite. Or ce second type est plus ancien, et a donc de bonnes chances de reproduire la disposition du modèle.

Quoi qu'il en soit d'un problème qui n'est pas encore tranché avec certitude[1], l'éditeur a le devoir d'attacher plus d'importance que ses prédécesseurs aux leçons de P, qui donne parfois un texte plus proche que L de la

1. Voir par exemple les réserves de K. Matthiessen, *Gymnas.* 78, 1971, p. 1-2. A. Garzya, in *Serta Turyniana*, 1974, p. 275-290, a tiré du texte des *Héraclides* de nouveaux arguments en faveur de la « gémellarité de L et P. — Sans contester la thèse générale de Zuntz, H. C. Günther a montré, dans la préface de son édition (*Euripides, Iphigenia Aulidensis*, Leipzig, Teubner, 1988, p. v-xi) que la réalité était beaucoup plus complexe.

tradition ancienne. Nous avons vérifié sur photographie les collations antérieures, avec une attention particulière aux divers types de corrections de L et en tenant compte des indications tirées par les deux chercheurs de l'examen direct des manuscrits L et P[1].

Pour la partie qui contient *Iphigénie*, L, manuscrit de travail sur papier, est de la main du scribe Triclinès, peut-être un parent de Triclinius. Pour P, manuscrit de luxe sur parchemin, la main du « rubricator » a été identifiée par A. Turyn comme celle de Jean Catrarès, dont on connaît d'autres travaux datés. Or dans P, c'est lui qui a copié les vers probablement manquants jusque-là (1570-1629), au plus tard vers 1330[2]. Ces mêmes vers ont-ils été ensuite reproduits dans L (par le même Triclinès?) comme le pense A. Tuilier, ou est-ce l'inverse qui s'est passé, comme le croit G. Zuntz? Il est là encore difficile de trancher, mais il faut retenir que cet ajout — dont on ignore la source — a eu lieu peu d'années après la copie du texte principal.

Deux manuscrits du fonds grec de la Bibliothèque Nationale, les 2887 (xve-xvie siècles) et 2817 (xvie siècle) — les « apographi parisini » — sont des copies directes de L. Dans quelques cas, ils ont heureusement corrigé le texte de leur modèle[3].

1. Il n'y avait pas lieu de distinguer dans l'apparat critique, à supposer que la distinction fût toujours possible, les trois moments du travail de Triclinius : ils sont recouverts collectivement par le sigle L^2 (L^1 représentant une correction du scribe par lui-même, ce qui est rarement évident ; cf. Zuntz, *o. c.*, p. 129). Des corrections tardives sont signalées par L^3. De même, P^2 désigne une correction triclinienne du texte de P. Il est parfois malaisé de distinguer ces corrections d'un groupe beaucoup plus tardif, P^3, où intervient sans doute la main de Musurus, qui a utilisé le manuscrit P pour son édition.

2. P. Mason, *Class. Quart.* 44, 1950, p. 63-68, sans exclure l'intervention du *rubricator*, déjà suggérée par Wilamowitz, penchait pour l'identité de main avec le reste de la pièce.

3. Nous avons vérifié ces témoins directement. Malheureusement, la collation de Fix, pieusement reproduite après lui, s'est révélée erronée trois fois sur six (v. 47 ; 134 ; 336).

Papyrus et tradition indirecte. Les papyrus d'*Iphigénie à Aulis* sont très peu nombreux. Celui du Fitzwilliam Museum de Cambridge [1], censé contenir quelques lettres médianes des v. 790-91, serait en réalité un papyrus copte [2]. Le Papyrus 510 de Leyde, du IIIe s. av. J.-C. [3], comporte des morceaux des vers 1500-1509 et 784-792, dans cet ordre, accompagnés d'une notation musicale d'un intérêt exceptionnel. Son « inventeur », Mme D. Jourdan-Hemmerdinger, a estimé que ce papyrus restituait une monodie d'Iphigénie, accidentellement scindée en deux dans nos manuscrits. L'hypothèse d'une simple anthologie lyrique est plus vraisemblable. Ce témoin présente en tout cas des variantes dignes d'intérêt. Un papyrus de Cologne [4], daté par les éditeurs du IIe siècle avant J.-C., est constitué de sept morceaux de petite taille, provenant d'un cartonnage de momie. Bien qu'on n'y trouve que des parties de vers, parfois infimes (ainsi pour 390-392 ; 819-820), il fournit quelques leçons d'un grand intérêt, et deux fragments de *stasima* se signalent par des variantes avec la colométrie des manuscrits. Dans quatre cas le papyrus confirme, contre le texte de L et P, des conjectures de philologues (308 ; 309 ; 577 ; 804), une fois une correction de Triclinius (802), trois fois il donne

1. Pap. Fitzwilliam Museum inv. 2, saec. III a. (1571 Pack²), édité par F. H. Heichelheim, *AJPh*, 61, 1940, p. 209-210.

2. Cf. J. Diggle, *GRBS*, 23, 1982, p. 315 n. 1.

3. Ed. pr. : D. Jourdan-Hemmerdinger, *C. R. Ac. Inscr.*, 1973, p. 292-302 ; *Textes grecs, démotiques et bilingues* (*P.L. Bat.*, 19), Leyde, 1978, Pl. I ; « Le nouveau papyrus d'Euripide », in *Les Sources en musicologie*, Ed. du C.N.R.S., 1981, p. 35-65 et Pl. IV-V. Voir encore G. Comotti, « Words, Verse and Music », *Mus. Phil. Lond.*, 2, 1977, p. 69-84 ; F. Ferrari, « P. Leid. Inv. 510 et il testo di Eur. *Ifigenia in Aulide* 783-792 », *CCC*, 5, 1984, p. 19-22.

4. B. Kramer-D Hagedorn, *Kölner Papyri*, II, Opladen, 1978, p. 66-70 et Pl. III. Cf. O. Musso, « Eurip. *Iph. Aul.* 576-78 e Pap. Köln 67 », *Prometheus*, 6, 1980, p. 227-29 ; W. Luppe, *APF*, 27, 1980, p. 241 ; H. C. Günther, « Zu dem Kölner Euripides-papyrus P. Köln II, 67 », *ZPE*, 63, 1986, p 4-6.

raison à L contre P (304 ; 309 ; 804). On trouve une faute d'écriture (577 : καλλεμο[ις.). Enfin le P. Oxy. 3719[1], du IIIe s. de notre ère, publié en 1986, donne les fins des vers 913-18, sans variante avec le texte reçu.

Nous avons enfin relevé une cinquantaine de citations antiques de vers d'*Iphigénie*. Il n'est pas rare que ces *testimonia* offrent un texte supérieur à celui de L et P, soit corrompu à haute époque, soit gâté par le zèle indiscret de Triclinius et de ses successeurs.

Les éditions. Il n'existe pas pour *Iphigénie à Aulis* d'édition commentée récente et comparable pour la qualité à celles dont on dispose pour un certain nombre de pièces d'Euripide. Nous avons néanmoins consulté avec profit, entre autres, les éditions annotées de F. A. Paley (*Euripides*, III, Londres, 1860), H. Weil (*Sept Tragédies d'Euripide*, 2e éd., Hachette, 1879), E. B. England (Londres, 1891 ; réimpr. New-York, 1979), S. Cecchi (Florence, 1960), ainsi que la traduction espagnole de C. García Gual (Euripides, *Tragedias*, III, Madrid, 1979))[2].

Alphonse Dain s'était proposé d'assurer l'établissement du texte que nous devions traduire. Nous avons pu disposer d'une ébauche d'apparat critique de sa main qui nous a été précieuse. Nous souhaitons que la présente édition ne soit pas trop indigne d'un maître auquel nous devons tant[2].

1. *P. Oxy.* 53, 1986, 3719, p. 148-49 (M. W. Haslam). — Rappelons pour mémoire que le v. 28 était cité par Chrysippe dans le *P. Par.* 2 (IIIe-IIe s. ; 246 Pack²).

2. Deux commentaires sont en préparation, l'un par les soins de W. Ritchie, l'autre de W. Stockert.

3. Je m'acquitte d'un agréable devoir en remerciant M. Stephen-G. Daitz, professeur à la City University of New York et ancien professeur associé à l'Université de Paris X, qui a rempli son rôle de réviseur avec toute l'exigeante acribie que l'on pouvait attendre de l'éditeur d'*Hécube* dans la collection Teubner. M. Robert Clavaud, professeur à l'Université de Limoges, m'a fait l'amitié de relire attentivement ma traduction. Aux nombreuses et judicieuses remarques de l'un et de l'autre, cette édition se trouve grandement redevable.

AVERTISSEMENT DE LA SECONDE ÉDITION

En reprenant, cinq ans après, cette édition d'*Iphigénie à Aulis*, j'ai pu corriger un certain nombre d'erreurs matérielles. La lecture des comptes rendus et des travaux récents consacrés à cette pièce, des échanges épistolaires ou des conversations avec les « utilisateurs » du livre m'ont conduit à procéder à quelques modifications du texte ou de la traduction. J'ai surtout cherché à mettre à jour une bibliographie particulièrement riche au cours de ces dernières années. On ne peut que se féliciter d'un tel regain d'intérêt pour cette ultime production du génie d'Euripide.

F. J.
Octobre 1989

A l'occasion de ce troisième tirage, on signalera seulement deux ouvrages récents : D'abord, une importante édition commentée de la pièce : Walter STOCKERT, *Euripides Iphigenie in Aulis*, 2 volumes (Band I : *Einleitung und Texte*, p. 1-152 ; Band II, *Detailkommentar*, p. 153-654) (*Wiener Studien*, Beiheft 16/2 et 16/3), Vienne, 1992. — D'autre part, une traduction française destinée à la scène : Jean et Mayotte BOLLACK, *Euripide Iphigénie à Aulis*, Paris, Editions de Minuit, 1990. La traduction est suivie (p. 95-127) de *Notes Critiques* portant pour la plupart sur le texte grec.

F. J.
Mai 1993

PERSONNAGES DU DRAME

Agamemnon
Un Vieillard
Le Chœur
Ménélas
Clytemnestre
Iphigénie
Achille
Un Messager

ΤΑ ΤΟΥ ΔΡΑΜΑΤΟΣ ΠΡΟΣΩΠΑ

ΑΓΑΜΕΜΝΩΝ
ΠΡΕΣΒΥΤΗΣ
ΧΟΡΟΣ
ΜΕΝΕΛΑΟΣ
ΚΛΥΤΑΙΜΗΣΤΡΑ
ΙΦΙΓΕΝΕΙΑ
ΑΧΙΛΛΕΥΣ
[ΘΕΡΑΠΩΝ]
ΑΓΓΕΛΟΣ

Κλυταιμήστρα Vitelli : -μνήστρα LP et sic semper infra || θεράπων del. Markland uide adn. u. 855.

IPHIGÉNIE A AULIS

Dans le camp grec, à Aulis, devant la tente d'Agamemnon, un peu avant l'aurore.

MÉLODRAME

AGAMEMNON. — Vieil homme, approche de cette tente. Viens.

LE VIEILLARD. — Je viens. Que médites-tu encore, seigneur Agamemnon?

AGAMEMNON. — Tu vas l'apprendre[1].

LE VIEILLARD. — Je me hâte. Ma vieillesse n'a besoin que de peu de sommeil et mes yeux restent vifs[2].

AGAMEMNON. — Quel est donc cet astre qui vogue dans le ciel?

LE VIEILLARD. — Sirius : il suit de près la trace des sept Pléïades et s'élance, encore au milieu de sa course.

AGAMEMNON. — Nulle voix, en tout cas, ni des oiseaux, ni de la mer. Le silence des vents règne ici sur l'Euripe[3*].

LE VIEILLARD. — Mais toi, pourquoi t'élancer ainsi hors de ta tente, seigneur Agamemnon? Tout est calme en Aulis, et la garde du rempart est tranquille[4*]. Rentrons.

1. Les éditeurs se partagent entre la leçon des manuscrits, Πεύσῃ (cf. *infra* 1540) et la conjecture de Dobree, Σπεύσεις : « Vas-tu te hâter? » (d'après le v. 2, στεῖχε-Στείχω). Cette répétition ne s'impose pas. Agamemnon va hésiter longuement avant de se confier au Vieillard.

2. Ces deux vers ont été diversement construits et compris. Le plus simple est d'y voir deux propositions séparées, en comprenant ὀξύ avec la valeur, qu'il a couramment, d'ὀξύτης : « Il y a de l'acuïté dans mes yeux. » Pour une interprétation différente, voir H. C. Günther, in *WüJb.*, 13, 1987, p. 59-63; 73-74.

3*-4*. L'astérisque renvoie aux Notes complémentaires en fin de volume.

ΙΦΙΓΕΝΕΙΑ Η ΕΝ ΑΥΛΙΔΙ

ΑΓΑΜΕΜΝΩΝ

Ὦ πρέσβυ, δόμων τῶνδε πάροιθεν
στεῖχε.

ΠΡΕΣΒΥΤΗΣ

Στείχω. Τί δὲ καινουργεῖς,
Ἀγάμεμνον ἄναξ;

ΑΓ. Πεύσῃ.

ΠΡ. Σπεύδω.
Μάλα τοι γῆρας τοὐμὸν ἄϋπνον
καὶ ἐπ' ὀφθαλμοῖς ὀξὺ πάρεστιν.

ΑΓ. Τίς ποτ' ἄρ' ἀστὴρ ὅδε πορθμεύει;

ΠΡ. Σείριος ἐγγὺς τῆς ἑπταπόρου
Πλειάδος ᾄσσων ἔτι μεσσήρης.

ΑΓ. Οὔκουν φθόγγος γ' οὔτ' ὀρνίθων
οὔτε θαλάσσης· σιγαὶ δ' ἀνέμων
τόνδε κατ' Εὔριπον ἔχουσιν.

ΠΡ. Τί δὲ σὺ σκηνῆς ἐκτὸς ἀΐσσεις,
Ἀγάμεμνον ἄναξ;
ἔτι δ' ἡσυχία τῇδε κατ' Αὖλιν,
καὶ ἀκίνητοι φυλακαὶ τειχέων.
Στείχωμεν ἔσω.

Test. 6-8 Theo. Sm., *Astron.* 16, p. 238, 14-15 Dupuis; cf. Enn., *Iph.* fr. XCVI Jocelyn.

1 δόμων τῶνδε L²P : τ. δ. L || 3 Πεύσῃ L²P : πεύσει L σπεύσεις Dobree fort. recte || 4 μάλα — ἄυπνον L²P² in ras. || τοι Barnes : τὸ L²P om. L || Τίς... ἄρ' LP : τί... ἄρ' ὁ Theo. Sm. || 7 Πρ. LP : Agamemnoni contin. Bremi coll. Theone || 8 ᾄσσων edd. : αἴσσων L² ἀΐσσων LP || μεσσήρης L² : μεσή- LP || 11 ἔχουσιν P³ : -σι LP || 16 στείχομεν P.

Agamemnon. — J'envie ton sort, vieillard. J'envie l'homme dont la vie s'écoule à l'abri du danger, obscure et sans renom. Ceux qui sont à l'honneur, je les envie moins[1].

Le Vieillard. — C'est là pourtant ce qui fait la beauté de la vie !

Agamemnon. — Beauté trompeuse que celle-ci ! Certes, l'ambition est douce, mais de près, ce n'est que chagrin[2]. Tantôt quelque traverse envoyée par les dieux vient bouleverser notre vie[3], tantôt ce sont les hommes avec leurs avis multiples, inconciliables, qui nous déchirent.

Le Vieillard. — Je n'accepte pas ces propos dans la bouche d'un prince : ce n'est pas pour un bonheur sans mélange, Agamemnon, qu'Atrée t'a conçu. Tu dois connaître et la joie et la peine : la nature t'a fait mortel[4]*. Que tu le veuilles ou non, la volonté des dieux s'accomplira.

Mais toi-même tu as allumé une lampe pour écrire sur cette tablette, que tu tiens encore entre tes mains, puis

1. Cf. Racine, *Iph.* 10-12 :

« Heureux qui satisfait de son humble fortune
Libre du joug superbe où je suis attaché
Vit dans l'état obscur où les Dieux l'ont caché. »

Pour l'éloge du βίος ἀκίνδυνος, voir *Hipp.* 1013-1014 ; 1019-1020 ; *Ion* 595-601 ; 633-647 ; *Antiope*, fr. 193 ; 194 ; 198 N²; R. Goossens, *Euripide et Athènes*, p. 674-675 ; V. di Benedetto, *Euripide : teatro e società*, p. 306.

2. Le texte des manuscrits viole la métrique. Le plus simple est de supprimer l'article (comparer *El.* 1351 ; *Bacch.* 1150). Φιλότιμον désigne l'ambition, mot qui revient comme un leit-motiv (342 ; 385 ; 520 ; φιλοτιμία en 527) ; sur ce sentiment, voir aussi *Suppl.* 907 ; *Phén.* 532 ; 567. Le sens de προσιστάμενον a été discuté. Nous gardons à ce verbe son sens le plus courant : *en approchant*. D'autres ont compris : *celui qui s'en approche*, ou encore *quand on s'en dégoûte* (Weil), d'après le vers du comique Machon, où ces mots s'appliquent à un morceau de viande. Si on corrige avec Hermann λυπεῖ en λύπῃ : elle *comporte* du chagrin, ou elle *avoisine* le chagrin.

3. Autre interprétation : « ... un manquement dans le culte des dieux ».

ΑΓ. Ζηλῶ σέ, γέρον,
ζηλῶ δ' ἀνδρῶν ὃς ἀκίνδυνον
βίον ἐξεπέρασ' ἀγνὼς ἀκλεής·
τοὺς δ' ἐν τιμαῖς ἧσσον ζηλῶ.
ΠΡ. Καὶ μὴν τὸ καλόν γ' ἐνταῦθα βίου.
ΑΓ. Τοῦτο δέ γ' ἐστὶν τὸ καλὸν σφαλερόν·
καὶ [τὸ] φιλότιμον
γλυκὺ μέν, λυπεῖ δὲ προσιστάμενον.
Τοτὲ μὲν τὰ θεῶν οὐκ ὀρθωθέντ'
ἀνέτρεψε βίον, τοτὲ δ' ἀνθρώπων
γνῶμαι πολλαὶ
καὶ δυσάρεστοι διέκναισαν.
ΠΡ. Οὐκ ἄγαμαι ταῦτ' ἀνδρὸς ἀριστέως·
οὐκ ἐπὶ πᾶσίν σ' ἐφύτευσ' ἀγαθοῖς,
'Αγάμεμνον, 'Ατρεύς.
Δεῖ δέ σε χαίρειν καὶ λυπεῖσθαι·
θνητὸς γὰρ ἔφυς· κἂν μὴ σὺ θέλῃς,
τὰ θεῶν οὕτω βουλόμεν' ἔσται.
Σὺ δὲ λαμπτῆρος φάος ἀμπετάσας
δέλτον τε γράφεις
τήνδ', ἣν πρὸ χερῶν ἔτι βαστάζεις,

Test. **16-18** cf. Enn., *Iph.* (?) ap. Cic., *Tusc.* III, 24, 57 (uide Jocelyn, p. 327) ; Plut., *Mor.* 471 c (*de tranq. an.* 11) || **16-19** Alex. Aphr., comm. ad Arist., *Topica*, p. 223, 14-17 Wal. ; Stob., *Flor.* IV, 6, 4 (p. 394 Hense) | **23** Macho ap. Ath., VI, 244 a (fr. IV, 24 Gow | **28** Chrysippus, π. ἀποφατικῶν, ap. Arnim, *SVF*, II, p. 53, 27 || **28-33** Stob., *Flor.* IV, 41, 6 (p. 929-930 H.) | **29-31** Plut., *Mor.* 33 e (*de aud. poetis* 12) || **29-33** *ibid.*, 103 b (*consol. ad Apol.* 5).

17 δ' LP : σ' Stob. || **18** ἐξεπέρασ' ἀγνὼς LP Plut. : ἐξεπεράσας ἀγνώστως Stob. ἕξει πέρας ἀγνὼς Alex. Aphr. || **19** ζηλῶ LP : ἐπαινῶ Stob. || **22** τὸ del. Markland || **23** λυπεῖ δὲ προσιστάμενον LP : π. δ. λ. Macho || **28** ἀριστέως Chrys. Stob. : -τέος LP || **29** πᾶσίν σ' Plut. : πᾶσί σ' LP πᾶσιν Stob. || **30** ἀτρεῦ Stob. || **33** βουλόμεν' ἔσται LP : βουλομένων ἔσται Plut. νενόμισται Stob.

tu effaces au contraire l'écriture[1]. Tu y mets ton cachet, puis tu le romps et tu jettes à terre la tablette de pin, en versant un flot de larmes[2]. Rien ne manque à ton désarroi, qui touche à la folie. Quelle est ta peine? Que t'arrive-t-il d'inouï, mon roi? Allons, parle, confie-toi à moi[3] : c'est face à un homme honnête et loyal que tu vas t'expliquer. Car en son temps Tyndare m'offrit à ta femme parmi les présents de noces pour être le serviteur intègre de la jeune épousée[4].

Agamemnon[5*]. — Léda, la Thestiade, eut trois filles : Phoebé[6*], Clytemnestre, ma femme, et Hélène. Les jeunes gens les plus fortunés de la Grèce vinrent briguer la main de celle-ci. De terribles menaces de mort s'élevèrent, chacun jurant de tuer ses rivaux s'il n'obtenait la jeune fille. L'affaire était embarrassante pour son père Tyndare : devait-il ou non la donner[7*], pour agir au mieux en la circonstance[8*]? Il lui vint alors une idée : lier entre eux les prétendants par un serment qui unirait leurs mains, appuyé de libations versées sur les victimes brûlantes et d'imprécations solennelles[9*]. Quiconque obtiendrait pour femme la fille de Tyndare recevrait l'assis-

1. Sur le procédé dramatique de la lettre, voir *Notice*, p. 19, et G. Monaco, « L'Epistola nel teatro greco », *Dion.* 39, 1965, p. 334-351. E. Fraenkel, *Studi Paoli*, Florence, 1956, p. 295-296, trouve ici l'amorce d'un motif de la comédie nouvelle, celui de l'esclave qui guette son maître. En tout cas, tout ce passage a été imité par Plaute, *Pseudolus* 9-17. Les v. 34-42 ont été retranchés en particulier par England, pour diverses anomalies dans l'expression.

2. Outre l'imitation de Plaute, voir aussi Ovide, *Mét.* 9, 522-527.

3. Le tour κοινοῦν ἐς est sans autre exemple, mais il a pu être calqué sur διδόναι ἐς (*Hél.* 1425 ; *Phén.* 1757 ; *Bacch.* 321) ; voir aussi αὐδᾶν ἐς, Soph., *O. R.* 93.

4. Pour ce statut du vieux serviteur, voir 860 ; 868-871, et comparer Eschl., *Suppl.* 979 : θεραποντίδα φερνήν. On comprend pourquoi par la suite il choisira le camp de Clytemnestre. Συννυμφοκόμον (cf. νυμφοκόμον en 1087) est un hapax ; il désigne *celui qui aide à la toilette de la mariée.*

καὶ ταὐτὰ πάλιν γράμματα συγχεῖς,
καὶ σφραγίζεις λύεις τ' ὀπίσω
ῥίπτεις τε πέδῳ πεύκην, θαλερὸν
κατὰ δάκρυ χέων,
καὶ τῶν ἀπόρων οὐδενὸς ἐνδεῖς
μὴ οὐ μαίνεσθαι. [Τί νέον τί πονεῖς;]
Τί πονεῖς; τί νέον περί σοι, βασιλεῦ;
Φέρε κοίνωσον μῦθον ἐς ἡμᾶς.
Πρὸς δ' ἄνδρ' ἀγαθὸν πιστόν τε φράσεις·
σῇ γάρ μ' ἀλόχῳ τότε Τυνδάρεως
πέμπει φερνὴν
συννυμφοκόμον τε δίκαιον.

ΑΓ. Ἐγένοντο Λήδᾳ Θεστιάδι τρεῖς παρθένοι,
Φοίβη Κλυταιμήστρα τ', ἐμὴ ξυνάορος,
Ἑλένη τε· ταύτης οἱ τὰ πρῶτ' ὠλβισμένοι
μνηστῆρες ἦλθον Ἑλλάδος νεανίαι.
Δειναὶ δ' ἀπειλαὶ καὶ κατ' ἀλλήλων φόνος
ξυνίσταθ', ὅστις μὴ λάβοι τὴν παρθένον.
Τὸ πρᾶγμα δ' ἀπόρως εἶχε Τυνδάρεῳ πατρί,
δοῦναί τε μὴ δοῦναί τε, τῆς τύχης ὅπως
ἅψαιτ' ἄριστα. Καί νιν εἰσῆλθεν τάδε,
ὅρκους συνάψαι δεξιάς τε συμβαλεῖν
μνηστῆρας ἀλλήλοισι καὶ δι' ἐμπύρων
σπονδὰς καθεῖναι κἀπαράσασθαι τάδε,
ὅτου γυνὴ γένοιτο Τυνδαρὶς κόρη,
τούτῳ συναμυνεῖν, εἴ τις ἐκ δόμων λαβὼν

Test. **37-39** cf. Ov., *Met.* 9, 523-525 || **57** cf. Hesych., *s. v.* ἄθραυστα· ἀπρόσκοπα Εὐριπίδης Ἰφιγενείᾳ τῇ ἐν Αὐλίδι.

39 πέδῳ πεύκην L^2P : πεύκην πέδῳ L || **42** οὐ μαίνεσθαι L^2P^2 : θυμαί- LP || **42-43** Τί πονεῖς; τί νέον Blomfield : τί νέον τί πονεῖς; τί πονεῖς τί νέον LP τί πονεῖς (*bis*) τί νέον (*bis*) L^2P^3 || **45** δ' P^3 : om. LP || **47** πέμπει Elmsley : πέμπεν LP^2 πέμπε P || **53** φόνος LP : φθόνος Markland || **54** ἂν supra μὴ scr. L^2 || **57** ἄριστα LP : ἄθραυστα Hemsterhuys ex Hesychio *s. u.* || **62** συναμυνεῖν Heath : -μύνειν LP.

tance de tous, si un ravisseur enlevait Hélène à son foyer et en frustrait ainsi sa couche. Ils entreraient en campagne et ravageraient sa cité, fût-il grec ou barbare, par la force des armes.

Quand ils eurent engagé leur foi, adroitement circonvenus par la sagesse du vieux Tyndare, celui-ci permit à sa fille de choisir l'un des prétendants, vers lequel les souffles d'Aphrodite porteraient sa tendresse. Elle choisit celui qui jamais n'aurait dû l'épouser : Ménélas[1].

De Phrygie, l'homme qui jugea les déesses — selon ce que l'on raconte[2] — vint à Lacédémone, vêtu d'une robe éclatante, resplendissant d'or et de luxe barbare : l'amant ravit l'amante et s'en alla avec Hélène vers ses étables de l'Ida, profitant de l'absence de Ménélas[3]. Celui-ci, sous l'aiguillon du désir[4]*, parcourt l'Hellade. Il invoque les serments jadis prêtés devant Tyndare, qui obligeaient à se porter au secours de l'offensé. Alors les Grecs bondissent, lance en main. Ils revêtent leur armure pour se rendre ici, sur l'étroit goulet d'Aulis, avec un grand appareil de vaisseaux, de boucliers, de chevaux et de chars. Et c'est moi[5]* qu'on a choisi comme général, par égard pour Ménélas, mon frère. Cette dignité, plût au

1. Chez Stésichore (fr. 13 P.), et probablement dans le *Catalogue*, c'était Tyndare qui choisissait le mari d'Hélène (d'après l'importance des présents offerts). Le libre choix laissé à l'héroïne (et relevé par Aristote, *Rhét.* II, 24, 1401 b) aggrave sa responsabilité lors de l'enlèvement par Pâris. On a remarqué que l'actif λαβεῖν s'emploie plutôt du mari que de la femme. Le poète a-t-il glissé là une malice?

2. Les éditeurs se partagent entre la leçon des manuscrits (ἀνθρώπων) et celle de Clément d'Alexandrie (Ἀργείων). Mais il n'y a guère de raison de préciser ici qu'il s'agit d'une légende *argienne* (c'est-à-dire sans doute, suivant l'usage poétique, *grecque*). L'expression ἀνθρώπων μῦθος, ou ses équivalents, est courante en poésie : *infra*, 794 ; *Ion* 265 ; *Bacch.* 295 ; cf. Archil., fr. 174 W. ; Soph., *Ant.* 829.

3. Le luxe oriental du vêtement de Pâris avait déjà été souligné par Euripide (*Troy.* 991-992 ; 995 ; *Cyc.* 182-186). Pour l'absence de Ménélas, parti recueillir un héritage en Crète, *Troy.* 943-944 ; le motif remonte aux *Chants Cypriens* (Apollodore, *Ep.* III, 2).

οἴχοιτο τόν τ' ἔχοντ' ἀπωθοίη λέχους,
κἀπιστρατεύσειν καὶ κατασκάψειν πόλιν
Ἕλλην' ὁμοίως βάρβαρόν θ' ὅπλων μέτα.
'Επεὶ δ' ἐπιστώθησαν, εὖ δέ πως γέρων
ὑπῆλθεν αὐτοὺς Τυνδάρεως πυκνῇ φρενί,
δίδωσ' ἑλέσθαι θυγατρὶ μνηστήρων ἕνα,
ὅποι πνοαὶ φέροιεν Ἀφροδίτης φίλαι.
Ἡ δ' εἵλεθ', ὥς γε μήποτ' ὤφελεν λαβεῖν,
Μενέλαον.
'Ελθὼν δ' ἐκ Φρυγῶν ὁ τὰς θεὰς
κρίνας ὅδ', ὡς ὁ μῦθος ἀνθρώπων ἔχει,
Λακεδαίμον', ἀνθηρὸς μὲν εἱμάτων στολῇ
χρυσῷ τε λαμπρός, βαρβάρῳ χλιδήματι,
ἐρῶν ἐρῶσαν ᾤχετ' ἐξαναρπάσας
'Ελένην πρὸς Ἴδης βούσταθμ' ἔκδημον λαβὼν
Μενέλαον · ὃ δὲ καθ' 'Ελλάδ' οἰστρήσας πόθῳ
ὅρκους παλαιοὺς Τυνδάρεω μαρτύρεται,
ὡς χρὴ βοηθεῖν τοῖσιν ἠδικημένοις.
Τοὐντεῦθεν οὖν Ἕλληνες ᾄξαντες δορί,
τεύχη λαβόντες στενόπορ' Αὐλίδος βάθρα
ἥκουσι τῆσδε, ναυσὶν ἀσπίσιν θ' ὁμοῦ
ἵπποις τε πολλοῖς ἅρμασίν τ' ἠσκημένοι.
Κἀμὲ στρατηγεῖν † κᾆτα † Μενέλεω χάριν
εἵλοντο, σύγγονόν γε. Τἀξίωμα δὲ

Test. **71-77** Clem. Al., *Paed.* III, 2, 13, 1 (I, p. 243, 25-31 St.) || **80** Arist., *Rhet.* III, 11, 1411 b 30 || **84** huc respexit Eustath. ad *Il.* A 102 (p. 57, 30-32) ; B 108 (p. 185, 4-6).

63 ἀπωθεἰη L : ἀπώσασθαι P³ in ras. || **64** κἀπιστρατεύσειν Markland : -τεύειν LP || κατασκάπτειν P³ || **68** δίδωσ' Markland : -σιν LP || **69** ὅποι Lenting : ὅτου LP || **70** ὤφλεν P corr. P³ || **72** κρίνας LP : κρίνων Clem. Al. || ὁ om. L add. L² || ἀνθρώπων LP : 'Αργείων Clem. Al. || **77** Μενέλαον· ὃ δὲ LP : μενέλαος οὖν P³ || πόθῳ Toup : μόρῳ LP μόνος P³ ἔρῳ Burges || **79** ἠδικημένοις L²P³ : ἀδικου- LP ἀδικη- P² || **80** τοὐντεῦθεν οὖν LP : τοὐλεύθερον δ' uel τὸ ἐλευθέροις δ' Arist. || ᾄξαντες edd. : αἴξ- P ἀίξ- L Sch. Arist. || δορί LP : ποσίν Arist. || **83** ἅρμασίν τ' Reiske : θ' ἅρμασιν LP || **84** κᾆτα LP : δῆτα Nauck alii alia.

ciel qu'à la place un autre l'eût reçue ! Une fois l'armée assemblée et concentrée ici, nous voici arrêtés en Aulis, incapables de prendre la mer[1]. Dans notre embarras, le devin Calchas nous révéla que ma propre fille, Iphigénie, devait être immolée à Artémis, maîtresse de cette terre. La traversée aurait alors lieu et les Phrygiens seraient écrasés. Cela, si nous l'immolions : sinon, rien ne se ferait[2].

J'entends l'oracle : j'ordonne que Talthybios proclame haut et clair que toute l'armée soit licenciée, car jamais je n'aurais eu le courage de faire mourir ma fille[3]*. Mais alors mon frère met en avant mille raisons et me persuade de tenter cet affreux coup. Sur les volets d'une tablette, je mande par écrit à ma femme de m'envoyer ma fille, sous couleur de la marier à Achille. J'exaltais les mérites de ce héros, et je disais qu'il ne consentait pas à prendre la mer avec les Achéens à moins que ne vînt à Phthie une épouse de notre maison. C'était là le moyen de persuader ma femme, en inventant pour faire venir notre fille une union mensongère. Avec moi, les seuls Achéens à savoir ce qu'il en est sont Calchas, Ulysse et Ménélas[4]*. Mais la mauvaise décision que j'ai prise alors, je la révoque pour une meilleure, par ces tablettes que tu m'as vu, dans l'ombre de cette nuit, ouvrir et refermer, vieil homme. Alors, va porter cette lettre à Argos. Ce que cachent ces tablettes dans leurs plis, tout ce qui s'y trouve inscrit, je vais te l'indiquer. Car tu es fidèle à mon épouse et à ma maison[5]*.

1. Sur l'ἄπλοια résultant du manque de vent, voir la *Notice*, p. 16-17. Au vers suivant, certains critiques défendent la leçon des manuscrits, κεχρημένος : « (Calchas) tirant parti de leur embarras... » ou « en proie à l'embarras » (H. Neitzel, *Philol.*, 131, 1987, p. 206-07).

2. Ce vers a été souvent considéré comme forgé d'après 1007 et interpolé ici. Mais l'insistance portant sur une donnée aussi essentielle de la pièce n'est pas choquante, surtout au cours de l'exposition.

ἄλλος τις ὤφελ' ἀντ' ἐμοῦ λαβεῖν τόδε.
Ἠθροισμένου δὲ καὶ ξυνεστῶτος στρατοῦ,
ἥμεσθ' ἀπλοίᾳ χρώμενοι κατ' Αὐλίδα.
Κάλχας δ' ὁ μάντις ἀπορίᾳ κεχρημένοις
ἀνεῖλεν Ἰφιγένειαν, ἣν ἔσπειρ' ἐγώ,
Ἀρτέμιδι θῦσαι τῇ τόδ' οἰκούσῃ πέδον,
καὶ πλοῦν τ' ἔσεσθαι καὶ κατασκαφὰς Φρυγῶν
θύσασι, μὴ θύσασι δ' οὐκ εἶναι τάδε.
Κλύων δ' ἐγὼ ταῦτ' ὀρθίῳ κηρύγματι
Ταλθύβιον εἶπον πάντ' ἀφιέναι στρατόν,
ὡς οὔποτ' ἂν τλὰς θυγατέρα κτανεῖν ἐμήν.
Οὗ δή μ' ἀδελφὸς πάντα προσφέρων λόγον
ἔπεισε τλῆναι δεινά. Κἀν δέλτου πτυχαῖς
γράψας ἔπεμψα πρὸς δάμαρτα τὴν ἐμὴν
πέμπειν Ἀχιλλεῖ θυγατέρ' ὡς γαμουμένην,
τό τ' ἀξίωμα τἀνδρὸς ἐκγαυρούμενος,
συμπλεῖν τ' Ἀχαιοῖς οὕνεκ' οὐ θέλοι λέγων,
εἰ μὴ παρ' ἡμῶν εἶσιν εἰς Φθίαν λέχος·
πειθὼ γὰρ εἶχον τήνδε πρὸς δάμαρτ' ἐμήν,
ψευδῆ συνάψας ἀμφὶ παρθένου γάμον.
Μόνοι δ' Ἀχαιῶν ἴσμεν ὡς ἔχει τάδε
Κάλχας Ὀδυσσεὺς Μενέλεώς θ'. Ἃ δ' οὐ καλῶς
ἔγνων τότ', αὖθις μεταγράφω καλῶς πάλιν
εἰς τήνδε δέλτον, ἣν κατ' εὐφρόνης σκιὰν
λύοντα καὶ συνδοῦντά μ' εἰσεῖδες, γέρον.
Ἀλλ' εἶα, χώρει τάσδ' ἐπιστολὰς λαβὼν
πρὸς Ἄργος. Ἃ δὲ κέκευθε δέλτος ἐν πτυχαῖς,
λόγῳ φράσω σοι πάντα τἀγγεγραμμένα·
πιστὸς γὰρ ἀλόχῳ τοῖς τ' ἐμοῖς δόμοισιν εἶ.

89 κεχρημένοις Heath : -μένος LP || 92 κατασκαφὰς P^3 : -σφαγὰς LP || 93 secl. Nauck. || 100 πέμπειν LP : στέλλειν Markland || 102 οὕνεκ' Barnes : τούνεκ' LP τοὔνεκ' P^3 || 105 ἀμφὶ Markland : ἀντὶ LP || 106-114 susp. edd. complures || 109 εὐφρόνης LP : -νην L^2 || σκιὰν (σκ- in ras.) P^3 : om. LP.

MÉLODRAME[1]

A la suite de ma précédente lettre, je te mande, fille de Léda...

LE VIEILLARD. — Parle, instruis-moi, afin que les mots de ma bouche s'accordent avec ta lettre.

AGAMENMON. — de ne pas envoyer ton enfant vers l'aile incurvée de l'Eubée et la rade abritée d'Aulis. Car c'est en d'autres temps que nous festoierons aux noces de notre fille.

LE VIEILLARD. — Mais comment éviter qu'Achille, frustré de cette union, ne se gonfle de colère contre ton épouse et toi-même? Voilà un autre danger. Indique-moi ce que tu veux dire.

AGAMEMNON. — C'est son nom que nous prête Achille, mais il n'est pas au fait[2*]. Il ne sait rien de ce mariage, rien de nos projets, ni de ma promesse d'offrir ma fille à son étreinte dans la couche nuptiale.

LE VIEILLARD. — Tu prenais un terrible risque, seigneur Agamemnon : tu avais accordé ta fille pour épouse au fils de la déesse et tu la livrais au couteau des Danaens[3*] !

AGAMEMNON. — Malheur ! J'avais perdu le sens, hélas, et je sombrais dans l'égarement. Allons, va, presse ta marche, ne concède rien à l'âge.

LE VIEILLARD. — Je me hâte, ô mon roi.

1. Les critiques n'ont pas été moins vives pour cette dernière partie de la scène : redites, contradictions, faits de langue et de style, irrégularités du mètre : voir par exemple D. Bain, *Class. Quart.* 27, 1977, p. 10-26. Ces vers ont été cependant défendus par G. Mellert-Hoffmann, C. W. Willink et B. Knox. Plusieurs éditeurs, à la suite de Reiske, ont transposé les v. 117-118 et 115-116. On peut défendre l'ordre traditionnel en supposant qu'Agamemnon s'interrompt après le v. 116, encore hésitant, pour relire sa lettre, et que le Serviteur l'invite à continuer. Ou encore, le roi suit sa pensée, sans tenir compte de l'interruption. — L'insertion de plusieurs parémiaques dans cette séquence anapestique (115-116 ; 122-123 ; 131-132 ; 136-137 ; 142 ; 163) ou la structure anormale d'un vers comme 123 ne sont pas choquantes si l'on considère qu'il s'agit d'anapestes lyriques.

Πέμπω σοι πρὸς ταῖς πρόσθεν
δέλτοις, ὦ Λήδας ἔρνος...
ΠΡ. Λέγε καὶ σήμαιν' ἵνα καὶ γλώσσῃ
σύντονα τοῖς σοῖς γράμμασιν αὐδῶ.
ΑΓ. μὴ στέλλειν τὰν σὰν ἶνιν πρὸς
τὰν κολπώδη πτέρυγ' Εὐβοίας
Αὖλιν ἀκλύσταν.
Εἰς ἄλλας ὥρας γὰρ δὴ
παιδὸς δαίσομεν ὑμεναίους.
ΠΡ. Καὶ πῶς Ἀχιλεὺς λέκτρων ἀπλακὼν
οὐ μέγα φυσῶν θυμὸν ἐπαρεῖ
σοὶ σῇ τ' ἀλόχῳ;
τόδε καὶ δεινόν. Σήμαιν' ὅ τι φῄς.
ΑΓ. Ὄνομ', οὐκ ἔργον, παρέχων Ἀχιλεὺς
οὐκ οἶδε γάμους, οὐδ' ὅ τι πράσσομεν,
οὐδ' ὅτι κείνῳ παῖδ' ἐπεφήμισα
νυμφείους εἰς ἀγκώνων
εὐνὰς ἐκδώσειν λέκτροις.
ΠΡ. Δεινά γ' ἐτόλμας, Ἀγάμεμνον ἄναξ,
ὃς τῷ τῆς θεᾶς σὴν παῖδ' ἄλοχον
φατίσας ἦγες σφάγιον Δαναοῖς.
ΑΓ. Οἴμοι, γνώμας ἐξέσταν,
αἰαῖ, πίπτω δ' εἰς ἄταν.
Ἀλλ' ἴθ' ἐρέσσων σὸν πόδα, γήρᾳ
μηδὲν ὑπείκων.
ΠΡ. Σπεύδω, βασιλεῦ.

Test. **128** cf. Liban., *Epist.* 1322 (XI, p. 380, 6-7 Fö.) || **139-140** cf. Enn., *Iph.*, fr. XCVIII Joc.

115-116 post **117-118** trai. Reiske || **122** ἄλλας LP : τὰς add. L^2P^2 s. l. || **124** Ἀχιλεὺς L^2 : ἀχιλλεὺς LP || λέκτρων Scaliger : λέκτρ' LP κατὰ L^2 s. l. || ἀπλακὼν Burney : ἀμπλ- LP || **125** φυσῶν Musgrave : φυσσῶν LP || ἐπαρεῖ Reiske : ἐπαίρει LP || **128** Ἀχιλεὺς L^2 : ἀχιλλεὺς LP || **130** ἐπεφήμισα Markland : ἐπέφησα LP || **132** ἐκδώσειν Markland : ἐνδ- LP || **133** γ' ἐτόλμας Markland : γε τολμᾷς LP || **134** ὃς τῷ Canter : οὕτω LP οὐ τῷ Markland || **135** φατήσας P corr. P^3 || **138** ἴθ' L^2 : ἴθι L εἶθ' P.

AGAMEMNON. — Ne va pas t'asseoir près des sources ombragées ni te laisser prendre aux charmes du sommeil[1].

LE VIEILLARD. — A dieu ne plaise !

AGAMEMNON. — A chaque fourche de la route, observe au passage et prends bien garde qu'à ton insu, lancé sur ses roues rapides, ne te croise un char qui conduirait ma fille jusqu'ici, aux vaisseaux danaens.

LE VIEILLARD. — Ce sera fait.

AGAMEMNON. — Si c'est en chemin, portes franchies, que tu la rencontres avec son escorte, fais-lui tourner bride, saisis le mors des chevaux, renvoie-la vers la ville sainte des Cyclopes[2].

LE VIEILLARD. — Mais comment mon message trouvera-t-il créance, dis-moi, auprès de ta fille et de ta femme?

AGAMEMNON. — Prends soin de ce sceau que tu emportes sur mes tablettes. Va : déjà le jour blanchit, éclairé par l'aurore et le char flamboyant du Soleil. Prends ta part de mes peines.

Le Vieillard sort.

Il n'est pas de mortel qui connaisse jusqu'au bout[3]

1. Nous sommes en pleine Canicule. On trouve plusieurs références dans la pièce à la fraîcheur des eaux et de la verdure (172 ; 420-421 ; 1295-1299). Strabon (IX, 2, 8 ; 413) signale l'aridité particulière de la terre d'Aulis.

2. Ces κλῇθρα (*barres de porte*, d'où *barrières, portes*) sont celles du palais de Mycènes plutôt que celles du camp d'Aulis, comme nous l'avions d'abord pensé. Le texte de ces vers a subit plusieurs corrections importantes. θυμέλη semble ajouter à l'évocation des puissantes murailles « cyclopéennes » de Mycènes (1501; *Hér.* 944; *Troy.* 1088) une nuance religieuse de *foyer* ou d'*autel* (*I. T.* 845 : Κυκλωπὶς ἑστία). Sur les vers 148-152, voir H. C. Günther, *o. c.*, p. 71-72.

3. Ἐς τέλος peut avoir le sens de *jusqu'à la fin* (*Ion* 1615 ; 1621 ; cf. Hdt., III, 49) ou celui de *complètement*, *parfaitement* (*Héc.* 817 ; cf. Soph., *Phil.* 409). La référence implicite à l'apophtegme fameux de Solon (Hdt. I, 32 ; Eschl., *Ag.* 928-929 ; Soph., *Trach.* 1-3 ; Eur., *And.* 100-102 ; *Troy.* 510) plaide en faveur du premier sens.

ΑΓ. Μή νυν μήτ' ἀλσώδεις ἵζου
κρήνας, μήθ' ὕπνῳ θελχθῇς.
ΠΡ. Εὔφημα θρόει.
ΑΓ. Πάντῃ δὲ πόρον σχιστὸν ἀμείβων
λεῦσσε, φυλάσσων μή τίς σε λάθῃ
τροχαλοῖσιν ὄχοις παραμειψαμένη
παῖδα κομίζουσ' ἐνθάδ' ἀπήνη
Δαναῶν πρὸς ναῦς.
ΠΡ. Ἔσται τάδε.
ΑΓ. Κλῄθρων δ' ἐξόρμοις
ἤν νιν ⟨ταῖς⟩ πομπαῖς ἀντήσῃς,
πάλιν ἐξόρμα, σεῖε χαλινούς,
ἐπὶ Κυκλώπων ἱεὶς θυμέλας.
ΠΡ. Πιστὸς δὲ φράσας τάδε πῶς ἔσομαι,
λέγε, παιδὶ σέθεν τῇ σῇ τ' ἀλόχῳ;
ΑΓ. Σφραγῖδα φύλασσ' ἣν ἐπὶ δέλτῳ
τήνδε κομίζεις. Ἴθι· λευκαίνει
τόδε φῶς ἤδη λάμπουσ' ἠὼς
πῦρ τε τεθρίππων τῶν Ἀελίου·
σύλλαβε μόχθων.
Θνητῶν δ' ὄλβιος ἐς τέλος οὐδεὶς
οὐδ' εὐδαίμων·
οὔπω γὰρ ἔφυ τις ἄλυπος.

ΧΟΡΟΣ

Ἔμολον ἀμφὶ παρακτίαν str. 1

Test. **161-168** Clem. Al., *Strom.* III, 3, 23, 1 (II, p. 206, 11-13 St.); Orion, *Anth.* VIII, 8, p. 53 Stürz.

141 νυν Markland : νῦν LP || **142** θελχθεὶς prim. P || **145** τίς Markland : τι LP || **148** ναῦς L^2P^3 : ναοὺς LP || **149** τάδε L^2P^3 : om. LP || ἐξόρμοις Bothe : ἐξόρμα L^2P ἐξώρμα L || **150** ἦν LP : ἦν γὰρ L^2P^3 || ταῖς add. England || ἀντήσεις P^2 || **151** ἐξόρμα, σεῖε Blomfield : ἐξορμάσεις LP -σης P^3 τοὺς add. L^2P^2 || **155** personae notam om. P || **156** τῇδε L^2 || **161** Θνητῶν LP : θνα- Orion || ἐς τέλος Page : εἰς τ. LP om. Clem. Al. || **164** παρακτίαν L^2P^2 : παρ' ἀκτὰν LP.

prospérité ni bonheur. Nul être encore ne fut à l'abri du chagrin.

Agamemnon rentre dans la tente. Paraît le Chœur, formé de jeunes femmes de Chalcis.

LE CHŒUR[1]. — *Je suis venue sur la plage sablonneuse d'Aulis la marine à travers les courants de l'Euripe et son étroit chenal. J'ai quitté ma ville de Chalcis qui nourrit, près de la mer, l'illustre source Aréthuse[2].*

Je voulais voir l'armée achéenne et les navires qui porteront sur les mers les fiers demi-dieux. Vers Troie, sur les carènes de leurs mille vaisseaux[3] — ainsi le disent nos époux — le blond Ménélas et le noble Agamemnon les conduisent,

sur la trace d'Hélène, ravie à l'Eurotas nourricier de roseaux par le bouvier Pâris. C'est le présent qu'il reçut d'Aphrodite, le jour où près des sources fraîches, avec Héra et Pallas, Cypris engagea la querelle, la querelle de la beauté[4].

Par le bois sacré d'Artémis, où tant de victimes lui sont offertes[5], j'ai pris mon élan, la joue empourprée d'une pudeur juvénile : je voulais voir les boucliers protecteurs, les tentes remplies d'armes des Danaens et la foule de leurs chevaux.*

1. Pour la personnalité du Chœur, voir la *Notice*, p. 39. L'accent est mis par le poète sur la curiosité de ces jeunes femmes de Chalcis et leur désir de tout *voir* dans le camp grec (ὁρᾶν et ses composés : 171 ; 190-192 ; 209 ; 218 ; 234 ; 254 ; 274 ; 295 ; 299).

2. Outre Chalcis, plusieurs cités grecques avaient leur fontaine Aréthuse : Syracuse, Smyrne et Ithaque (sc. *Od.* BHQV en ν 408).

3. Mille navires : chiffre arrondi traditionnel pour la flotte grecque à Troie (Eschl., *Ag.* 45 ; Eur., *And.* 106 ; *I. T.* 140 ; *El.* 2 ; *Or.* 352 ; *Rhés.* 261). Thucydide est plus près du total que fournit le *Catalogue des vaisseaux* de l'*Iliade* (1.200 pour 1.186).

4. Après les v. 71-76, seconde apparition des motifs liés du jugement des déesses et de l'enlèvement d'Hélène (l'effet ici précédant la cause). Pour les sources de l'Ida, voir 1294-1295 ; *And.* 284-286 ; *Hél.* 676-678.

ψάμαθον Αὐλίδος ἐναλίας
Εὐρίπου διὰ χευμάτων
κέλσασα στενοπόρθμων,
Χαλκίδα πόλιν ἐμὰν προλιποῦσ'
ἀγχιάλων ὑδάτων τροφὸν
τᾶς κλεινᾶς 'Αρεθούσας,
'Αχαιῶν στρατιὰν ὡς ἐσιδοίμαν
ἀγαυῶν τε πλάτας ναυσιπόρους ἡ-
μιθέων, οὓς ἐπὶ Τροίαν
ἐλάταις χιλιόναυσιν
τὸν ξανθὸν Μενέλαόν ⟨θ'⟩
ἁμέτεροι πόσεις
ἐνέπουσ' 'Αγαμέμνονά τ' εὐπατρίδαν στέλλειν
ἐπὶ τὰν 'Ελέναν, ἀπ' Εὐ-
ρώτα δονακοτρόφου
Πάρις ὁ βουκόλος ἂν ἔλαβε
δῶρον τᾶς 'Αφροδίτας,
ὅτ' ἐπὶ κρηναίαισι δρόσοις
Ἥρᾳ Παλλάδι τ' ἔριν ἔριν
μορφᾶς ἁ Κύπρις ἔσχεν.

Πολύθυτον δὲ δι' ἄλσος 'Αρ- Ant. 1
τέμιδος ἤλυθον ὀρομένα
φοινίσσουσα παρῇδ' ἐμὰν
αἰσχύνᾳ νεοθαλεῖ,
ἀσπίδος ἔρυμα καὶ κλισίας
ὁπλοφόρους Δαναῶν θέλουσ'
ἵππων τ' ὄχλον ἰδέσθαι.

167 στενοπόρθμων Weil : -όπορθμον LP || **171** ἐσιδοίμαν Elmsley : ἴδοιμ' ἂν LP || **172** ἀγαυῶν Nauck : ἀχαιῶν LP || **172-173** ἡμιθέων LP : ἡϊθέων Markland || **173** οὓς Scaliger : ὡς LP || **174** χιλιόναυσιν P^2 : -σι LP || **175** θ' add. Fritzsche || **177** ἐνέπουσ' L^2P^2 : ἐννέπ- LP || **180** ἔλαβε LP^2 : -βεν P || **184** ἔσχεν P^2 : ἔσχε LP || **186** ὀρομένα Canter : δρωμέναν LP || **187** παρῇδ' Faehse : παρηίδ' LP || **190** θέλουσ' L^2P^2 : ἐθέλ- LP || **191** τ' ὄχλον Heath : ὄχλον τ' LP τ' eras. L^2.

J'ai aperçu siégeant côte à côte les deux Ajax, le fils d'Oïlée et celui de Télamon, le fleuron de Salamine ; Protésilas, assis devant le jeu de dames, tout au plaisir de leurs combinaisons variées, avec Palamède qui naquit du fils de Poséidon[1].

Diomède se divertissait au jeu du disque. Près de lui, Mérion, rejeton d'Arès, l'admiration des mortels, le fils de Laerte venu de ses îles montagneuses, et avec eux Nirée, le plus beau des Achéens[2].

Le héros dont la course légère égale le vent, Achille que Thétis mit au monde et que forma Chiron, je l'ai vu le long de la grève de mer disputer une course tout armé : il rivalisait de vitesse avec un quadrige[3] *et luttait pour la victoire, en contournant la borne*[4]*.

A grands cris, le cocher, Eumélos, petit-fils de Phérès, je

1. Cette évocation pittoresque du repos des guerriers est nourrie de réminiscences homériques, venues pour la plupart du *Catalogue des vaisseaux* du chant II de l'*Iliade*. Ainsi les deux Ajax (B 406 ; 527 ; 768 ; N 701-702), Protésilas (B 698-699) : le premier à sauter de son navire sur le sol troyen, il fut tué dans le combat qui suivit, comme le racontaient les *Chants Cypriens*. Euripide avait composé un *Protésilas*, ainsi qu'un *Palamède*. Ce héros, fils de Nauplios, qu'Homère ne nomme pas, avait aussi joué un rôle important dans les *Antehomerica* avant de succomber à la jalousie d'Ulysse et de Diomède. Parmi ses inventions, on citait celui d'une sorte de jeu de dames (cf. Soph., *Nauplios*, fr. 479 P.). Sur ces drames perdus, voir *Euripide et les... « Chants Cypriens »*, p. 317-336 et 339-363.

2. En B 773-774, les Myrmidons d'Achille δίσκοισιν τέρποντο sur la grève. Chez Homère, Mérion est fils de Molos. Apollodore (I, 7, 1) le donne comme le petit-fils d'Arès, peut-être en combinant B 651 et N 328 ; mais l'épithète homérique ὄζος Ἄρηος (B 540, etc.) peut ne signifier que l'idée d'un vaillant guerrier. La « montagneuse Ithaque » (ι 21) est la patrie d'Ulysse, qui est ici fils de Laerte suivant la généalogie homérique. Pour le beau Nirée, voir B 673-674.

3. Euripide présente en action le πόδας ὠκὺς Ἀχιλλεύς. Après les *Chants Cypriens*, Pindare (*Ném.* III, 50-52) disait qu'il forçait les cerfs à la course ; pour le v. 209, voir Λ 832 : ὃν Χείρων ἐδίδαξε. L'hoplodromie faisait partie de l'entraînement des éphèbes athéniens, mais rivaliser ainsi avec un quadrige est un exploit véritablement héroïque (rappelons seulement que l'épopée homérique ne connaît que le bige). Il n'est pas sans intérêt de relever qu'Achille s'entraîne tandis que les autres chefs se délassent.

Κατεῖδον δὲ δύ' Αἴαντε συνέδρω,
τὸν Οἰλέως Τελαμῶνός τε γόνον, τὸν
Σαλαμῖνος στέφανον, Πρω-
τεσίλαόν τ' ἐπὶ θάκοις
πεσσῶν ἡδομένους μορ-
φαῖσι πολυπλόκοις
Παλαμήδεά θ', ὃν τέκε παῖς ὁ Ποσειδᾶνος,
Διομήδεά θ' ἡδοναῖς
δίσκου κεχαρημένον,
παρὰ δὲ Μηριόνην, Ἄρεος
ὄζον, θαῦμα βροτοῖσιν,
τὸν ἀπὸ νησαίων τ' ὀρέων
Λαέρτα τόκον, ἅμα δὲ Νι-
ρῆ, κάλλιστον Ἀχαιῶν.

Τὸν ἰσάνεμόν τε ποδοῖν Ep.
λαιψηροδρόμον Ἀχιλῆ,
τὸν ἁ Θέτις τέκε καὶ
Χείρων ἐξεπόνασεν, εἶδον
αἰγιαλοῖς παρά τε κροκάλαις
δρόμον ἔχοντα σὺν ὅπλοις·
ἅμιλλαν δ' ἐπόνει ποδοῖν
πρὸς ἅρμα τέτρωρον
ἑλίσσων περὶ νίκας.
Ὁ δὲ διφρηλάτας ἐβοᾶτ'
Εὔμηλος Φερητιάδας,
ᾧ καλλίστους ἰδόμαν

196-197 sch. Ar., *Ran.* 1400.

192 δύ' LP[3] : δί' P ‖ **193** Οἰλέως edd. : ὀϊλέως LP et sic **268** ‖ τε γόνον L[2]P[2] : ἔκγονον LP ‖ τὸν Hartung : τοῖς LP ‖ **194** Σαλαμῖνος P[3] : -μινίοις LP ‖ **195** θάκοις LP : θώκοις P[2] ‖ **196** πεσῶν prim. P ‖ **202** βροτοῖσιν L[2] : -σι LP ‖ **204-205** Νιρῆ Nauck : νιρέα LP ‖ **207** Ἀχιλῆ Hermann : ἀχιλῆα LP ‖ **209** ἐξεπόνασεν L[2]P : -νησεν L ‖ **210** αἰγιαλοῖς Hermann : -λοῖσι LP ‖ **211** κροτάλαις P ‖ **216** ἐβοᾶτ' Dindorf : βοᾶτ' LP ‖ **218** ᾧ LP : σὺ Hermann ‖ ἰδόμαν Dindorf : εἰδ- LP.

l'ai vu presser de l'aiguillon ses magnifiques coursiers aux freins d'or richement ouvragés[1]. *Au centre, les timoniers au poil pommelé ; à l'extérieur, les chevaux de volée contrastant leur effort aux courbes de la piste*[2],

des alezans, qui, à la naissance du sabot, portaient des balzanes. A leur hauteur bondissait le Péléide en armure, le long de la caisse et de l'essieu du char.

Je suis venue dénombrer les navires[3], *et leur spectacle admirable, pour combler mes yeux de femme, savoureux plaisir.*

L'aile droite de la flotte est tenue par l'armée des Myrmidons de Phthiotide avec cinquante bateaux rapides. Sommant leurs poupes, se dressent les images d'or des Néréides divines, emblèmes de l'armée d'Achille[4]*.

Les Argiens sont rangés auprès d'eux avec le même nombre de navires. Leurs chefs sont le fils de Mécistée, qu'éleva son grand-père Talaos,

1. Sur Eumélos, fils d'Admète, et son attelage : B 763-765. Le poète se souvient ici de la course de chars aux jeux funèbres de Patrocle (Ψ 362 sqq.), à laquelle participe Eumélos. Les cochers usent du fouet, de l'aiguillon et de la voix pour exciter leurs chevaux (Ψ 362-364 ; 430).

2. Faire tourner le quadrige autour de la borne était une manœuvre délicate : voir Soph., *El.* 720-722.

3. Sur cette seconde partie de la *parodos*, qui énumère les principaux contingents grecs réunis sur la plage d'Aulis, dans une formation très proche de celle du camp des vaisseaux en Troade, voir la *Notice*, p. 29. Généralement considérés comme n'étant pas de la main d'Euripide, ces vers sont cependant défendus par Wilamowitz, *Gr. Verskunst*, p. 282 sqq. ; W. Kranz, *Stasimon*, Berlin, 1933, p. 257 ; 314 ; H. Grégoire, *Bull. Ac. Roy. Belg.*, 1948, p. 16-31 ; H. M. Schreiber, *Iphigenies Opfertod*, Francfort, 1963, p. 99-100 ; F. Jouan, *Euripide et les... « Chants Cypriens »*, p. 293-298 ; A. Lesky, *Die tragische Dichtung...*[3], Göttingen, 1972, p. 474. Indépendamment de cette question, voir aussi sur le fond T. W. Allen, *Class. Rev.* 15, 1901, p. 345-350 ; G. Murray, *The Rise of the Greek Epic*[4], Oxford, 1934, p. 178-180 ; D. L. Page, *Actor's Interpolations*, p. 143-147.

χρυσοδαιδάλτους στομίοις
πώλους κέντρῳ θεινομένους,
τοὺς μὲν μέσους ζυγίους
λευκοστίκτῳ τριχὶ βαλιούς,
τοὺς δ' ἔξω σειροφόρους
ἀντήρεις καμπαῖσι δρόμων,
πυρσότριχας, μονόχαλα δ' ὑπὸ σφυρὰ
ποικιλοδέρμονας · οἷς παρεπάλλετο
Πηλεΐδας σὺν ὅπλοισ⟨ι⟩ παρ' ἄντυγα καὶ σύ-
ριγγας ἁρματείους.

Ναῶν δ' εἰς ἀριθμὸν ἤλυθον Str. 1
καὶ θέαν ἀθέσφατον
τὰν γυναικεῖον ὄψιν ὀμμάτων
ὡς πλήσαιμι, λίχνον ἁδονάν ·
Καὶ κέρας μὲν ἦν
δεξιὸν πλάτας ἔχων
Φθιώτας ὁ Μυρμιδὼν Ἄρης
πεντήκοντα ναυσὶ θουρίαις,
χρυσέαις δ' εἰκόσιν κατ' ἄκρα Νη-
ρῇδες ἕστασαν θεαί
πρύμναις, σῆμ' Ἀχιλλείου στράτου.

Ἀργείων δὲ ταῖσδ' ἰσήρετμοι Ant. 1
νᾶες ἕστασαν πέλας,
ὧν ὁ Μηκιστέως στρατηλάτας
παῖς ἦν, Τάλαος ὃν τρέφει πατήρ,
Καπανέως τε παῖς

219 στομίοισι P || **223** σειροφόρους Dindorf : σειρα- LP || **224** καμπαῖσι L^2P : καμπαῖς L || **225** πυρσότριχας Monk : πυρρό- LP || **226** ποικιλοδέρμονας P : ποικιλλο- L || **229** Πηλεΐδας Elmsley : πηλείδας LP || ὅπλοισι Heath : ὅπλοις LP || **233** γυναικεῖον Boeckh : -κείαν LP || ὀμμάτων LP : ἁρμάτων Dain coll. Sappho fr. 16, 19 L.-P. || **234** λίχνον Wilam. : μείλινον LP | **237** Μυρμιδὼν Hermann : -δόνων LP || **239** χρυσέαισι P corr. P^2 || ἄκρα Pierson : ἄκραν LP || **241** πρύμναις L^2P^2 : -αισι LP.

et le fils de Capanée, Sthénélos[1]. *De l'Attique sont venus soixante vaisseaux, que mène le fils de Thésée. Il a pris terre à leur suite et il arbore la déesse Pallas, dressée sur un char aux chevaux ailés, signe propice aux marins*[2].

J'ai vu l'escadre des Béotiens : cinquante navires, décorés d'emblèmes.

Pour eux, c'était Cadmos tenant un dragon d'or, à la poupe de leurs vaisseaux.

Léitos, fils de la terre, commandait ces forces navales[3].

Du pays de Phocide [...] *et de Locride, des navires égaux en nombre étaient sous la conduite du fils d'Oilée, qui avait quitté pour venir l'illustre cité de Thronion*[4]*.

De Mycènes, la ville des Cyclopes, le fils d'Atrée dirigeait les équipages rassemblés de ses cent navires.

Avec lui commandait son frère, comme un ami près

1. Pour le contingent argien, B 559-567, mais il est ici réduit de 80 à 50 navires. Parmi leurs chefs, Diomède a été nommé plus haut (199), et le poète cite Sthénélos, fils de Capanée (B 564) et Euryale, « fils de Mécistée né du seigneur Talaos » (B 565-566).

2. Dans l'*Iliade* (B 552), les Athéniens sont conduits par Ménesthée, fils de Pétéos, et arment 50 vaisseaux ; ici, ils sont conduits par « un fils de Thésée » (Acamas) et alignent 60 vaisseaux (le plus gros contingent après les 100 navires d'Agamemnon) : petite flatterie d'amour-propre pour les Athéniens ! Pour le commandement, le poète suit une tradition cyclique, peut-être celle des *Chants Cypriens*, en tout cas celle de l'*Iliou Persis* (fr. IV Al.) et de la *Petite Iliade* (fr. XVIII Al.), qui donnait ce rôle aux fils de Thésée, Acamas et Démophon. Le char aux chevaux ailés de Pallas a pu être suggéré par Eschl., *Eum.* 404-405, ou par une tradition iconographique. Mais celle-ci n'est représentée que par le char de la frise ouest du Trésor de Siphnos à Delphes (où les spécialistes décèlent une influence orientale). Cf. L. Lacroix, *Études d'archéologie numismatique*, Paris, 1974, p. 90-91.

3. Pour les 50 navires béotiens, B 494-510. Le dragon est celui que tua Cadmos dans la légende de la fondation de Thèbes. Des nombreux chefs cités par Homère, Euripide retient un des moins connus, Léitos, peut-être parce que c'était le héros de Platées, l'alliée fidèle et malheureuse d'Athènes (cf. H. Grégoire, *o. c.*, p. 23).

Σθένελος · Ἀτθίδας δ' ἄγων
ἑξήκοντα ναῦς ὁ Θησέως
παῖς ἑξῆς ἐναυλόχει, θεὰν
Παλλάδ' ἐν μωνύχων ὄχοις πτερω-
τοῖσιν ἁρμάτων ἔχων,
εὔσημόν γε φάσμα ναυβάταις.

Τῶν Βοιωτῶν δ' ὅπλισμα ποντίας — Str. 2
πεντήκοντα νῆας εἰδόμαν
σημείοισιν ἐστολισμένας.
Τοῖς δὲ Κάδμος ἦν
χρύσεον δράκοντ' ἔχων
ἀμφὶ ναῶν κόρυμβα ·
Λήιτος δ' ὁ γηγένης
ἆρχε ναΐου στράτου ·
Φωκίδος δ' ἀπὸ χθονὸς
. . . .
. . . .
Λοκρὰς δὲ ταῖσδ' ἴσας ἄγων
ναῦς ⟨ἦλθ'⟩ Οἰλέως τόκος κλυτὰν
Θρονιάδ' ἐκλιπὼν πόλιν.

Ἐκ Μυκήνας δὲ τᾶς Κυκλωπίας — Ant. 2
παῖς Ἀτρέως ἔπεμπε ναυβάτας
ναῶν ἑκατὸν ἠθροϊσμένους.
Σὺν δ' ἀδελφὸς ἦν

247 Ἀτθίδας Dobree : ἀτθίδος LP ‖ **248** νῆας P³ ‖ **250** μωνύχων ὄχοις Dain : μωνύχοις ἔχων LP ‖ **250-251** πτερωτοῖσιν P : -σι L ‖ **251** ἁρμάτων ἔχων nos : ἅρμασι (-σιν L²) θετόν LP ‖ **252** γε Musgrave : τε LP | **253** Τῶν L²P² : om. LP | **255** σημείοισιν LP : -οις L²P² | ἐστολισμένας Scaliger : εὐστο- LP | **258** κόρυβα prim. P | **260** ἆρχε L²P² : ἄρχε LP | **261** Post hunc u. duorum u. spatium rel. LP et notam λείπει add. L α ante **261** et β ante **262** erasa nota praem. L³ **261** et **262** coniunxit P³ ‖ **262** Λοκρὰς δὲ ταῖσδ' Markland : λοκροῖς δὲ τοῖσδ' LP ‖ **263** ναῦς ἦλθ' Matthiae : ναῦς LP νᾶος P³ ‖ Κυκλωπίας P² : -πείας LP ‖ **267** ἠθροϊσμένους edd. : ἠθροισ- LP ‖ **268** ἀδελφὸς Markland : ἄδραστος LP.

d'un ami, afin que celle qui avait fui sa demeure pour un hymen barbare reçût de la Grèce le sort qui lui était dû[1].

De Pylos, j'ai contemplé les navires de Nestor le Gérénien [...] *: l'emblème de poupe, en forme de taureau, figurait l'Alphée, son voisin*[2].

Les Énianes[3] *avaient une flottille de douze navires, sous les ordres du seigneur Gouneus. Près d'eux, les maîtres de l'Élide, que tous dans l'armée appelaient Épéens. Le fils d'Eurytos les commandait* [...].

Le contingent aux blanches rames des Taphiens obéissait à un chef, Mégès, rejeton de Phylée. ... Ils avaient quitté les îles Échinades, inhospitalières aux marins[4]*.

1. Pour Mycènes et ses 100 vaisseaux, B 569-577. Mais Lacédémone est escamotée, avec ses 60 navires. Ménélas ne fait que partager le commandement avec son frère (si l'on corrige, avec la plupart des éditeurs, Ἄδραστος du v. 268, difficile à justifier, en ἀδελφός (Markland) ou Μενέλαος (Grégoire). Il est possible qu'il y ait là une intention politique malveillante, comme le suggère H. Grégoire. Les v. 271-272 rappellent le but de la guerre de Troie défini en B 589-590 du point de vue de Ménélas : μάλιστα δὲ ἵετο θυμῷ | τίσασθαι Ἑλένης ὁρμήματά τε στονάχας τε.

2. Pour Pylos et l'Alphée, B 591-592 ; 601 : τῶν αὖθ' ἡγεμόνευε Γερήνιος ἱππότα Νέστωρ. Dans l'Antiquité, l'Alphée est toujours représenté sous forme humaine, jamais comme un taureau (contrairement à d'autres fleuves) ; cf. Palacia, *s. v.*, in *L. I. M. C.* I, 1, 1981, p. 577.

3. Sur la troisième paire de strophes, dans laquelle beaucoup d'éditeurs ne voient qu'une longue épode, nos conclusions rejoignent pour l'essentiel celles de l'étude attentive de W. Stockert, « Zum Schlussteil der Parodos der euripideischen *Iphigenie in Aulis* (v. 277 ff.) », *Prometheus* 8, 1982, p. 21-30. Pour une remarquable analyse métrique de cette *parodos*, voir J. Irigoin, *REG*, 101, 1988, p. 243-252. Aux Énianes — peuple de Grèce centrale — conduits par Gouneus, et associés, il est vrai, aux Perrhèbes, Homère donne vingt-deux navires (B 748-749). Ou Euripide distingue implicitement les deux contingents, ou il veut établir une symétrie avec les douze navires d'Ajax de l'antistrophe. Grégoire pense qu'ici encore, en citant cette peuplade obscure, le poète a voulu honorer de fidèles alliés d'Athènes.

τάγος, ὡς φίλος φίλῳ
τᾶς φυγούσας μέλαθρα
βαρβάρων χάριν γάμων
πρᾶξιν Ἕλλας ὡς λάβοι.
Ἐκ Πύλου δὲ Νέστορος
Γερηνίου κατειδόμαν
⟨. . . . .
. . . .⟩
πρύμνας σῆμα ταυρόπουν ὁρᾶν,
τὸν πάροικον Ἀλφεόν.

Αἰνιάνων [δὲ] δωδεκάστολοι Str. 3
νᾶες ἦσαν, ὧν ἄναξ
Γουνεὺς ἆρχε· τῶνδε δ' αὖ πέλας
Ἤλιδος δυνάστορες,
οὓς Ἐπείους ὠνόμαζε πᾶς λεώς·
Εὐρύτου δ' ἄνασσε τῶνδ'
⟨-υ -υ -
-υ -υ -υ -
-υ- -υ·⟩ λευκ-
ήρετμον δ' ⟨ἄνασσ'⟩ Ἄρη
Τάφιον ἡγεμὼν Μέγης [ἄνασσε],
Φυλέως λόχευμα,
υυυ- τὰς Ἐχινάδας λιπὼν
νήσους ναυβάταις ἀπροσφόρους.

Αἴας δ' ὁ Σαλαμῖνος ἔντροφος Ant. 3

274 Post hunc u. suspicatur e responsione lac. duor. uu. uide ad adnotationem || **275-276** ὁρᾶν eras. et ante sequentem u. eraso τὸν rescr. P² uel P³ || **277-287** et **288-302** responsionem restituere conatus est Hermann complura in stropha excidisse ratus || **277** δὲ deleuimus || **277-278** δωδεκάστολοι νᾶες Hermann : δώδεκα στόλοι ναῶν LP || **279** ἰουνεὺς P || **281** ὀνόμαζε P || **282** Εὐρύτου Hermann : εὔρυτος LP || **283** ἄνασσ' ex **284** ἄνασσε hic traiecimus || **284** ἡγεμὼν Hermann : ἦγεν ὧν LP || **286** Ἐχινάδας Voss (e marg. P² τὰς ἐχινάδας φησί) : ἐχίδνας LP.

Ajax, le nourrisson de Salamine, joignait son aile droite à l'aile gauche de ses voisins de mouillage. Il y avait accolé, tout derniers de la ligne, ses douze vaisseaux fins manœuvriers[1]. *Telle on me l'avait décrite, telle j'ai vu l'armée navale.*

Quiconque mettra aux prises avec elle des galiotes[2] *barbares n'en reviendra pas : si puissante est l'escadre que j'ai vue ici. J'en avais déjà entendu parler à la maison, mais je garde en moi le souvenir de ce rassemblement guerrier.*

Entrent le Vieillard et Ménélas, se querellant.

LE VIEILLARD. — Ménélas ton audace est effrénée. Tu n'as pas le droit d'oser cela.

MÉNÉLAS. — Va-t-en : c'est trop de fidélité à tes maîtres.

LE VIEILLARD. — Le reproche que tu m'adresses m'honore.

MÉNÉLAS. — Il pourrait t'en coûter cher d'agir autrement que tu le dois.

LE VIEILLARD. — Tu n'avais pas le droit d'ouvrir les tablettes que je portais.

MÉNÉLAS. — Ni toi de porter un message funeste à la Grèce tout entière.

LE VIEILLARD. — Va disputer de cela avec d'autres, mais rends-moi cette lettre.

MÉNÉLAS. — Je ne lâcherai pas prise.

LE VIEILLARD. — Moi non plus, je ne céderai pas.

MÉNÉLAS. — Alors mon sceptre à l'instant va faire jaillir le sang de ta face[3]*.

1. Pour le grand Ajax, fils de Télamon, qui termine avec ses douze vaisseaux la ligne grecque sur la gauche, voir B 557.

2. βαρίδες est un mot égyptien. Il est employé pour les navires de type oriental (Eschl., *Pe.* 553 ; Hdt. II, 96). Comparer pour l'expression *Phén.* 1161 : οὐδ' ἀποίσεται βίον.

ξύναγε δεξιὸν κέρας
  λαιόν τ', ἄσσον ὧν ὥρμει πλάταις
ἐσχάταισι συμπλέκων
δώδεκ' εὐστροφωτάταισι ναυσίν · ὡς
ἄϊον καὶ ναυβάταν
  εἰδόμαν λεών.
Ὧ τις εἰ προσαρμόσει
βαρβάρους βαρίδας,
  νόστον οὐκ ἀποίσεται,
ἐνθάδ' οἷον εἰδόμαν
νάϊον πόρευμα,
τὰ δὲ κατ' οἴκους κλύουσα συλλόγου
μνήμην σῴζομαι στρατεύματος.

ΠΡΕΣΒΥΤΗΣ

Μενέλαε, τολμᾷς δείν', ἅ σ' οὐ τολμᾶν χρεών.

ΜΕΝΕΛΑΟΣ

Ἄπελθε · λίαν δεσπόταισι πιστὸς εἶ.
ΠΡ. Καλόν γέ μοι τοὔνειδος ἐξωνείδισας.
ΜΕ. Κλαίοις ἄν, εἰ πράσσοις ἃ μὴ πράσσειν σε δεῖ.
ΠΡ. Οὐ χρῆν σε λῦσαι δέλτον, ἣν ἐγὼ 'φερον.
ΜΕ. Οὐδέ γε φέρειν σε πᾶσιν Ἕλλησιν κακά.
ΠΡ. Ἄλλοις ἁμιλλῶ ταῦτ' · ἄφες δὲ τήνδ' ἐμοί.
ΜΕ. Οὐκ ἂν μεθείμην.
ΠΡ. Οὐδ' ἔγωγ' ἀφήσομαι.
ΜΕ. Σκήπτρῳ τάχ' ἆρα σὸν καθαιμάξω κάρα.

290-291 ξύναγε δεξιὸν κέρας λαιόν τ' prop. Murray : δεξιὸν κέρας πρὸς τὸ λαιὸν ξύναγε LP ‖ **291** ἄσσον ὧν Dain : τῶν ἄσσον LP ‖ πλάταις Hermann : -αισιν LP ‖ **297** βαρβάρας L ‖ **299** οἷον Musgrave : ἄιον LP ‖ **301-309** Π^3 ‖ **301** τάδε P^2 ‖ συλλόγου Dindorf : συγκλήτου LP ‖ **304** λίαν γε P^3 ‖ **305-314** personarum notas habet P^2 lineolae praefixae in LP ante 308 habet paragr. Π^3 ‖ **305** ἐξωνείδησας prim. P ‖ **306** Κλαίοις LP^2 : κλαίεις P ‖ **308** γε φέρειν σε Π^3 Kirchhoff : γε φ. σε δεῖ LP σε φ. δεῖ L^2P^2 ‖ **309** Ἄλλοις Π^3 Markland : ἄλλως LP ‖ ἁμιλλᾶ P^3 ‖ **310** Πρ. add. P^2 : paragr. om. P ‖ **311** ἆρα L^2P^3 : ἄρα LP.

Le Vieillard. — Eh bien! il est glorieux de mourir pour ses maîtres.

Ménélas. — Lâche cela. Tu parles trop pour un esclave.

Ménélas arrache la lettre au Vieillard.

Le Vieillard. — Mon maître, on me fait violence. Ta lettre, cet homme me l'a arrachée des mains, de force, Agamemnon, et il se refuse à respecter la justice.

Agamemnon apparaît sur le seuil.

Agamemnon. — Holà ! Qu'est-ce que ce vacarme à ma porte, ces propos désordonnés[1]*?

Ménélas. — C'est moi — ce n'est pas lui — qui ai le droit de parler.

Agamemnon. — D'où vient que tu le querelles, Ménélas, et que tu le rudoies?

Le Vieillard se retire.

Ménélas. — Tourne ton regard vers moi : cela me fournira mon exorde.

Agamemnon. — Crois-tu que la crainte m'empêche de lever les yeux? Je suis le fils d'Atrée[2]*.

Ménélas. — Vois-tu cette tablette, messagère des pires forfaits?

Agamemnon. — Je la vois, mais commence par en débarrasser tes mains.

Ménélas. — Pas avant d'avoir à tous les Danaens montré son contenu.

Agamemnon. — Tu sais alors ce que tu n'aurais pas dû savoir? Tu as brisé le cachet?

Ménélas. — Oui, pour ton malheur : je l'ai découvert, ce que tu as perpétré en secret.

Agamemnon. — Mais où l'as-tu donc prise[3]* ! O dieux, quel esprit impudent que le tien !

Ménélas. — J'attendais ta fille venue d'Argos à son arrivée au camp.

Agamemnon. — Et de quel droit surveiller mes actes? N'est-ce pas de l'impudence !

Ménélas. — Le désir m'en pressait. Je ne suis pas ton esclave.

Agamemnon. — N'est-ce pas scandaleux? Tu ne me laisseras pas être le maître chez moi?

Ménélas. — C'est que tu as l'esprit tortueux[4]* : une chose aujourd'hui, une autre hier, une autre demain...

ΠΡ. Ἀλλ' εὐκλεές τοι δεσποτῶν θνῄσκειν ὕπερ.
ΜΕ. Μέθες · μακροὺς δὲ δοῦλος ὢν λέγεις λόγους.
ΠΡ. Ὦ δέσποτ', ἀδικούμεσθα · σὰς δ' ἐπιστολὰς
ἐξαρπάσας ὅδ' ἐκ χερῶν ἐμῶν βίᾳ,
Ἀγάμεμνον, οὐδὲν τῇ δίκῃ χρῆσθαι θέλει.

ΑΓΑΜΕΜΝΩΝ

Ἔα ·
τίς ποτ' ἐν πύλαισι θόρυβος καὶ λόγων ἀκοσμία;
ΜΕ. Οὑμός, οὐχ ὁ τοῦδε μῦθος κυριώτερος λέγειν.
ΑΓ. Σὺ δὲ τί τῷδ' ἐς ἔριν ἀφῖξαι, Μενέλεως, βίᾳ τ' ἄγεις;
ΜΕ. Βλέψον εἰς ἡμᾶς, ἵν' ἀρχὰς τῶν λόγων ταύτας λάβω.
ΑΓ. Μῶν τρέσας οὐκ ἀνακαλύψω βλέφαρον, Ἀτρέως γεγώς;
ΜΕ. Τήνδ' ὁρᾷς δέλτον, κακίστων γραμμάτων ὑπηρέτιν;
ΑΓ. Εἰσορῶ, καὶ πρῶτα ταύτην σῶν ἀπάλλαξον χερῶν.
ΜΕ. Οὔ, πρὶν ἂν δείξω γε Δαναοῖς πᾶσι τἀγγεγραμμένα.
ΑΓ. Ἦ γὰρ οἶσθ' ἃ μή σε καιρὸς εἰδέναι, σήμαντρ' ἀνείς;
ΜΕ. Ὥστε σ' ἀλγῦναί γ', ἀνοίξας, ἃ σὺ κάκ' εἰργάσω λάθρα.
ΑΓ. Ποῦ δὲ κἄλαβές νιν; ὦ θεοί, σῆς ἀναισχύντου φρενός.
ΜΕ. Προσδοκῶν σὴν παῖδ', ἀπ' Ἄργους εἰ στράτευμ' [ἀφίξεται.
ΑΓ. Τί δέ σε τἀμὰ δεῖ φυλάσσειν; οὐκ ἀναισχύντου τόδε;
ΜΕ. Ὅτι τὸ βούλεσθαί μ' ἔκνιζε · σὸς δὲ δοῦλος οὐκ ἔφυν.
ΑΓ. Οὐχὶ δεινά; τὸν ἐμὸν οἰκεῖν οἶκον οὐκ ἐάσομαι;
ΜΕ. Πλάγια γὰρ φρονεῖς, τὰ μὲν νῦν, τὰ δὲ πάλαι, τὰ δ' [αὐτίκα.

Test. **317** *Anecdota Bekkeri*, I, 369, 8 : τίς δῆτ' ἐν πύλαισιν θόρυβος, τίς ποτ' ἐν θύραισι; || **327** cf. trag. ap. Cic., *Tusc.* IV, 36, 77 (Enn., *Iph.*, fr. 229 Warm. uel Acc., *Atreus*, fr. 17) || **331** cf. Enn., *Iph.*, fr. C Joc.

313 γὰρ supra δὲ add. P[3] || **317** post Ἔα lac. aliquot lit. in LP || τίς ποτ' An. Bek. : τίς δήποτ' LP τίς δῆτ' L[2]P[3] || πύλαισι edd. : -σιν An. Bek. -λαις L corr. P || θόρυβός ἐστι L || **318** ΜΕ. Hermann : Πρ. LP || **320** εἰς L[2] : ἐς LP || **324-334** lineolae praefixae pro personarum notis in L || **324** πᾶσι τἀγγεγραμμένα (τἀ- in ras.) L[2] : ἅπασι τὰ ἐγγεγρ- P || **325** ἦσθ' P[2] uel P[3] || **327** κἄλαβές νιν L[2]P[3] : καὶ ἔλαβές νιν L κἀλάβεσιν P.

Agamemnon. — Voyez le beau parleur[1] ! Quelle horreur qu'une langue habile chez un méchant !

Ménélas. — Un esprit inconstant[2], lui, rend son maître injuste et peu sûr pour ses amis. Je veux te confondre : pour toi, que la colère ne te détourne pas de la vérité ; quant à moi, je ne me ferai pas plus pressant qu'il ne faut[3]*.

Tu le sais, lorsque tu aspirais à commander les Danaens contre Ilion, sans le souhaiter en apparence, mais le désirant au-dedans de toi, comme tu étais humble alors devant tous ! Tu serrais les mains à la ronde, ta porte était ouverte à tout venant parmi tes compatriotes, tu adressais la parole à tous, l'un après l'autre, qu'ils en aient envie ou non. Par tes manières, tu cherchais à acheter du public cette distinction. Et puis, une fois en possession du pouvoir, tu changes de façons : tu n'es plus comme avant l'ami de tes amis de naguère, tu es d'un abord difficile, tu t'enfermes chez toi, tu te fais rare[4]*. L'homme de bien ne doit pas, lorsqu'il s'élève, modifier ses manières. C'est alors surtout qu'il doit rester constant avec ses amis, quand sa prospérité le met à même de leur rendre les plus grands services. C'est le premier reproche que je te fais, car c'est le premier point où je t'ai trouvé en faute.

Plus tard, parvenu à Aulis avec les forces panhelléniques, te voilà anéanti, terrassé par le coup que nous envoient les dieux : le vent favorable se refusait à toi et les Danaens réclamaient de licencier la flotte, qu'on ne se morfondît pas pour rien en Aulis. Quel air misérable ! Quelle confusion de n'être plus ce chef des mille vaisseaux dont les armes allaient envahir la terre de

1. Il n'est pas impossible de conserver, avec Parmentier, l'hapax ἐκκεκόμψευσαι des manuscrits : cf. 101 ἐκγαυροῦσθαι ; Soph., *El.* 569 ἐκκομπάζειν ; *Bacch.* 31 ἐκκαυχᾶσθαι.

2. C'était précisément l'instabilité d'esprit que les Anciens reprochaient à Alcibiade (Plut., *Alcib.* 32 ; *Alcib. et Coriol.* 1 et 5).

ΑΓ. Εὖ κεκόμψευσαι· πονηρῶν γλῶσσ' ἐπίφθονον σοφή.
ΜΕ. Νοῦς δέ γ' οὐ βέβαιος ἄδικον κτῆμα κοὐ σαφὲς φίλοις.
Βούλομαι δέ σ' ἐξελέγξαι, καὶ σὺ μήτ' ὀργῆς ὕπο
ἀποτρέπου τἀληθές, οὔτ' αὖ κατατενῶ λίαν ἐγώ.
Οἶσθ' ὅτ' ἐσπούδαζες ἄρχειν Δαναΐδαις πρὸς Ἴλιον,
τῷ δοκεῖν μὲν οὐχὶ χρῄζων, τῷ δὲ βούλεσθαι θέλων,
ὡς ταπεινὸς ἦσθα, πάσης δεξιᾶς προσθιγγάνων,
καὶ θύρας ἔχων ἀκλῄστους τῷ θέλοντι δημοτῶν
καὶ διδοὺς πρόσρησιν ἑξῆς πᾶσι, κεἰ μή τις θέλοι,
τοῖς τρόποις ζητῶν πρίασθαι τὸ φιλότιμον ἐκ μέσου.
Κᾆτ' ἐπεὶ κατέσχες ἀρχάς, μεταβαλὼν ἄλλους τρόπους
τοῖς φίλοισιν οὐκέτ' ἦσθα τοῖς πρὶν ὡς πρόσθεν φίλος,
δυσπρόσιτος ἔσω τε κλῄθρων σπάνιος. Ἄνδρα δ' οὐ χρεὼν
τὸν ἀγαθὸν πράσσοντα μεγάλα τοὺς τρόπους μεθιστάναι,
ἀλλὰ καὶ βέβαιον εἶναι τότε μάλιστα τοῖς φίλοις
ἡνίκ' ὠφελεῖν μάλιστα δυνατός ἐστιν εὐτυχῶν.
Ταῦτα μέν σε πρῶτ' ἐπῆλθον, ἵνα σε πρῶθ' ηὗρον κακόν.
Ὡς δ' ἐς Αὖλιν ἦλθες αὖθις, χὡ Πανελλήνων στρατός,
οὐδὲν ἦσθ', ἀλλ' ἐξεπλήσσου τῇ τύχῃ τῇ τῶν θεῶν
οὐρίας πομπῆς σπανίζων· Δαναΐδαι δ' ἀφιέναι
ναῦς διήγγελλον, μάτην δὲ μὴ πονεῖν ἐν Αὐλίδι·
ὡς ἄνολβον εἶχες ὄμμα σύγχυσίν τ', εἰ μὴ νεῶν
χιλίων ἄρχων τὸ Πριάμου πεδίον ἐμπλήσεις δορός.

333 Εὖ κεκόμψευσαι· Ruhnken : ἐκκεκόμ- LP quod def. Parmentier ‖ πονηρῶν Bothe : -ρὸν LP ‖ **334** δέ γ' L^2P^3 : δ' LP ‖ **335** ἐξελέγξαι L^2P^3 : ἐλέγξαι LP ‖ τοι super μήτ' add. P^3 ‖ ὕπο L^2 in ras ‖ **336** ἀποτρέπου L^2P^2 : -στρέφου LP ‖ οὔτ' αὖ Blomfield : οὔτοι LP οὔτε Hermann ‖ κατατενῶ λίαν Hermann : καταινῶ λίαν σ' LP ‖ **337** δαναΐδας P corr. P^3 ‖ **339** ἦσθα, πάσης Markland : ἧς ἀπάσης (ἁ- P) LP ‖ **349** pr. σε LP : σοι P^3 ‖ ηὗρον Reiske : εὕρω LP ‖ **350** ἦλθες Musurus : ἦλθεν LP ‖ αὖθις P^2 : αὖτις LP ‖ χὡ (χ' ὡ) L^2P^2 : καὶ ὁ LP ‖ **354** ὡς LP : ὡς δ' L^2P^2 ‖ ὄμμα L : ὄνομα P ‖ **354-355** τ', εἰ μὴ... ἐμπλήσεις Musgrave : τε μὴ... ἐμπλήσας LP ‖ **355** τὸ Πριάμου Elmsley : τὸ πρ. τε LP τὸ eras. L^2P^2.

Priam ! Et tu m'appelais à toi : que faire? Quelle issue trouver, de quel côté, pour ne pas perdre ton commandement et être privé de ta gloire? Alors Calchas te dit d'immoler ta fille en offrande à Artémis, et que les Danaens pourraient prendre la mer. Ton cœur se réjouit, c'est avec joie que tu promis de sacrifier ton enfant, et tu adressas un message à ta femme — de toi-même, ne dis pas qu'on t'a forcé[1] — pour qu'elle envoie ta fille ici, sous couleur de la donner en mariage à Achille. Là-dessus, tu fais volte-face et on te prend à substituer au premier un autre message, car tu ne veux plus être l'assassin de ta fille. Oui, absolument ! Ce ciel est le même qui a entendu ta promesse[2].

Ce qui t'arrive, mille autres l'ont déjà éprouvé : pour arriver aux affaires, on ne plaint pas sa peine, mais ensuite on lâche pied piteusement. Tantôt c'est l'effet de quelque décision absurde de ses concitoyens, tantôt on l'a mérité par sa propre incapacité à sauver la cité[3*]. Pour ma part, je déplore surtout l'infortune de la Grèce ; elle se proposait une action glorieuse, et elle va laisser les barbares, ces vauriens, échapper et se rire de nous, à cause de toi et à cause de ta fille[4*]. Je ne mettrais jamais un homme à la tête de mon pays du fait de sa naissance[5*], et je ne lui confierais pas non plus le sort de ses armes. Un chef d'armée doit être doué de raison[6*]

Le Coryphée. — C'est affreux de voir des frères discuter et batailler, pour peu qu'ils s'abandonnent aux querelles[7*].

1. L'affirmation de Ménélas, sous cette forme outrée (ἡσθείς, ἄσμενος, ἑκών) est beaucoup moins crédible que celle d'Agamemnon au v. 96. Ménélas en est-il pour autant de mauvaise foi? Ce n'est pas certain : comme, à son avis, toute la conduite de son frère est dominée par l'ambition, il a pu se persuader lui-même qu'Agamemnon ne se faisait forcer la main qu'en apparence (cf. 338).

2. A la suite de Dindorf, plusieurs éditeurs retranchent le vers 364 (ou les deux vers 363-364). Parmentier comprend μάλιστα comme la réplique de Ménélas à un geste de dénégation d'Agamemnon. Pour le mouvement du v. 365, comparer *Troy.* 1024.

Κἀμὲ παρεκάλεις · « Τί δράσω; τίνα πόρον εὕρω
[πόθεν; »
ὥστε μὴ στερέντα σ' ἀρχῆς ἀπολέσαι καλὸν κλέος.
Κᾆτ' ἐπεὶ Κάλχας ἐν ἱεροῖς εἶπε σὴν θῦσαι κόρην
'Αρτέμιδι καὶ πλοῦν ἔσεσθαι Δαναΐδαις, ἡσθεὶς φρένας
ἄσμενος θύσειν ὑπέστης παῖδα · καὶ πέμπεις ἑκών,
οὐ βίᾳ, μὴ τοῦτο λέξῃς, σῇ δάμαρτι, παῖδα σὴν
δεῦρ' ἀποστέλλειν, 'Αχιλλεῖ πρόφασιν ὡς γαμου-
[μένην.
Κᾆθ' ὑποστρέψας λέληψαι μεταβαλὼν ἄλλας γραφάς,
ὡς φονεὺς οὐκέτι θυγατρὸς σῆς ἔσῃ. — Μάλιστά γε.
Οὗτος αὐτός ἐστιν αἰθὴρ ὃς τάδ' ἤκουσεν σέθεν.
Μυρίοι δέ τοι πεπόνθασ' αὐτό · πρὸς τὰ πράγματα
ἐκπονοῦσ' ἔχοντες, εἶτα δ' ἐξεχώρησαν κακῶς,
τὰ μὲν ὑπὸ γνώμης πολιτῶν ἀσυνέτου, τὰ δ' ἐνδίκως
ἀδύνατοι γεγῶτες αὐτοὶ διαφυλάξασθαι πόλιν.
'Ελλάδος μάλιστ' ἔγωγε τῆς ταλαιπώρου στένω,
ἣ θέλουσα δρᾶν τι κεδνόν, βαρβάρους τοὺς οὐδένας
καταγελῶντας ἐξανήσει διὰ σὲ καὶ τὴν σὴν κόρην.
Μηδέν' οὖν γένους ἕκατι προστάτην θείμην χθονός,
μηδ' ὅπλων ἄρχοντα · νοῦν χρὴ τὸν στρατηλάτην
[ἔχειν ·
[πόλεος ὡς ἄρχων ἀνὴρ πᾶς, ξύνεσιν ἢν ἔχων τύχῃ.]

ΧΟ. Δεινὸν κασιγνήτοισι γίγνεσθαι λόγους
μάχας θ', ὅταν ποτ' ἐμπέσωσιν εἰς ἔριν.

Test. **370** Euboulos, fr. 67, 10 Edm. : 'Ελλάδος ἔγωγε τῆς ταλαιπώρου περιστένω || **376-377** Stob., *Flor.* IV, 84, 3 (p. 656 H.).

356 τίνα LP : τίνα δὲ L^2P^2 || πόθεν L. Dindorf : ποθὲν LP || **362** ἀπόστελλ' P corr. P^2 || **363** λέληψαι LP : λέλησαι L^2P^3 || **365** αὐτός Markland : αὐ- LP || **367** ἔχοντες LP : ἑκόντες Canter fort. recte || **368** γνώσης prim. P || **373** μηδὲν P^{ac} || οὖν γένους Monk : ἂν χρείους LP ἂν χρέους L^2P^2 || **375** πόλεος L : πόλεως L^2P || ἄρχον P corr. P^3 || **376** γίνεσθαι P || λόγους LP Stob. : ψόγους Musgrave.

Agamemnon. — Je veux te dire des choses pénibles, mais comme il faut[1] : brièvement, sans hausser trop haut les sourcils et faire preuve d'arrogance, avec une certaine modération, parlant à mon frère. L'honnête homme se plaît à la réserve. Dis-moi, pourquoi cette fureur qui te gonfle, ces yeux injectés de sang? Qui te fait tort? Que te faut-il? Est-ce une épouse honnête que tu convoites[2]? Je ne saurais te l'offrir : celle que tu possédais, tu l'as mal gouvernée. A présent, devrai-je, moi, payer pour tes fautes, sans être fautif? Serait-ce ma distinction qui te ronge le cœur? Non : toi, ce qu'il te faut, c'est étreindre une belle épouse, au mépris de la raison et de l'honneur. A cœur pervers, plaisirs coupables. Quant à moi, si ma première décision était erronée et si j'ai eu la sagesse de me raviser, suis-je fou? C'est plutôt toi : tu étais quitte d'une mauvaise femme et tu veux la reprendre, alors que la divinité t'accorde cette heureuse chance!

Quand ils ont prêté serment à Tyndare, les prétendants avaient l'esprit égaré par leur désir de convoler. L'Espérance, à mon sens, est une déesse, et c'est elle qui a tout fait, plutôt que toi et ta valeur[3*]. Emmène-les en campagne : ils y sont disposés dans la folie de leur cœur. Car la divinité, elle, n'est pas dépourvue de sens : elle sait reconnaître[4*] les serments mal fondés et extorqués par la force. Eh bien, je ne vais pas, moi, tuer mes enfants, et te voir tirer un bonheur injuste[5*] du châtiment de la pire des épouses, tandis que nuit et jour je

1. La variante αὖ, donnée dans la marge de P, a été parfois préférée au εὖ de la première main et de Stobée, avec le sens de *à mon tour*. Pour l'alliance de mots κακῶς εὖ, voir par exemple *Hipp.* 694 : μὴ καλῶς εὐεργετεῖν.

2. Agamemnon use d'un procédé rhétorique bien connu en attaquant son adversaire plutôt que de répondre à ses accusations. A la noble indignation de Ménélas défendant l'honneur de la Grèce, il oppose l'égoïsme et les motifs conjugaux qui guident la conduite de son frère, avec une crudité dans les propos étrangement moderne.

ΑΓ Βούλομαί σ' εἰπεῖν κακῶς εὖ, βραχέα, μὴ λίαν ἄνω
βλέφαρα πρὸς τἀναιδὲς ἀγαγών, ἀλλὰ σωφρο-
[νεστέρως,
ὡς ἀδελφὸν ὄντ' · ἀνὴρ γὰρ χρηστὸς αἰδεῖσθαι φιλεῖ.
Εἰπέ μοι, τί δεινὰ φυσᾷς αἱματηρὸν ὄμμ' ἔχων;
τίς ἀδικεῖ σε; τοῦ κέχρησαι; χρηστὰ λέκτρ' ἐρᾷς
[λαβεῖν;
οὐκ ἔχοιμ' ἄν σοι παρασχεῖν · ὧν γὰρ ἐκτήσω, κακῶς
ἦρχες. Εἶτ' ἐγὼ δίκην δῶ σῶν κακῶν, ὁ μὴ σφαλείς;
Ἦ δάκνει σε τὸ φιλότιμον τοὐμόν; Ἀλλ' ἐν ἀγκάλαις
εὐπρεπῆ γυναῖκα χρῄζεις, τὸ λελογισμένον παρεὶς
καὶ τὸ καλόν, ἔχειν. Πονηροῦ φωτὸς ἡδοναὶ κακαί.
Εἰ δ' ἐγώ, γνοὺς πρόσθεν οὐκ εὖ, μετετέθην εὐβουλίᾳ,
μαίνομαι; σὺ μᾶλλον, ὅστις ἀπολέσας κακὸν λέχος
ἀναλαβεῖν θέλεις, θεοῦ σοι τὴν τύχην διδόντος εὖ.
Ὤμοσαν τὸν Τυνδάρειον ὅρκον οἱ κακόφρονες
φιλόγαμοι μνηστῆρες · ἡ δέ γ' ἐλπίς, οἶμαι μέν, θεός,
κἀξέπραξεν αὐτὸ μᾶλλον ἢ σὺ καὶ τὸ σὸν σθένος.
Οὓς λαβὼν στράτευ' · ἕτοιμοι δ' εἰσὶ μωρίᾳ φρενῶν · 394
οὐ γὰρ ἀσύνετον τὸ θεῖον, ἀλλ' ἔχει συνιέναι 394a
τοὺς κακῶς παγέντας ὅρκους καὶ κατηναγκασμένους.
Τἀμὰ δ' οὐκ ἀποκτενῶ 'γὼ τέκνα καὶ τὸ σὸν μὲν εὖ
παρὰ δίκην ἔσται κακίστης εὔνιδος τιμωρίᾳ,

Test. **378-380** Stob., *Flor.* III, 31, 2 (p. 669 H.) || **381** *Anecdota Bekkeri*, I, 36, 1-2, *s. v.* δεινὰ φυσᾶν || **384** cf. Enn., *Iph.*, fr. CI Joc. || **394a-395** Theophil. Ant., *ad Autol.*, II, 57 (p. 96, 2-3 Grant) ; Stob., *Flor.* III, 28, 2 (p. 616-617 H.).

378 εὖ LP Stob. : αὖ P^3 mg. et add. -θις (ut αὖθις) || ἄνω Stob. : ἂν ὦ LP ἀνῶ L^2 γρ. || σωφρονεστέρως Stob. : -έστερος LP || **380** χρηστὸς Stob. : αἰσχρὸς οὐκ LP || **382** χρηστὰ λέκτρ' ἐρᾷς Reiske : λ. ἐ. χρ. LP || **384** δῶ σῶν Dawes : δώσω LP || **389** supra μᾶλλον scr. μαίνῃ L^2 || **390-392** Π^3 || **392** ἥδε γ' P^2 || **393** κἀξέπραζεν LP : ἐξέ- P^3 || **394** στράτευ' · ἕτοιμοι δ' εἰσὶ Monk : στράτευε · οἶμαι δ' εἴσῃ LP γ' post στράτευε inser. P^3 || **394** a Stob. et Theophil. : om. LP || **395** κατηναγκασμένους Stob. et Theophil. : συνηναγ- LP || **397** παρὰ δίκην Porson : πέρα δίκης LP.

me consumerai dans les larmes après un attentat contraire aux lois et à la justice, commis sur mon propre sang!

Voilà, je t'ai tout dit, en termes brefs, clairs et faciles à comprendre. Si tu ne veux pas être raisonnable, je mènerai comme il faut mes propres affaires.

Le Chœur. — Voici des propos bien différents des précédents. Tu as raison de vouloir épargner tes enfants.

Ménélas. — Hélas, malheureux, je n'avais donc pas d'amis[1*]!

Agamemnon. — Si, pour peu que tu renonces à vouloir leur perte.

Ménélas. — Comment montreras-tu que tu es le fils de mon père?

Agamemnon. — Je veux partager ta raison et non pas ta folie.

Ménélas. — Un ami doit s'associer aux peines de ses amis.

Agamemnon. — Encourage-moi par des bienfaits, et non par des ennuis.

Ménélas. — Tu n'es donc plus d'avis de t'associer ainsi aux épreuves de la Grèce?

Agamemnon. — C'est que la Grèce et toi, un dieu vous rend malades[2*].

Ménélas. — Fais donc le fier avec ton sceptre, traître à ton frère! Pour moi, je recourrai à d'autres moyens et à d'autres amis[3*].

Au moment où Ménélas va sortir, entre un messager[4*].

Le Messager. — Roi de la Grèce unie, Agamemnon, je viens te conduire ta fille qu'en ton palais tu appelais Iphigénie. Sa mère l'accompagne, ton épouse Clytemnestre, ainsi que le petit Oreste, ce qui devrait charmer tes yeux après une si longue absence de chez toi.

Mais, comme elles ont fait un long trajet, aux bords d'une fontaine limpide elles rafraîchissent leurs pieds délicats. Avec elles sont leurs cavales, que nous avons

ἐμὲ δὲ συντήξουσι νύκτες ἡμέραι τε δακρύοις,
ἄνομα δρῶντα κοὐ δίκαια παῖδας οὓς ἐγεινάμην.
Ταῦτά σοι βραχέα λέλεκται καὶ σαφῆ καὶ ῥᾴδια·
εἰ δέ μὴ βούλει φρονεῖν εὖ, τἄμ' ἐγὼ θήσω καλῶς.

ΧΟ. Οἵδ' αὖ διάφοροι τῶν πάρος λελεγμένων
μύθων, καλῶς δ' ἔχουσι, φείδεσθαι τέκνων.

ΜΕ. Αἰαῖ, φίλους ἄρ' οὐκ ἐκεκτήμην τάλας;

ΑΓ. Εἰ τοὺς φίλους γε μὴ θέλεις ἀπολλύναι.

ΜΕ. Δείξεις δὲ ποῦ μοι πατρὸς ἐκ ταὐτοῦ γεγώς;

ΑΓ. Συνσωφρονεῖν σοι βούλομ' ἀλλ' οὐ συννοσεῖν.

ΜΕ. Ἐς κοινὸν ἀλγεῖν τοῖς φίλοισι χρὴ φίλους.

ΑΓ. Εὖ δρῶν παρακάλει μ', ἀλλὰ μὴ λυπῶν ἐμέ.

ΜΕ. Οὐκ ἄρα δοκεῖ σοι τάδε πονεῖν σὺν Ἑλλάδι;

ΑΓ. Ἑλλὰς δὲ σὺν σοὶ κατὰ θεὸν νοσεῖ τινα.

ΜΕ. Σκήπτρῳ νυν αὔχει, σὸν κασίγνητον προδούς.
Ἐγὼ δ' ἐπ' ἄλλας εἶμι μηχανάς τινας,
φίλους τ' ἐπ' ἄλλους.

ΑΓΓΕΛΟΣ

Ὦ Πανελλήνων ἄναξ,
Ἀγάμεμνον, ἥκω παῖδά σοι τὴν σὴν ἄγων,
ἣν Ἰφιγένειαν ὠνόμαζες ἐν δόμοις.
Μήτηρ δ' ὁμαρτεῖ, σῆς Κλυταιμήστρας δέμας,
καὶ παῖς Ὀρέστης, ὥς τι τερφθείης ἰδών,
χρόνον παλαιὸν δωμάτων ἔκδημος ὤν.
Ἀλλ' ὡς μακρὰν ἔτεινον, εὔρυτον παρὰ
κρήνην ἀναψύχουσι θηλύπουν βάσιν,
αὐταί τε πῶλοί τ'· εἰς δὲ λειμώνων χλόην

Test. **407** Plut., *Mor.* 64 c (*de adul. et am.* 23).

399 ἐγεινάμην L[2] : ἐγείναμεν LP ‖ **401** εὖ LP : σύ Markland ‖ **404** οὐκ ἐκεκτήμην Heath : οὐχὶ κεκ. LP ‖ **406-412** personarum notas add. P[2] : paragraphos habent LP ‖ **412** αὔχει Tyrwhit : αὐχεῖς LP ‖ **416** ὠνόμαζες Markland : ὠνόμαξας LP ποτ' add. P[3] ‖ **417** ὁμαρτοῖ P corr. P[2] ‖ **418** ὥς τι Hermann : ὥστε LP οὕς γε Parmentier coll. **173** ‖ **422** τ' Markland : γ' LP[2] om. P.

lâchées dans l'herbe des prés, pour qu'elles y trouvent leur pâture[1]. Quant à moi, j'ai pris les devants afin que tu te prépares. Car l'armée est au fait, si vite s'en est répandu le bruit, de l'arrivée de ta fille. Toute la foule accourt à ce spectacle : ils veulent voir ton enfant[2]. Les heureux de ce monde sont glorieux entre tous et attirent les regards des mortels[3*]. On demande : « Est-ce un hyménée qui se prépare? Autre chose? Ou bien est-ce par désir de revoir sa fille que le seigneur Agamemnon l'a envoyé chercher? ». On peut entendre encore : « Comme prélude aux noces[4*], on consacre la jeune fille à Artémis, souveraine d'Aulis. Qui donc sera son époux? ».

Allons, prépare à cet effet les corbeilles, posez des couronnes sur vos têtes, et toi, seigneur Ménélas, apprête-toi au chant d'hyménée. Qu'à travers la demeure retentisse la flûte et que les pieds martèlent le sol, car voici que luit le jour du bonheur pour la jeune vierge[5*].

AGAMEMNON. — C'est bien. Mais rentre à l'intérieur. Pour le reste, la fortune aidant, tout ira bien.

Le Messager sort.

Hélas, que dire, infortuné[6*] ! Par où commencer? Sous quel joug fatal suis-je donc tombé? Un dieu m'a pris au piège, et ses habiletés l'ont emporté de beaucoup sur les miennes. Quel profit donne une naissance obscure! On peut pleurer à son aise, dire tout ce qu'on veut, mais pour l'homme bien né, ce serait déroger. Ce qui régente

1. Cette scène familière ne manque pas de charme. Certains critiques ont été choqués par l'éventualité que Clytemnestre et Iphigénie puissent tremper leurs pieds dans l'eau froide pour se rafraîchir ! Le texte ne l'impose pas, mais ne l'exclut pas non plus. Néanmoins, J. Jouanna (*RELG*, 101, 1988, p. 521-25) se prononce pour le sens de « reposer » (« elles reposent leurs pieds délicats, elles ainsi que leurs cavales »).

2. La nouvelle que l'armée est au courant de l'arrivée d'Iphigénie enlève toute échappatoire à Agamemnon. Quant aux bruits qui courent sur la possibilité d'un mariage, ils montrent que l'armée en soupçonne quant à elle plus que le Messager.

καθεῖμεν αὐτάς, ὡς βορᾶς γευσαίατο.
Ἐγὼ δὲ πρόδρομος σῆς παρασκευῆς χάριν
ἥκω. Πέπυσται γὰρ στρατός — ταχεῖα γὰρ
διῇξε φήμη — παῖδα σὴν ἀφιγμένην.
Πᾶς δ' εἰς θέαν ὅμιλος ἔρχεται δρόμῳ,
σὴν παῖδ' ὅπως ἴδωσιν · οἱ δ' εὐδαίμονες
ἐν πᾶσι κλεινοὶ καὶ περίβλεπτοι βροτοῖς.
Λέγουσι δ' · « Ὑμέναιός τις ἢ τί πράσσεται;
ἢ πόθον ἔχων θυγατρὸς Ἀγαμέμνων ἄναξ
ἐκόμισε παῖδα; » Τῶν δ' ἂν ἤκουσας τάδε ·
« Ἀρτέμιδι προτελίζουσι τὴν νεάνιδα,
Αὐλίδος ἀνάσσῃ · τίς νιν ἄξεταί ποτε; »
Ἀλλ' εἶα, τἀπὶ τοισίδ' ἐξάρχου κανᾶ,
στεφανοῦσθε κρᾶτα, καὶ σύ, Μενέλεως ἄναξ,
ὑμέναιον εὐτρέπιζε, καὶ κατὰ στέγας
λωτὸς βοάσθω καὶ ποδῶν ἔστω κτύπος ·
φῶς γὰρ τόδ' ἥκει μακάριον τῇ παρθένῳ.

ΑΓ Ἐπῄνεσ', ἀλλὰ στεῖχε δωμάτων ἔσω ·
τὰ δ' ἄλλ' ἰούσης τῆς τύχης ἔσται καλῶς.
Οἴμοι, τί φῶ δύστηνος; ἄρξομαι πόθεν;
Εἰς οἷά γ' ἀνάγκης ζεύγματ' ἐμπεπτώκαμεν.
Ὑπῆλθε δαίμων, ὥστε τῶν σοφισμάτων
πολλῷ γενέσθαι τῶν ἐμῶν σοφώτερος.
Ἡ δυσγένεια δ' ὡς ἔχει τι χρήσιμον.
Καὶ γὰρ δακρῦσαι ῥᾳδίως αὐτοῖς ἔχει,
ἅπαντά τ' εἰπεῖν · τῷ δὲ γενναίῳ φύσιν
ἄνολβα ταῦτα · προστάτην γε τοῦ βίου

Test. **446-449** cf. Enn., *Iph.*, fr. 235 Warm. (Hieron., *Ep.* 60, 14, 4) quod in dubium reuocauit Jocelyn, p. 323-324 || **449-450** Plut., *Nicias* 5.

425 ταχεῖα δὲ P[3] || **428** γὰρ supra δ' P[2] || **430** πράσσεται LP : -τε L[2]P[2] -ε del. P[3] || **434** ποτε LP : πόσις prop. Nauck || **435** τοισίδ' P : τοῖσιν L || **438** λωτὸς L[2]P[2] : λοτὸς LP || **442** πόθεν Grotius : σέθεν LP || **443** οἷά γ' L : οἵ γ' ut uid. P οἵ P[2] || ἐπεπτώκαμεν prim. P || **448-449** ἅπαντά... ἄνολβα Musgrave : ἄνολβά... ἅπαντα LP ἐστι supra ἅπαντα P[2] || **449** γε LP : δὲ Plut. γὰρ P[2] s. l.

notre vie, c'est l'orgueil, et nous sommes les esclaves du vulgaire[1]. Je rougis pour ma part de répandre des larmes, mais, malheureux, je n'en rougis pas moins de n'en point verser[2*], alors que je me vois au comble du malheur.

Eh bien ! Que dire à mon épouse[3*] ? Comment l'accueillir ? De quel front soutenir son regard ? Elle m'a perdu, en ajoutant à mes maux précédents cette arrivée impromptue. Mais il était naturel qu'elle suivît sa fille pour la marier et donner ce qu'elle a de plus cher : voilà où elle trouvera en moi un fautif. Quant à la malheureuse vierge — que dis-je vierge ? Hadès, semble-t-il, va bientôt l'avoir pour épouse — combien j'ai pitié d'elle[4*] ! Je crois l'entendre supplier : « Mon père, tu veux me tuer ? De telles noces, je te les souhaite à toi et à quiconque t'est cher[5*] ! » Et Oreste sera là, tout près, il poussera des cris, dépourvus de sens et pourtant très sensés, car il est encore tout petit[6*].

Ah ! en épousant Hélène[7*], il m'a perdu, ce Pâris, fils de Priam ; c'est lui qui a tout fait.

Le Coryphée. — Moi aussi, j'ai pitié, pour autant qu'il sied à une étrangère de déplorer le malheur des rois.

Ménélas. — Mon frère, laisse-moi toucher ta main droite[8*].

Agamemnon. — La voici : à toi l'avantage, à moi l'infortune.

Ménélas. — Je le jure par Pélops, qu'on nomme le père de notre père à tous deux, et par Atrée à qui nous devons la vie, je vais t'ouvrir mon cœur, au grand jour, sans le moindre artifice : tu sauras tout ce que je pense. Quand j'ai vu couler des larmes de tes yeux, j'ai été pris de pitié, j'en ai versé sur toi à mon tour, et je retire mes

1. Parmi les nombreuses corrections proposées pour les vers 448-449, la plus satisfaisante consiste à inverser avec Musgrave ἄνολβα et ἅπαντα. Pour une antithèse ἐσθλός-ἄνολβος, voir Diphile, fr. 960 M. Au v. 450, ὄγκον (Plut.) donne un sens plus riche que δῆμον (LP).

τὸν ὄγκον ἔχομεν τῷ τ' ὄχλῳ δουλεύομεν.
Ἐγὼ γὰρ ἐκβαλεῖν μὲν αἰδοῦμαι δάκρυ,
τὸ μὴ δακρῦσαι δ' αὖθις αἰδοῦμαι τάλας,
εἰς τὰς μεγίστας συμφορὰς ἀφιγμένος.
Εἶεν· τί φήσω πρὸς δάμαρτα τὴν ἐμήν;
πῶς δέξομαί νιν; ποῖον ὄμμα συμβαλῶ;
Καὶ γάρ μ' ἀπώλεσ' ἐπὶ κακοῖς ἅ μοι πάρα
ἐλθοῦσ' ἄκλητος. Εἰκότως δ' ἅμ' ἕσπετο
θυγατρὶ νυμφεύσουσα καὶ τὰ φίλτατα
δώσουσ', ἵν' ἡμᾶς ὄντας εὑρήσει κακούς.
Τὴν δ' αὖ τάλαιναν παρθένον — τί παρθένον;
Ἅιδης νιν ὡς ἔοικε νυμφεύσει τάχα —
ὡς ᾤκτισ'· οἶμαι γάρ νιν ἱκετεύσειν τάδε·
« Ὦ πάτερ, ἀποκτενεῖς με; τοιούτους γάμους
γήμειας αὐτὸς χὥστις ἐστί σοι φίλος. »
Παρὼν δ' Ὀρέστης ἐγγὺς ἀναβοήσεται
οὐ συνετὰ συνετῶς· ἔτι γάρ ἐστι νήπιος.
Αἰαῖ, τὸν Ἑλένης ὥς μ' ἀπώλεσεν γάμον
γήμας ὁ Πριάμου Πάρις, ὃς [μ'] εἴργασται τάδε.

ΧΟ. Κἀγὼ κατῴκτιρ', ὡς γυναῖκα δεῖ ξένην
ὑπὲρ τυράννων συμφορᾶς καταστένειν.

ΜΕ. Ἄδελφε, δός μοι δεξιᾶς τῆς σῆς θιγεῖν.

ΑΓ. Δίδωμι· σὸν γὰρ τὸ κράτος, ἄθλιος δ' ἐγώ.

ΜΕ. Πέλοπα κατόμνυμ', ὃς πατὴρ τοὐμοῦ πατρὸς
τοῦ σοῦ τ' ἐκλήθη, τὸν τεκόντα τ' Ἀτρέα,
ἦ μὴν ἐρεῖν σοι τἀπὸ καρδίας σαφῶς
καὶ μὴ 'πίτηδες μηδέν, ἀλλ' ὅσον φρονῶ.
Ἐγώ σ' ἀπ' ὄσσων ἐκβαλόντ' ἰδὼν δάκρυ
ᾤκτειρα καὐτὸς ἀνταφῆκά σοι πάλιν

450 ὄγκον Plut. : δῆμον LP ‖ τ' LP : δ' Plut. ‖ 452 αὖθις edd. : αὖτις LP ‖ 455 συμβαλῶ P^3 : -βάλω LP ‖ 456 πάρα (παρά) P^3 : πάρος LP ὑπῆρχε L^2 s. l. ‖ 458 νυμφεύσουσα Markland : -ουσα LP ‖ 462 ἱκετεύσειν Markland : ἱκετεῦσαι LP ‖ 466 συνετὰ συνετῶς L^2 : ξυν- ξυν- LP ‖ 468 μ' secl. Heath ‖ 473 κατόμνυσ' P corr. P^2.

paroles de tout à l'heure. Je ne veux pas être cruel à ton égard[1]. J'en suis au point où tu en es à cette heure et je ne t'engage ni à tuer ton enfant ni à préférer mon intérêt. Car il n'est pas juste que tu gémisses tandis que je serai dans la joie, que les tiens meurent tandis que les miens verraient la lumière. Qu'est-ce que je veux, en fait? Des mariages de choix, ne puis-je en trouver ailleurs, si je désire me marier? Mais irais-je perdre mon frère — le dernier dont je devrais souhaiter la perte — pour recouvrer Hélène, un mal pour un bien[2*]? J'étais fou, j'étais jeune, je n'avais pas encore examiné la question de près et discerné ce que c'est que de tuer ses enfants.

D'autre part, la pitié m'a gagné pour ta malheureuse fille quand j'ai songé à notre parenté : c'est aux intérêts de mon mariage qu'elle va être immolée. Qu'y a-t-il entre Hélène et ton enfant? Que l'armée soit licenciée, qu'elle quitte Aulis, et toi, cesse de tremper tes yeux de larmes, mon frère, et de me pousser à pleurer à mon tour. Si tu as quelque intérêt dans l'oracle concernant ta fille, je n'en veux aucun pour moi, je te cède ma part[3*]. De fait, j'ai changé depuis mes cruels propos. Sentiment naturel : l'affection pour celui qui est né des mêmes parents a produit ce revirement. Ce n'est pas d'un mauvais homme de se conduire ainsi et de prendre toujours le meilleur parti.

Le Coryphée. — Généreuses paroles, dignes de Tantale[4*], fils de Zeus. Tes ancêtres n'ont pas à rougir de toi.

1. Pour la sincérité de ce revirement, voir la *Notice*, p. 33. La plupart des études récentes penchent vers l'affirmative. Dans l'autre sens, on a invoqué le caractère de Ménélas dans *Andromaque* et *Oreste* (en particulier dans *And.* 445-449, où il est traité de fourbe et de menteur) et le fait qu'il jure ici par Pélops et Atrée, tricheurs et menteurs notoires (ce qui est discutable : sur la fierté d'être un Pélopide, voir par exemple *Cho.* 503). On notera en revanche la solennité du serment qu'il prête et l'absence de doutes du Chœur et d'Agamemnon. Voir la mise au point de R. Bogaert, *Les Et. Cl.* 33, 1965, p. 3-11. Pour ce sens de δεινός, *qui est à craindre*, *Bacch.* 856 : (ἀπειλῶν) αἶσι δεινὸς ἦν. La reprise de ce mot en 500 est significative.

καὶ τῶν παλαιῶν ἐξαφίσταμαι λόγων,
οὐκ εἰς σὲ δεινός · εἰμὶ δ' οὗπερ εἶ σὺ νῦν ·
καί σοι παραινῶ μήτ' ἀποκτείνειν τέκνον
μήτ' ἀνθελέσθαι τοὐμόν. Οὐ γὰρ ἔνδικον
σὲ μὲν στενάζειν, τἀμὰ δ' ἡδέως ἔχειν,
θνῄσκειν τε τοὺς σούς, τοὺς δ' ἐμοὺς ὁρᾶν φάος.
Τί βούλομαι γάρ; οὐ γάμους ἐξαιρέτους
ἄλλους λάβοιμ' ἄν, εἰ γάμων ἱμείρομαι;
'Αλλ' ἀπολέσας ἀδελφόν, ὅν μ' ἥκιστ' ἐχρῆν,
'Ελένην ἕλωμαι, τὸ κακὸν ἀντὶ τἀγαθοῦ;
ἄφρων νέος τ' ἦ, πρὶν τὰ πράγματ' ἐγγύθεν
σκοπῶν ἐσεῖδον οἷον ἦν κτείνειν τέκνα.
"Αλλως τέ μ' ἔλεος τῆς ταλαιπώρου κόρης
ἐσῆλθε, συγγένειαν ἐννοουμένῳ,
ἣ τῶν ἐμῶν ἕκατι θύεσθαι γάμων
μέλλει. Τί δ' 'Ελένης παρθένῳ τῇ σῇ μέτα;
"Ιτω στρατεία διαλυθεῖσ' ἐξ Αὐλίδος,
σὺ δ' ὄμμα παῦσαι δακρύοις τέγγων τὸ σόν,
ἄδελφε, κἀμὲ παρακαλῶν εἰς δάκρυα.
Εἰ δέ τι κόρης σῆς θεσφάτων μέτεστι σοί,
μὴ 'μοὶ μετέστω · σοὶ νέμω τοὐμὸν μέρος.
'Αλλ' εἰς μεταβολὰς ἦλθον ἀπὸ δεινῶν λόγων.
Εἰκὸς πέπονθα · τὸν ὁμόθεν πεφυκότα
στέργων μετέπεσον. 'Ανδρὸς οὐ κακοῦ τρόποι
τοιοίδε, χρῆσθαι τοῖσι βελτίστοις ἀεί.
ΧΟ. Γενναῖ' ἔλεξας Ταντάλῳ τε τῷ Διὸς
πρέποντα · προγόνους οὐ καταισχύνεις σέθεν.

480 εἰμὶ Kirchhoff : εἶμι LP || **481** ἀποκτείνειν LP : -κτείνας Elmsley || **489** ἦ edd. : ἦν LP || πράγματ' Lenting : πράγματα δὲ LP || **491** μοι P[3] || ταλαιπόρου P corr. P[3] || **492** ἐσῆλθε LP : εἰσ- P[3] || ἐννουμένω P || **495** στρατεία Barnes : -τιὰ LP || διαλυθεῖσ' L[2]P : -λυσεῖσ' L || **496** τέγκων P || **498** σοί Wecklein : σοι LP || **499** μὴ 'μοὶ Hermann : μή μοι LP || **502-503** τρόποι τοιοίδε LP : τροπαὶ τοιαῖδε sicut alt. lectio L[1]P[1] || **503** τὸ supra χρῆσθαι scr. L[2] || **505** καταισχύνεῖς (sic) L.

Agamemnon. — Je te félicite, Ménélas[1*], de t'être exprimé contre mon attente en termes raisonnables et dignes de toi. La brouille entre frères peut naître de l'amour ou de l'ambition pour leur maison[2*]. Maudits soient de tels rapports de parenté, source d'aigreur mutuelle ! Mais quoi ! me voici réduit au sort inéluctable de perpétrer ce meurtre, de verser le sang de ma fille.

Ménélas. — Comment ? Qui peut te contraindre à tuer ton enfant ?

Agamemnon. — L'armée achéenne tout entière assemblée.

Ménélas. — Non pas, si tu renvoies ta fille à Argos.

Agamemnon. — Je pourrais le faire en secret. Mais une chose ne saurait demeurer secrète.

Ménélas. — Laquelle ? Tu ne dois pas craindre à l'excès le peuple.

Agamemnon. — Calchas révélera l'oracle aux soldats argiens.

Ménélas. — Non : il peut mourir avant. L'affaire est aisée[3*].

Agamemnon. — Toute l'engeance des devins est un fléau d'ambition[4*].

Ménélas. — Rien de bon ni d'utile à en attendre[5*] !

Agamemnon. — Mais ne redoutes-tu pas cet autre danger qui me vient à l'esprit ?

Ménélas. — Comment deviner, si tu ne t'expliques pas ?

Agamemnon. — Le rejeton de Sisyphe est au courant de tout[6*].

Ménélas. — Ulysse ne peut nuire en rien à aucun de nous deux.

Agamemnon. — Un être toujours retors et du parti du peuple !

Ménélas. — C'est l'ambition, un mal terrible, qui le possède.

Agamemnon. — Imagine-le donc debout au milieu des Argiens : il leur dira l'oracle dicté par Calchas, comment j'avais promis de sacrifier la victime à Artémis et comment j'ai manqué ensuite à ma parole. Ne va-t-il pas

ΑΓ. Αἰνῶ σε, Μενέλεως, ὅτι παρὰ γνώμην ἐμὴν
ὑπέθηκας ὀρθῶς τοὺς λόγους σοῦ τ' ἀξίως.
Ταραχή γ' ἀδελφῶν διά τ' ἔρωτα γίγνεται
πλεονεξίαν τε δωμάτων · ἀπέπτυσα
τοιάνδε συγγένειαν ἀλλήλοιν πικράν.
'Αλλ' ἥκομεν γὰρ εἰς ἀναγκαίας τύχας,
θυγατρὸς αἱματηρὸν ἐκπρᾶξαι φόνον.
ΜΕ. Πῶς ; τίς δ' ἀναγκάσει σε τήν γε σὴν κτανεῖν ;
ΑΓ. Ἅπας 'Αχαιῶν σύλλογος στρατεύματος.
ΜΕ. Οὔκ, ἤν νιν εἰς Ἄργος γ' ἀποστείλῃς πάλιν.
ΑΓ. Λάθοιμι τοῦτ' ἄν · ἀλλ' ἐκεῖν' οὐ λήσομεν.
ΜΕ. Τὸ ποῖον ; οὔτοι χρὴ λίαν ταρβεῖν ὄχλον.
ΑΓ. Κάλχας ἐρεῖ μαντεύματ' 'Αργείων στρατῷ.
ΜΕ. Οὔκ, ἢν θάνῃ γε πρόσθε · τοῦτο δ' εὐμαρές.
ΑΓ. Τὸ μαντικὸν πᾶν σπέρμα φιλότιμον κακόν.
ΜΕ. Κοὐδέν γε χρηστὸν οὐδὲ χρήσιμον παρόν.
ΑΓ. 'Εκεῖνο δ' οὐ δέδοικας οὔμ' ἐσέρχεται ;
ΜΕ. Ὃν μὴ σὺ φράζεις, πῶς ὑπολάβοιμ' ἂν λόγον ;
ΑΓ. Τὸ Σισύφειον σπέρμα πάντ' οἶδεν τάδε.
ΜΕ. Οὐκ ἔστ' 'Οδυσσεὺς ὅ τι σὲ κἀμὲ πημανεῖ.
ΑΓ. Ποικίλος ἀεὶ πέφυκε τοῦ τ' ὄχλου μέτα.
ΜΕ. Φιλοτιμίᾳ μὲν ἐνέχεται, δεινῷ κακῷ.
ΑΓ. Οὔκουν δοκεῖς νιν στάντ' ἐν 'Αργείοις μέσοις
λέξειν ἃ Κάλχας θέσφατ' ἐξηγήσατο,
κἄμ' ὡς ὑπέστην θῦμα, κᾆτ' ἐψευσάμην,

506 Μενέλεως Barnes : -λαος LP || **508-510** Agamemnoni continuat Hermann : Με. LP || **508** διά τ' ἔρωτα Dobree : δι* ἔρωτα L διέρωτα P δι' ἔρ- L^2P^2 et τις add. L^2 s. l. || γίγνεται edd. : γίν- LP || **510** ἀλλήλοιν Markland : -λων LP || **513** σε L^2P^2 : om. LP || **515** ἤν LP : εἴ P^3 s. l. || γ' L^2P^2 : om. LP || ἀποστείλῃς Markland : -στελεῖς LP^2 -στελεῖ P || **516** λήσομαι P^3 || **521** γε χρηστὸν Canter : γ' ἄχρηστον LP || **522** οὔμ' Markland : ὅ μ' LP ὅτι μ' L^2 || ἐσέρχεται Wunder : εἰσ- LP || **523** ὑπολάβοιμ' ἂν Markland : -λάβοιμεν LP || **524** οἶδεν P^3 : εἶδε LP εἶδεν L^2P^2 || **526** τ' Reiske : γ' LP || **528** Οὔκουν δοκεῖς Musgrave : οὐκοῦν δοκεῖ LP || νιν L : νυν P δὴ P^2 s. l. || **529** λέξιν P corr. P^3 | **530** κᾆτ' ἐψευσάμην anon. ap. Prinz-Wecklein p. 72 : κᾆτα ψεύδομαι LP.

entraîner l'armée, convaincre les Argiens de nous massacrer, toi et moi, et d'égorger ma fille? Même si je cherche refuge à Argos, ils viendront nous prendre d'assaut, nous et nos murs cyclopéens, et ravager la contrée[1].

Telles sont mes peines! Malheureux, dans quelle impasse m'ont mis les dieux en ce jour! Je te demande une seule précaution en regagnant le camp : que Clytemnestre ne sache rien avant que de mes mains je n'aie consacré mon enfant à Hadès, afin que mon malheur coûte le moins possible de larmes. Et vous, étrangères, observez le silence.

Agamemnon et Ménélas sortent.

Le Chœur[2]. — *Bienheureux ceux qui n'approchent la déesse qu'avec mesure et qui ne font qu'un usage modéré du lit d'Aphrodite*[3*],

ceux dont la sérénité évite son aiguillon furieux, à l'heure où Éros aux cheveux dorés leur décoche le double trait de ses plaisirs,

l'un qui dispense un destin heureux, l'autre qui bouleverse notre existence. Celui-ci, très belle Cypris, je lui défends l'accès de notre chambre[4*].

Puissé-je ne connaître que des plaisirs modérés, des désirs

1. Les v. 528-535, retranchés par Dindorf et England, présentent une pochade très vivante d'une assemblée populaire soulevée par un démagogue contre un de ses adversaires. La crainte de l'armée manifestée ici par Agamemnon, qui influe fortement sur sa conduite (voir 450; 514; 1267-1268) a paru excessive à certains critiques. Page parle de mélodrame, Siegel d'une crainte hystérique. Cependant, sur les violences auxquelles peut se livrer une armée, voir *Héc.* 606-608.

2. Pour les liens de ce premier *stasimon* avec l'action de la pièce, voir la *Notice*, p. 47. Strophe et antistrophe offrent une méditation lyrique sur les deux aspects de l'amour, élargie en une réflexion sur la vraie sagesse, et sur son rôle dans la vie humaine. Il s'agit là de thèmes très généraux, familiers à l'esprit du poète. Pour le double Éros : *Méd.* 627-641 ; *Hipp.* 525-533 ; fr. 503 N² (*Mélanippe*) ; 669 (*Sthénébée*) ; F. Lasserre, *La figure d'Éros dans la poésie grecque*, Paris, 1946, p. 100-103. Pour les rapports de la φύσις et de la τροφή, le rôle de l'αἰδώς, *Héc.* 600-603 ; fr. 810 (*Phoenix*).

Ἀρτέμιδι θύσειν; Οὐ ξυναρπάσας στρατόν,
σὲ κἄμ' ἀποκτείναντας Ἀργείους κόρην
σφάξαι κελεύσει; Κἂν πρὸς Ἄργος ἐκφύγω,
ἐλθόντες αὐτοῖς τείχεσιν Κυκλωπίοις
ἀναρπάσουσι καὶ κατασκάψουσι γῆν.
Τοιαῦτα τἀμὰ πήματ' · ὦ τάλας ἐγώ,
ὡς ἠπόρημαι πρὸς θεῶν τὰ νῦν τάδε.
Ἕν μοι φύλαξον, Μενέλεως, ἀνὰ στρατὸν
ἐλθών, ὅπως ἂν μὴ Κλυταιμήστρα τάδε
μάθῃ, πρὶν Ἅιδῃ παῖδ' ἐμὴν προσθῶ λαβών,
ὡς ἐπ' ἐλαχίστοις δακρύοις πράσσω κακῶς.
Ὑμεῖς τε σιγήν, ὦ ξέναι, φυλάσσετε.

ΧΟ. Μάκαρες οἳ μετρίας θεοῦ Str.
μετά τε σωφροσύνας μετέ-
σχον λέκτρων Ἀφροδίτας,
γαλανείᾳ χρησάμενοι
μανιάδων οἴστρων, ὅθι δὴ
δίδυμ' ὁ χρυσοκόμας Ἔρως
τόξ' ἐντείνεται χαρίτων,
τὸ μὲν ἐπ' εὐαίωνι πότμῳ,
τὸ δ' ἐπὶ συγχύσει βιοτᾶς.
Ἀπενέπω νιν ἁμετέρων,
Κύπρι καλλίστα, θαλάμων.
Εἴη δέ μοι μετρία μὲν
χάρις, πόθοι δ' ὅσιοι,
καὶ μετέχοιμι τᾶς Ἀφροδί-
τας, πολλὰν δ' ἀποθείμαν.

548-551 Ath., XIII, 562 e ; cf. Cercidas, fr. 5, 12-17 Pow. ; Ov., *Met.* I, 468.

531 Οὐ Musgrave : ὃς LP ‖ **534** τείχεσιν L²P³ : -σι LP ‖ Κυκλωπίοις ut uid. P³ : -πείοις LP ‖ **535** ἀναρπάσουσι Markland : ξυναρ- LP ‖ **543** εἰσιν supra μάκαρες scr. L² ‖ **547** μανιάδων Wecklein : μαινόμεν' LP ‖ **548** ὁ χρυσοκόμας Ἔρως LP : Ἔ. ὁ χρ. L²P³ ‖ **550** πότμῳ LP : τύχᾳ Ath. ‖ **552** Ἀπενέπω L²P³ : -εννέπων P et ut uid. L ‖ **553** Κύπρι L² : ὦ κύπρι LP.

permis, avoir part aux joies d'Aphrodite, mais en éviter les excès[1].

Diverse est la nature des mortels, diverses leurs manières, mais la vraie noblesse se reconnaît toujours[2].

Une éducation soignée contribue grandement à la vertu[3], *car la retenue est sagesse, et elle porte en elle, insigne*[4*],

la grâce d'user de la raison pour discerner le devoir; l'opinion confère alors à notre vie une gloire inaltérable. Il est grand d'être en quête de la vertu.

Pour les femmes, celle-ci concerne Cypris et reste secrète; pour les hommes, en revanche, c'est un ordre intérieur aux multiples aspects qui accroît la grandeur de la cité[5*].

Tu es venu, Pâris, du pays où tu fus élevé comme un bouvier près des blanches génisses de l'Ida[6*].

Tu modulais des airs barbares et tu imitais en soufflant dans ton pipeau la flûte phrygienne d'Olympos[7*].

Tes vaches aux mamelles gonflées étaient au pâturage, lorsque le jugement des déesses t'affola et t'envoya en Grèce.

Debout devant le palais d'Hélène incrusté d'ivoire, les yeux rivés aux siens, tu lui versas l'amour,

1. Pour le sens de πολλάν, comparer *Hipp.* 443 : Κύπρις γὰρ οὐ φορητός, ἢν πολλὴ ῥυῇ.

2. Dans *El.* 368, le poète disait : ἔχουσι ταραγμὸν φύσεις βροτῶν. Mais le critère existe : τὸ ἐσθλόν, *la noblesse de cœur.* Mais sur la difficulté de définir cette notion dans la pièce, voir M. McDonald, *Terms for happiness in Euripides*, Göttingen, 1978, p. 274. Pour une discussion du même ordre, voir *Héc.* 592-602 et la note de L. Méridier *ad loc.*

3. La suite des idées n'est pas évidente et le passage a été compris de diverses façons (voir par exemple J. Meunier, *Musée Belge* 31, 1927, p. 141-154 ; R. Goossens, p. 698-701 et p. 719, n. 82 ; V. di Benedetto, p. 295 ; H. Siegel, p. 129-138). Le sens nous paraît être le suivant : pour atteindre la vertu, la noblesse de cœur est essentielle, mais une bonne éducation peut y contribuer ; elle apprend à se maîtriser et à atteindre la sagesse, définie comme la faculté de toujours savoir discerner le devoir. Comme l'Éros, cette vertu a deux faces : pour les femmes, elle s'exerce dans la vie secrète du gynécée ; pour les hommes, dans le cadre de la site, pour laquelle elle est bénéfique. Sur les leçons du Papyrus de Cologne, voir H. C. Günther, *ZPE*, 63, 1986, p. 4-6.

Διάφοροι δὲ φύσεις βροτῶν,
διάφοροι δὲ τρόποι· τὸ δ' ὀρ-
θῶς ἐσθλὸν σαφὲς αἰεί·

τροφαί θ' αἱ παιδευόμεναι
μέγα φέρουσ' εἰς τὰν ἀρετάν·
τό τε γὰρ αἰδεῖσθαι σοφία,
τάν τ' ἐξαλλάσσουσαν ἔχει

χάριν ὑπὸ γνώμας ἐσορᾶν
τὸ δέον, ἔνθα δόξα φέρει
κλέος ἀγήρατον βιοτᾷ.
Μέγα τι θηρεύειν ἀρετάν,

γυναιξὶν μὲν κατὰ Κύπριν
κρυπτάν, ἐν ἀνδράσι δ' αὖ
κόσμος ἐνὼν ὁ μυριοπλη-
θὴς μείζω πόλιν αὔξει.

Ἔμολες, ὦ Πάρις, ᾗτε σύ γε Ep.
βούκολος ἀργενναῖς ἐτράφης
Ἰδαίαις παρὰ μόσχοις,

βάρβαρα συρίζων, Φρυγίων
αὐλῶν Οὐλύμπου καλάμοις
μιμήματα πνε⟨ί⟩ων.
Εὔθηλοι δὲ τρέφοντο βόες
ὅτε σε κρίσις ἔμηνε θεᾶν,
ἅ σ' Ἑλλάδα πέμπει·

557 δ' Reiske : τ' LP ‖ **559** διάφοροι Hoepfner : διάτροποι LP ‖ τρόποι Barnes : τρόποις LP ‖ **559-560** τὸ δ' ὀρθῶς Musgrave : ὁ δ' ὀρθὸς LP ‖ **560** ἀεί P^2 ‖ **561** πεδευόμαι P corr. P^3 ‖ **562** εἰς τὰν L : ἐς τὰν P εἰς del. τὰν L^2P^2 ‖ **566** δόξα Barnes : δόξαν LP ‖ **567** βιοτᾷ Markland : βιοτάν LP ‖ **569-583** Π^3 ‖ **569** γυναιξὶ Π^3 ‖ **570** ἐν ἀνδράσι L^2P^2 : ἐν δ' ἀνδράσιν ut uid. LP lectio incerta ap. Π^3 ‖ **571** ἐνὼν Markland : ἔνδον LP οδεν[Π^3 ‖ **571-572** μυριοπληθὴς LP :]πληθεῖ Π^3 ‖ **577** Οὐλύμπου Π^3 Heath : ὀλ. LP ‖ **578** πνείων Dindorf : πνέων LP^2 πλέων P πλέκων P^3]ṿων uel ị]ων Π^3 ‖ **580** ὅτε Musurus : ὅτι LP ‖ ἔμηνε Hermann : ἔμενε LP.

et toi-même tu fus transporté d'amour. Ainsi la Discorde engendra la Discorde avec la Grèce, qui lance ses armes et ses vaisseaux contre la citadelle troyenne[1].

Entre un char portant Iphigénie et Clytemnestre, qui tient dans ses bras le petit Oreste. Des serviteurs les accompagnent[2].

MÉLODRAME.

LE CORYPHÉE. — Ah ! Ah ! Grandes sont les félicités des grands ! Voyez la princesse Iphigénie[3*],

et la fille de Tyndare, Clytemnestre : issues d'une grande lignée, pour quelles hautes destinées sont-elles venues ici ! Oui, ce sont des dieux que les puissants, les maîtres des richesses, pour les mortels moins chanceux[4*].

Plaçons-nous là, jeunes femmes que Chalcis a nourries, accueillons la reine qui descend de son char, qu'elle pose son pied sur le sol sans glisser. Usons des gestes délicats qu'inspire la courtoisie, pour ne pas effrayer, à son arrivée, l'illustre fils d'Agamemnon. Étrangères,

1. Sur le motif éris/Éros, voir J. R. Wilson, *Gr. and Rome* 26, 1979, p. 17.

2. Murray a supposé que Clytemnestre était accueillie par un chœur secondaire de soldats argiens qui auraient chanté les v. 590-597. C'est une hypothèse sans grand fondement ; cf. J. Lammers, *Die Doppel- und Halbchöre in der antiker Tragödie*, Paderborn, 1931, p. 103-105. Pour l'entrée en scène de chars portant des personnages, on rappellera chez Eschyle les arrivées d'Agamemnon, d'Atossa, de Pélasgos, l'entrée de Clytemnestre dans l'*Électre* de Sophocle, et dans celle d'Euripide, la venue d'Andromaque avec le corps d'Astyanax dans les *Troyennes*. Mais l'authenticité de notre scène n'a pas manqué d'être contestée (en dernier lieu, voir O. Taplin, *The Stagecraft of Aeschylus*, Oxford, 1977, p. 77). Page, p. 160, considère le passage comme une pâle copie d'*Électre* 988 sqq., et estime que le texte a été forgé (ou gâché) par un byzantin. Il faut bien avouer que l'expression est dans l'ensemble médiocre et la versification fautive. On peut résoudre point par point la plupart de ces difficultés et les mettre au compte d'une mauvaise transmission, mais le morceau reste suspect.

ἐλεφαντοδέτων πάροι-
θεν δόμων ὃς στὰς Ἑλένας,
ἐν ἀντωποῖς βλεφάροισιν
ἔρωτά τ' ἔδωκας,
ἔρωτι δ' αὐτὸς ἐπτοάθης.
Ὅθεν ἔρις ἔριν
Ἑλλάδα σὺν δορὶ ναυσί τ' ἄγει
ἐς πέργαμα Τροίας.

Ἰὼ ἰώ · μεγάλαι μεγάλων
εὐδαιμονίαι · τὴν τοῦ βασιλέως
ἴδετ' Ἰφιγένειαν ἄνασσαν [ἐμήν],
τὴν Τυνδαρέου τε Κλυταιμήστραν,
ὡς ἐκ μεγάλων ἐβλαστήκασ'
ἐπί τ' εὐμήκεις ἥκουσι τύχας.
Θεοί γ' οἱ κρείσσους οἵ τ' ὀλβοφόροι
τοῖς οὐκ εὐδαίμοσι θνητῶν.
Στῶμεν, Χαλκίδος ἔκγονα θρέμματα,
τὴν βασίλειαν δεξώμεθ' ὄχων
ἄπο μὴ σφαλερῶς ἐπὶ γαῖαν.
Ἀγανῶς δὲ χεροῖν μαλακῇ γνώμῃ,
μὴ ταρβήσῃ τὸ νεωστὶ μολὸν
κλεινὸν τέκνον Ἀγαμεμνόνιον
καὶ μὴ θόρυβον μηδ' ἔκπληξιν
ταῖς Ἀργείαις

582-583 πάροιθεν P^2 : -θε LP ‖ **583** δόμων LP et ut uid. Π^3 : θρόνων Hermann ‖ στὰς Kirchhoff : τᾶς LP ‖ **585** τ' ἔδωκας Blomfield : δέδωκας LP ‖ **587** τὴν ἐριστικὴν ἑλλάδα · ὥς που καὶ πόλεμον ἔριν ἔφη τὸν ἐριστικόν habet L^{mg} ‖ **589** πέργαμα Τροίας Blomfield : τρ. π. LP ‖ **590** Chori notam praef. L^2 ‖ **592** ἴδετ' L^2P^2 : εἴδετ' LP ‖ ἐμὴν del. Bothe ‖ **593** τε Musurus : γε LP ‖ **597** θνητῶν Markland : θνατῶν LP τῶν θν. L^2P^2 ‖ **598-606** secl. Dindorf fort. recte ‖ **599** τὴν L^2P^2 : τήνδε LP ‖ δεξώμεθ' LP : δεξό- L^2 ‖ ὄχων Canter : ὄχλων LP ‖ **600** ἐπὶ LP : ἐπὶ τὴν L^2P^3 ‖ **601** γνώμῃ LP : ῥώμῃ Hermann fort. recte ‖ **602** τὸ νεωστὶ Hermann : νεωστί μοι LP ‖ **603** κλεινὸν LP : τὸ κλ. L^2P^2 ‖ Ἀγαμεμνόνιον Markland : ἀγαμέμνονος LP ‖ **604** καὶ μὴ Hermann : μηδὲ LP.

ne causons ni trouble ni effroi aux étrangères d'Argos[1].

Clytemnestre[2]. — Je tire un heureux présage de ton amabilité et de tes paroles favorables. J'en conçois des espoirs pour le bonheur des noces auxquelles je viens conduire la fiancée[3]. Allons ! venez retirer de ce char les présents nuptiaux que j'apporte pour ma fille et transportez-les avec soin à l'intérieur[4]*.

Et toi, mon enfant, abandonne cet équipage, pose à terre ton pied délicat et sans forces. Vous, jeunes femmes, recevez-la dans vos bras pour l'aider à descendre de voiture. Qu'une de vous me prête aussi l'appui de sa main, afin que je quitte comme il faut le siège de ce char[5]*. Vous autres, placez-vous à la tête de l'attelage, car l'œil du cheval est ombrageux si on ne le rassure[6]*. Et voici un enfant, le fils d'Agamemnon, Oreste : prenez-le, car il est encore bien jeune. Mon petit, dors-tu, assoupi par le mouvement du char? Réveille-toi, pour l'hymen de ta sœur, sois heureux : noble toi-même, tu vas devenir parent d'un grand seigneur, le fils pareil aux dieux de la Néréide. Pose-toi ici, tout contre ma jambe, mon enfant[7]* ; toi, Iphigénie, approche de ta mère pour offrir à ces étrangères, debout à mon côté, le spectacle de mon bonheur. Mais voici ton père chéri : va le saluer.

Entre Agamemnon.

Iphigénie. — Ma mère, je veux te devancer — ne

1. Ces vers sont particulièrement rudes dans l'expression (601-602) et peu corrects de mètre (603).

2. La tirade de Clytemnestre est aussi considérée par Page comme une interpolation *spectaculi causa*. Elle est cependant relativement ancienne, puisque la scène figure sur les bols à reliefs (IIIe-IIe siècles). L'expression est ici nettement meilleure que dans les vers précédents. Cette arrivée en char de Clytemnestre et d'Iphigénie rappelle celle d'Agamemnon et de Cassandre chez Eschyle : les deux jeunes filles sont pareillement promises à une mort toute proche.

3. νυμφαγωγός n'est attesté que tardivement. Le rôle de Clytemnestre dans les noces de sa fille est en tout cas conforme aux usages grecs (voir 458 ; 732 ; 734 ; *Alc.* 317 ; *Phén.* 344-346).

ξεῖναι ξείναις παρέχωμεν.

ΚΛΥΤΑΙΜΗΣΤΡΑ

Ὄρνιθα μὲν τόνδ' αἴσιον ποιούμεθα,
τὸ σόν τε χρηστὸν καὶ λόγων εὐφημίαν·
ἐλπίδα δ' ἔχω τιν' ὡς ἐπ' ἐσθλοῖσιν γάμοις
πάρειμι νυμφαγωγός. Ἀλλ' ὀχημάτων
ἔξω πορεύεθ' ἃς φέρω φερνὰς κόρῃ,
καὶ πέμπετ' εἰς μέλαθρον εὐλαβούμενοι.
Σὺ δ', ὦ τέκνον μοι, λεῖπε πωλικοὺς ὄχους,
ἁβρὸν τιθεῖσα κῶλον ἀσθενές θ' ἅμα.
Ὑμεῖς δὲ νεάνιδές νιν ἀγκάλαις ἔπι
δέξασθε καὶ πορεύσατ' ἐξ ὀχημάτων.
Κἀμοὶ χερός τις ἐνδότω στηρίγματα,
θάκους ἀπήνης ὡς ἂν ἐκλίπω καλῶς.
Αἱ δ' εἰς τὸ πρόσθεν στῆτε πωλικῶν ζυγῶν·
φοβερὸν γὰρ ἀπαράμυθον ὄμμα πωλικόν·
καὶ παῖδα τόνδε, τὸν Ἀγαμέμνονος γόνον,
λάζυσθ' Ὀρέστην· ἔτι γάρ ἐστι νήπιος.
Τέκνον, καθεύδεις πωλικῷ δαμεὶς ὄχῳ;
ἔγειρ' ἀδελφῆς ἐφ' ὑμέναιον εὐτυχῶς·
ἀνδρὸς γὰρ ἀγαθοῦ κῆδος αὐτὸς ἐσθλὸς ὢν
λήψῃ, τὸ ⟨τῆς⟩ Νηρῇδος ἰσόθεον γένος.
Ἑξῆς κάθησο δεῦρό μου ποδός, τέκνον·
πρὸς μητέρ', Ἰφιγένεια, μακαρίαν δέ με
ξέναισι ταῖσδε πλησία σταθεῖσα θές.
Καὶ δεῦρο δὴ πατέρα πρόσειπε σὸν φίλον.

ΙΦΙΓΕΝΕΙΑ

Ὦ μῆτερ, ὑποδραμοῦσά σ', ὀργισθῇς δὲ μή,

606 ξείναις L²P² : ξένaις ut uid. P ξείναισι L || παρέ*χωμεν prim. L || **609** ἐσθλοῖσιν L² · -σι LP || **615** νεάνιδές νιν Pierson : νεανίδαισιν LP νεανίδεσσιν L² || **617** Κἀμοὶ Hermann : καί μοι LP || **623** καθεύδεις P³ : θακεύεις LP || **626** Νηρῇδος Portus : νηρηῖδος L νηρηίδος P νηρῃδος P² || **629** θές Camper : δός LP || **631** σ' LP : γ' L²P².

m'en veuille pas — et courir presser mon cœur contre le cœur de mon père.

Clytemnestre. — Époux très respecté, seigneur Agamemnon, nous voici, nous n'avons pas manqué à tes ordres.

Iphigénie. — Et moi, je veux, mon père, être la première à te serrer contre mon cœur, après si longtemps : je désire te regarder. (*A sa mère*) Ne m'en veuille pas[1*].

Clytemnestre. — Mais, ma fille, tu le dois : tu as toujours aimé ton père[2*] plus que les autres enfants que je lui ai donnés.

Iphigénie. — Mon père, quelle joie de te revoir après si longtemps[3*] !

Agamemnon. — Et pour ton père aussi. Tu dis vrai pour nous deux.

Iphigénie. — Bonjour. Tu as eu raison de me faire venir auprès de toi, mon père.

Agamemnon. — Dois-je le dire ou non? Je ne sais, ma fille.

Iphigénie. — Ah! Comme ton regard est inquiet, quand tu es joyeux de me voir[4*] !

Agamemnon. — Un roi, un chef d'armée, a bien des soucis.

Iphigénie. — Sois à moi maintenant. Laisse-là tes tracas.

Agamemnon. — Mais je suis près de toi maintenant tout entier, je ne suis pas ailleurs.

Iphigénie. — Déride alors ton front et tends-moi un regard aimant.

Agamemnon. — Eh bien, je suis joyeux autant que je le peux de te voir, mon enfant.

Iphigénie. — Puis voilà que des larmes coulent de tes yeux!

Agamemnon. — C'est qu'une longue séparation nous attend.

Iphigénie. — Je ne saisis pas ce que tu veux dire, je ne saisis pas, mon père chéri[5*].

Agamemnon. — Plus tes paroles sont sensées, plus tu excites ma tristesse.

πρὸς στέρνα πατρὸς στέρνα τἀμὰ προσϐαλῶ.
ΚΛ. Ὦ σέϐας ἐμοὶ μέγιστον, Ἀγαμέμνων ἄναξ,
ἥκομεν, ἐφετμαῖς οὐκ ἀπιστοῦσαι σέθεν.
ΙΦ. Ἐγὼ δὲ βούλομαι τὰ σὰ στέρν', ὦ πάτερ,
ὑποδραμοῦσα προσϐαλεῖν διὰ χρόνου·
ποθῶ γὰρ ὄμμα δὴ σόν· ὀργισθῇς δὲ μή.
ΚΛ. Ἀλλ', ὦ τέκνον, χρή· φιλοπάτωρ δ' ἀεί ποτ' εἶ
μάλιστα παίδων τῷδ' ὅσους ἐγὼ 'τεκον.
ΙΦ. Ὦ πάτερ, ἐσεῖδόν σ' ἀσμένη πολλῷ χρόνῳ.
ΑΓ. Καὶ γὰρ πατὴρ σέ· τόδ' ἴσον ὑπὲρ ἀμφοῖν λέγεις.
ΙΦ. Χαῖρ'· εὖ δέ μ' ἀγαγὼν πρὸς σ' ἐποίησας, πάτερ.
ΑΓ. Οὐκ οἶδ' ὅπως φῶ τοῦτο καὶ μὴ φῶ, τέκνον.
ΙΦ. Ἔα·
ὡς οὐ βλέπεις εὔκηλον, ἄσμενός μ' ἰδών.
ΑΓ. Πόλλ' ἀνδρὶ βασιλεῖ καὶ στρατηλάτῃ μέλει.
ΙΦ. Παρ' ἐμοὶ γενοῦ νῦν, [καὶ] μὴ 'πὶ φροντίδας τρέπου.
ΑΓ. Ἀλλ' εἰμὶ παρὰ σοὶ νῦν ἅπας κοὐκ ἄλλοθι.
ΙΦ. Μέθες νυν ὀφρὺν ὄμμα τ' ἔκτεινον φίλον.
ΑΓ. Ἰδοὺ γέγηθά σ' ὡς γέγηθ' ὁρῶν, τέκνον.
ΙΦ. Κἄπειτα λείϐεις δάκρυ' ἀπ' ὀμμάτων σέθεν;
ΑΓ. Μακρὰ γὰρ ἡμῖν ἡ 'πιοῦσ' ἀπουσία.
ΙΦ. Οὐκ οἶδ' ὅ τι φῄς, οὐκ οἶδα, φίλτατ' ὦ πάτερ.
ΑΓ. Συνετὰ λέγουσα μᾶλλον εἰς οἶκτόν μ' ἄγεις.

633-634 cf. Enn., *Iph.*, fr 237-238 Warm. (Cic., *ad Att.* XIII, 47, 1), quod tamen non retinet Jocelyn.

632 προσϐαλῶ Porson : περι- LP ‖ **637** δὴ L^2P^2 s. l. : om. LP ‖ ὀργισθεὶς P corr. P^3 ‖ **638-639** ΚΛ. Porson : Ἀγ. LP ‖ **638** χρῶ P^2 ‖ **639** τῷδ' Bothe : τῶνδ' LP ‖ 'τεκον P^3 : τέκον L τέκνον ut uid. P ‖ **642** δέ μ' LP^2 : δ' ἐμ' P ‖ προσεποί- P corr. P^3 ‖ **644-677** notas personarum add. P^2 paragraphos habent LP ‖ **644** εὔκηλον L : μ' εὔκ. P ἕκηλον Blomfield ‖ **645** στρατηλάτῃ P^3 : -λάτει LP ‖ **646** Παρ' ἐμοὶ L : παρ' ἐμοῦ P πρὸς ἐμοῦ P^3 ‖ καὶ del. Barnes ‖ φροντίδα P corr. P^2 ‖ **647** εἰμὶ P^3 : εἶμι LP ‖ **648** νυν L^2P^2 : νῦν LP νυν δὴ P^3 ‖ **649** γέγηθά σ' ὡς γέγηθ' Musgrave : γέγηθ' ἕως γέγηθά σ' LP ‖ **652** ὦ Heath : ἐμοὶ LP ‖ **653** εἰς οἶκτόν μ' L^2P^3 : μ' εἰς οἶ. LP.

Iphigénie. — J'en dirai alors de folles, si je peux t'égayer.

Agamemnon. — Hélas, je n'ai plus la force de me taire. C'est bien, ma fille.

Iphigénie. — Reste à la maison, père, auprès de tes enfants.

Agamemnon. — Je le voudrais. Mais je ne puis ce que je veux et j'en souffre.

Iphigénie. — Périssent les armes, et les malheurs de Ménélas !

Agamemnon. — D'autres en périront, mais ils m'ont déjà perdu[1*].

Iphigénie. — Que de temps tu es resté au loin, au fond de ce golfe d'Aulis !

Agamemnon. — Maintenant encore, quelque chose me retient de mettre l'armée en route.

Iphigénie. — Où dit-on, mon père, que vivent les Phrygiens[2*] ?

Agamemnon. — Là où jamais n'aurait dû vivre Pâris, fils de Priam.

Iphigénie. — Feras-tu une longue traversée, mon père, après m'avoir quittée?

Agamemnon. — Te voilà rendue, ma fille, au même point que ton père[3*].

Iphigénie. — Ah ! s'il nous était permis à tous deux que je passe avec toi !

Agamemnon. — Un passage t'attend, toi aussi, et tu te souviendras de ton père.

Iphigénie. — Serai-je avec ma mère, ou voyagerai-je seule?

Agamemnon. — Seule, séparée de ton père et de ta mère.

Iphigénie. — Ne voudrais-tu pas m'établir dans une autre maison, mon père[4*] ?

Agamemnon. — Laisse-moi. Ce sont choses que les jeunes filles ne doivent pas savoir.

Iphigénie. — Hâte-toi de me revenir de Phrygie, mon père, tout bien réglé là-bas.

Agamemnon. — Il est un sacrifice qu'il me faut d'abord accomplir ici-même.

Iphigénie. — Eh bien, en sacrifiant, il faut examiner ce que veulent les dieux[5*].

Agamemnon. — Tu le sauras toi-même. Car ta place sera tout près de l'eau lustrale.

Iphigénie. — Est-ce donc autour de l'autel, mon père, que nous formerons nos chœurs?

ΙΦ. Ἀσύνετά νυν ἐροῦμεν, εἰ σέ γ᾽ εὐφρανῶ.
ΑΓ. Παπαῖ, τὸ σιγᾶν οὐ σθένω· σὲ δ᾽ ᾔνεσα.
ΙΦ. Μέν᾽, ὦ πάτερ, κατ᾽ οἶκον ἐπὶ τέκνοις σέθεν.
ΑΓ. Θέλω γε· τὸ θέλειν δ᾽ οὐκ ἔχων ἀλγύνομαι.
ΙΦ. Ὄλοιντο λόγχαι καὶ τὰ Μενέλεω κακά.
ΑΓ. Ἄλλους ὀλεῖ πρόσθ᾽, ἁμὲ διολέσαντ᾽ ἔχει.
ΙΦ. Ὡς πολὺν ἀπῆσθα χρόνον ἐν Αὐλίδος μυχοῖς.
ΑΓ. Καὶ νῦν γέ μ᾽ ἴσχει δή τι μὴ στέλλειν στράτον.
ΙΦ. Ποῦ τοὺς Φρύγας λέγουσιν ᾠκίσθαι, πάτερ;
ΑΓ. Οὗ μήποτ᾽ οἰκεῖν ὤφελ᾽ ὁ Πριάμου Πάρις.
ΙΦ. Μακρὰν ἀπαίρεις, ὦ πάτερ, λιπὼν ἐμέ;
ΑΓ. Εἰς ταὐτόν, ὦ θύγατερ, ⟨ἐφ⟩ήκεις σῷ πατρί.
ΙΦ. Φεῦ·
εἴθ᾽ ἦν καλόν μοι σοί τ᾽ ἄγειν σύμπλουν ἐμέ.
ΑΓ. Ἔτ᾽ ἔστι καὶ σοὶ πλοῦς, ἵνα μνήσῃ πατρός.
ΙΦ. Σὺν μητρὶ πλεύσασ᾽ ἢ μόνη πορεύσομαι;
ΑΓ. Μόνη, μονωθεῖσ᾽ ἀπὸ πατρὸς καὶ μητέρος.
ΙΦ. Οὔ πού μ᾽ ἐς ἄλλα δώματ᾽ οἰκίζεις, πάτερ;
ΑΓ. Ἔα γέ μ᾽· οὐ χρὴ τοιάδ᾽ εἰδέναι κόρας.
ΙΦ. Σπεῦδ᾽ ἐκ Φρυγῶν μοι, θέμενος εὖ τἀκεῖ, πάτερ.
ΑΓ. Θῦσαί με θυσίαν πρῶτα δεῖ τιν᾽ ἐνθάδε.
ΙΦ. Ἀλλὰ ξὺν ἱεροῖς χρὴ τό γ᾽ εὐσεβὲς σκοπεῖν.
ΑΓ. Εἴσει σύ· χερνίβων γὰρ ἑστήξῃ πέλας.
ΙΦ. Στήσομεν ἄρ᾽ ἀμφὶ βωμόν, ὦ πάτερ, χορούς;

654 νυν Markland : νῦν L μὲν P μέν γ᾽ P³ || **655** Παπαῖ edd. : παπαὶ LP || **659** πρόσθ᾽, ἁμὲ Porson : πρόσθ᾽ ἅ με P πρόσθεν ἅ με LP² || **660** ἀπῆλθα P corr. P² || **662** ᾠκίσθαι Porson : ὠκῆσθαι LP || **664** μακράν γ᾽ L² || **665** ἐφήκεις Parmentier : ἥκεις LP || **666** εἴθ᾽ LP² : εἰσθ᾽ uel εἰ δ᾽ P || **667** Ἔτ᾽ ἔστι Porson : αἰτεῖς τι; L² αἰτεῖς τι P || ἔσται supra πλοῦς scr. P² || ὑπομνήσῃ L² || **669** μονοθεῖσ᾽ P corr. P³ || **670** Οὔ πού Markland : οὔ· ποῦ L οὗ ποῦ P ἢ που P³ || ἐς L²P³ : εἰς LP || **671** γέ μ᾽ nos : γε LP γέ τ᾽ P² || τοιάδ᾽ Markland : τοι τάδ᾽ LP || **674** τό γ᾽ L : τόδ᾽ P || **675** εἴσει edd. : εἴσῃ LP³ εἴσῃ P.

Agamemnon. — Je t'envie : tu as plus de chance que moi de n'être au courant de rien. Mais rentre dans cette tente (il est déplaisant pour des jeunes filles de se laisser voir) après m'avoir donné un baiser et ta main, car tu vas si longtemps être loin de ton père[1*] !

O gorge, ô joues, ô blonds cheveux[2*] ! Quel poids sur nos épaules que la ville des Phrygiens et Hélène ! Je m'arrête, car soudain les larmes jaillissent de mes yeux pour t'avoir caressée. Rentre donc.

Iphigénie sort.

Pour toi, fille de Léda, pardonne-moi si j'ai outré mes plaintes à la veille de donner ma fille à Achille. Cette séparation est sans doute un bonheur, mais aussi un déchirement pour les parents : c'est l'instant où un père livre à un autre foyer un enfant, objet de tant de soins.

Clytemnestre. — Je ne suis pas si sotte : crois bien que j'éprouverai moi-même ces sentiments — je ne puis donc te les reprocher — quand j'escorterai ma fille aux sons de l'hyménée. Mais c'est la loi commune et le temps, lui aussi, allégera notre peine[3*]. Donc, je sais le nom de l'homme à qui tu as promis notre fille ; mais quelle est sa famille, son pays? Je désire l'apprendre.

Agamemnon. — Asopos devint père d'une fille, Égine[4*].

Clytemnestre. — Quel dieu ou quel mortel en fit sa femme?

Agamemnon. — Zeus. Il engendra Éaque, souverain d'Oenoné[5*].

Clytemnestre. — Quel fut le fils qui régna sur la demeure d'Éaque?

Agamemnon. — Pélée, et Pélée épousa la fille de Nérée.

Clytemnestre. — La reçut-il d'un dieu, ou la prit-il en dépit des dieux?

Agamemnon. — C'est Zeus qui la fiança et celui dont elle dépendait l'accorda.

Clytemnestre. — Mais où se firent les noces? Dans le sein de la mer?

ΑΓ. Ζηλῶ σὲ μᾶλλον ἢ 'μὲ τοῦ μηδὲν φρονεῖν.
Χώρει δὲ μελάθρων ἐντός — ὀφθῆναι κόραις
πικρόν — φίλημα δοῦσα δεξιάν τέ μοι,
μέλλουσα δαρὸν πατρὸς ἀποικήσειν χρόνον.
Ὦ στέρνα καὶ παρῇδες, ὦ ξανθαὶ κόμαι,
ὡς ἄχθος ἡμῖν ἐγένεθ' ἡ Φρυγῶν πόλις
Ἑλένη τε. Παύω τοὺς λόγους · ταχεῖα γὰρ
νοτὶς διαίσσει μ' ὀμμάτων ψαύσαντά σου.
Ἴθ' εἰς μέλαθρα.
Σὲ δὲ παραιτοῦμαι τάδε,
Λήδας γένεθλον, εἰ κατῳκτίσθην ἄγαν,
μέλλων Ἀχιλλεῖ θυγατέρ' ἐκδώσειν ἐμήν.
Ἀποστολαὶ γὰρ μακάριαι μέν, ἀλλ' ὅμως
δάκνουσι τοὺς τεκόντας, ὅταν ἄλλοις δόμοις
παῖδας παραδιδῷ πολλὰ μοχθήσας πατήρ.
ΚΛ. Οὐχ ὧδ' ἀσύνετός εἰμι, πείσεσθαι δέ με
καὐτὴν δόκει τάδ', ὥστε μή σε νουθετεῖν,
ὅταν σὺν ὑμεναίοισιν ἐξάγω κόρην ·
ἀλλ' ὁ νόμος αὐτὰ τῷ χρόνῳ συνισχνανεῖ.
Τοὔνομα μὲν οὖν παῖδ' οἶδ' ὅτῳ κατῄνεσας,
γένους δὲ ποίου χὠπόθεν μαθεῖν θέλω.
ΑΓ. Αἴγινα θυγάτηρ ἐγένετ' Ἀσωποῦ πατρός.
ΚΛ. Ταύτην δὲ θνητῶν ἢ θεῶν ἔζευξε τίς;
ΑΓ. Ζεύς · Αἰακὸν δ' ἔφυσεν, Οἰνώνης πρόμον.
ΚΛ. Τοῦ δ' Αἰακοῦ παῖς τίς κατέσχε δώματα;
ΑΓ. Πηλεύς · ὁ Πηλεὺς δ' ἔσχε Νηρέως κόρην.
ΚΛ. Θεοῦ διδόντος, ἢ βίᾳ θεῶν λαβών;
ΑΓ. Ζεὺς ἠγγύησε, καὶ δίδωσ' ὁ κύριος.
ΚΛ. Γαμεῖ δὲ ποῦ νιν; ἦ κατ' οἶδμα πόντιον;

Test. **701** Philetairos, *Achilles*, fr. 4, 1 Edm.

677 ἢ 'μὲ P[3] : ἤ με LP ‖ **679** τέ μοι Matthiae : τ' ἐμοὶ LP ‖ **681** παρῇδες Barnes : παρηίδες LP ‖ **684** διαίσσει England : διώκει LP ‖ **686** ἄταν P corr. P[3] ‖ **694** συνισχνανεῖ Heath : -ισχάνει P[2] -ανίσχει LP -ανίσχεται L[2] ‖ **697** ἐγένατ' P ‖ **700** Τοῦ LP : Τὰ Elmsley ‖ **701-788** paragr. praem. LP ‖ **704** ἦ Barnes : ἢ LP.

Agamemnon. — Au séjour de Chiron, sur les assises saintes du Pélion.

Clytemnestre. — C'est, dit-on, l'habitat du peuple des Centaures?

Agamemnon. — Oui, c'est là que les dieux festoyèrent aux noces de Pélée[1]*.

Clytemnestre. — Achille fut-il élevé par Thétis ou par son père?

Agamemnon. — Par Chiron, afin qu'il n'apprît point les façons des mortels pervers.

Clytemnestre. — Ah ! sage est l'éducateur, plus sage encore celui qui lui remit l'enfant[2]*.

Agamemnon. — Voilà l'homme qui sera le mari de ta fille.

Clytemnestre. — Il est sans reproche. Quelle ville de l'Hellade habite-t-il?

Agamemnon. — Au bord du fleuve Apidanos, dans le terroir de Phthie[3]*.

Clytemnestre. — Est-ce là-bas qu'il emmènera notre fille?

Agamemnon. — C'est l'affaire de celui qui va devenir son maître[4]*.

Clytemnestre. — Enfin, qu'ils soient heureux ! Quel jour est le mariage?

Agamemnon. — Lorsque luira l'orbe propice de la pleine lune[5]*.

Clytemnestre. — As-tu déjà offert à la déesse le sacrifice préparatoire en faveur de notre fille?

Agamemnon. — Je vais le faire : c'est juste la situation où je me trouve.

Clytemnestre. — Et puis donneras-tu par la suite le festin nuptial?

Agamemnon. — Oui, quand j'aurai sacrifié aux dieux la victime dont je leur dois le sacrifice.

Clytemnestre. — Et moi, où offrirai-je le banquet pour les femmes?

Agamemnon. — Ici près des navires argiens aux belles poupes.

Clytemnestre. — Soit : la nécessité le veut. Mais que tout se passe bien !

Agamemnon. — Or donc, sais-tu ce que tu dois faire, femme[6]*? Suis mon avis.

Clytemnestre. — Que ferai-je? J'ai l'habitude de suivre tes avis.

ΑΓ. Χείρων ἵν' οἰκεῖ σεμνὰ Πηλίου βάθρα.
ΚΛ. Οὗ φασι Κενταύρειον ᾠκίσθαι γένος ;
ΑΓ. Ἐνταῦθ' ἔδαισαν Πηλέως γάμους θεοί.
ΚΛ. Θέτις δ' ἔθρεψεν ἢ πατὴρ Ἀχιλλέα ;
ΑΓ. Χείρων, ἵν' ἤθη μὴ μάθοι κακῶν βροτῶν.
ΚΛ. Φεῦ ·
σοφός γ' ὁ θρέψας χὠ διδοὺς σοφώτερος.
ΑΓ. Τοιόσδε παιδὸς σῆς ἀνὴρ ἔσται πόσις.
ΚΛ. Οὐ μεμπτός. Οἰκεῖ δ' ἄστυ ποῖον Ἑλλάδος ;
ΑΓ. Ἀπιδανὸν ἀμφὶ ποταμὸν ἐν Φθίας ὅροις.
ΚΛ. Ἐκεῖσ' ἀπάξει σὴν ἐμήν τε παρθένον ;
ΑΓ. Κείνῳ μελήσει ταῦτα τῷ κεκτημένῳ.
ΚΛ. Ἀλλ' εὐτυχοίτην. Τίνι δ' ἐν ἡμέρᾳ γαμεῖ ;
ΑΓ. Ὅταν σελήνης εὐτυχὴς ἔλθῃ κύκλος.
ΚΛ. Προτέλεια δ' ἤδη παιδὸς ἔσφαξας θεᾷ ;
ΑΓ. Μέλλω · 'πὶ ταύτῃ καὶ καθέσταμεν τύχῃ.
ΚΛ. Κἄπειτα δαίσεις τοὺς γάμους ἐς ὕστερον ;
ΑΓ. Θύσας γε θύμαθ' ἁμὲ χρὴ θῦσαι θεοῖς.
ΚΛ. Ἡμεῖς δὲ θοίνην ποῦ γυναιξὶ θήσομεν ;
ΑΓ. Ἐνθάδε παρ' εὐπρύμνοισιν Ἀργείων πλάταις.
ΚΛ. Καλῶς ἀναγκαίως τε · συνενέγκαι δ' ὅμως.
ΑΓ. Οἶσθ' οὖν ὃ δρᾶσον, ὦ γύναι ; πιθοῦ δέ μοι.
ΚΛ. Τί χρῆμα ; πείθεσθαι γὰρ εἴθισμαι σέθεν.

705 Πηλίου Canter : πηλείου LP || **706** ᾠκίσθαι Porson : οἰκεῖ- LP || **709** μάθοι Musgrave : μάθῃ LP || **716** εὐτυχοίτην Portus : -χείτην LP || **719** 'πὶ L : ἐπὶ P γ' ἐπὶ P[3] || **720** ἐς L[2]P[2] : εἰς LP || **721** ἁμὲ χρὴ Porson : ἅ μ' ἐχρῆν LP ἅπερ μ' ἐχρῆν L[2]P[2] || **724** καλῶς δ' P || συνενέγκαι Markland : -ένεγκαι LP -ενέγκοι L. Dindorf || **726** εἴθισμαι LP : εἴθισμ' ἐκ L[2].

AGAMEMNON. — Moi-même, en ce lieu où se trouve le fiancé...

CLYTEMNESTRE. — Comment, sans la mère, accomplirez-vous ce qui me revient?

AGAMEMNON. — je donnerai ta fille en mariage, avec l'aide des Danaens.

CLYTEMNESTRE. — Et moi, où devrai-je me trouver en cet instant?

AGAMEMNON. — Rentre en Argos et veille sur tes filles.

CLYTEMNESTRE. — Que je laisse mon enfant! Qui tiendra le flambeau?

AGAMEMNON. — Moi : je donnerai la lumière rituelle aux époux.

CLYTEMNESTRE. — Tel n'est pas l'usage, même si tu en fais peu de cas[1*].

AGAMEMNON. — Il ne sied pas que tu te mêles à la foule des soldats.

CLYTEMNESTRE. — Il sied qu'après l'avoir mise au monde, je remette mon enfant à son époux.

AGAMEMNON. — Tes filles ne doivent pas non plus rester seules au logis.

CLYTEMNESTRE. — Dans leurs appartements bien clos, elles sont sous bonne garde.

AGAMEMNON. — Obéis.

CLYTEMNESTRE. — Non, par la déesse souveraine d'Argos. A toi d'aller régler les affaires du dehors. A moi celles de la maison, et ce qui concerne fiancés ou jeunes filles[2*].

Elle sort.

AGAMEMNON. — Malheur! vains efforts, espoirs déçus; je voulais éloigner ma femme de mes yeux. J'ai beau m'ingénier, inventer des ruses pour ce que j'ai de plus cher, je suis vaincu sur tous les points. Cependant, avec le grand-prêtre Calchas, je vais m'informer des vœux de la déesse, qui sont loin de faire mon bonheur et affligent la Grèce[3*]. A son foyer, le sage doit entretenir une femme vertueuse et bonne, ou ne pas se marier[4*].

ΑΓ. Ἡμεῖς μὲν ἐνθάδ', οὗπέρ ἐσθ' ὁ νυμφίος...
ΚΛ. Μητρὸς τί χωρὶς δράσεθ', ἁμὲ δρᾶν χρεών;
ΑΓ. ἐκδώσομεν σὴν παῖδα Δαναϊδῶν μέτα.
ΚΛ. Ἡμᾶς δὲ ποῦ χρὴ τηνικαῦτα τυγχάνειν;
ΑΓ. Χώρει πρὸς Ἄργος παρθένους τε τημέλει.
ΚΛ. Λιποῦσα παῖδα; τίς δ' ἀνασχήσει φλόγα;
ΑΓ. Ἐγὼ παρέξω φῶς ὃ νυμφίοις πρέπει.
ΚΛ. Οὐχ ὁ νόμος οὗτος, κεἰ σὺ φαῦλ' ἡγεῖ τάδε.
ΑΓ. Οὐ καλὸν ἐν ὄχλῳ σ' ἐξομιλεῖσθαι στρατοῦ.
ΚΛ. Καλὸν τεκοῦσαν τἀμά μ' ἐκδοῦναι τέκνα.
ΑΓ. Καὶ τάς γ' ἐν οἴκῳ μὴ μόνας εἶναι κόρας.
ΚΛ. Ὀχυροῖσι παρθενῶσι φρουροῦνται καλῶς.
ΑΓ. Πιθοῦ.
ΚΛ. Μὰ τὴν ἄνασσαν Ἀργείαν θεάν.
Ἐλθὼν δὲ τἄξω πρᾶσσε, τἀν δόμοις δ' ἐγώ,
ἃ χρὴ παρεῖναι νυμφίοις ἢ παρθένοις.
ΑΓ. Οἴμοι· μάτην ᾖξ', ἐλπίδος δ' ἀπεσφάλην,
ἐξ ὀμμάτων δάμαρτ' ἀποστεῖλαι θέλων.
Σοφίζομαι δὲ κἀπὶ τοῖσι φιλτάτοις
τέχνας πορίζω, πανταχῇ νικώμενος.
Ὅμως δὲ σὺν Κάλχαντι τῷ θυηπόλῳ
κοινῇ τὸ τῆς θεοῦ φίλον, ἐμοὶ δ' οὐκ εὐτυχές,
ἐξιστορήσων εἶμι, μόχθον Ἑλλάδος.
Χρὴ δ' ἐν δόμοισιν ἄνδρα τὸν σοφὸν τρέφειν
γυναῖκα χρηστὴν κἀγαθήν, ἢ μὴ γαμεῖν.

Test. **731** Phrynichus, *praep. soph.*, p. 114 Borries || **737** cf. Enn., *Iph.*, fr. CII, etsi huc non respicere putat Jocelyn.

727 bis scrips. P alt. del. P[3] || **728** ἁμὲ Markland : ἅμε LP[2] ἂν με P[3] || **731** ἄργους P corr. P[2] || τημέλει LP : -λη Phryn. || **734** κεἰ σὺ... ἡγεῖ Weil : σὺ δὲ... ἡγῇ LP || **736** μ' Markland : γ' LP || **739** οὐ supra μὰ scr. L[2] || **740** δὲ P et ut uid. L : γε L[2] || **741** νυμφίοις ἢ Nauck : νυμφίοισι LP totum u. damn. post Monk edd. complures || **742** ᾖξ' P[3] : ᾖξα LP || **743** θέλω P corr. P[3] || **745-749** Π[3] || **747** κοινῇ del. L[2] || φίλον LP Π[3] : γ' add. L[2]P[2] || **748** μόχθων P corr. P[3] || **750** γαμεῖν Hermann : τρέφειν LP.

Agamemnon sort à son tour.

LE CHŒUR[1]. — *Elle atteindra donc le Simoïs et ses remous argentés, l'armée des Grecs réunis. Ses navires et ses armes gagneront Ilion et la Troade, terre de Phoïbos*[2]. *Là j'entends dire que Cassandre agite ses tresses blondes, parée d'une verdoyante couronne de laurier, quand elle subit le souffle impérieux du dieu prophétique*[3].

Postés sur les bastions de Troie et autour des remparts se tiendront les Troyens, lorsque les forces d'Arès aux boucliers d'airain, voguant sur les navires aux bonnes proues, s'approcheront à force de rames du lit de Simoïs[4]*. *C'est la sœur des deux Dioscures, habitants de l'éther*[5]*, *Hélène, qu'elles veulent reprendre à Priam pour la ramener en terre hellénique, grâce aux exploits du bouclier et de la lance achéenne*[6]*.

Arès encerclera Pergame, cité des Phrygiens, et ses remparts de pierre de ses lances avides de sang ; il tranchera les

1. Dans ce second *stasimon*, le Chœur anticipe sur le débarquement des Achéens en Troade, sur la prise de la ville et la réduction en esclavage des Troyennes. L'attribution à Euripide en a été contestée, surtout pour l'épode (773-800). Parmi les raisons avancées, il faut écarter les arguments tirés des nombreux rapprochements d'expressions avec des pièces plus anciennes : ils étaient naturels, puisque les thèmes esquissés ici formaient le sujet de pièces comme *Hécube* et les *Troyennes*, ou *Hélène*. Pour le mouvement des premiers vers, on rapprochera *Tr.* 1060 : Οὕτω δὴ τὸν ἐν 'Ιλίῳ νάον... et pour l'expression, *Ion* 95-96 : τᾶς Κασταλίας ἀργυροειδεῖς βαίνετε δίνας.

2. Phoïbos est un des dieux protecteurs de Troie, dont avec Poséidon il a bâti les murailles (*Tr.* 4-6 ; *Hél.* 1510-1511).

3. Le nom de Phoïbos mène naturellement à celui de Cassandre, qui lui devait son don prophétique et qui avait annoncé en vain les malheurs de sa patrie (*And.* 296-300). L'évocation de celle-ci s'inspire de l'art figuré contemporain, peinture et sculpture. Dans les *Troyennes* (307 ; 341-342), la possession divine se manifeste chez Cassandre par une danse de caractère bacchique ; cf. aussi *Bacch.* 150 : τρυφερὸν... πλόκαμον εἰς αἰθέρα ῥίπτων.

ΧΟ. Ἥξει δὴ Σιμόεντα καὶ Str.
δίνας ἀργυροειδεῖς
ἄγυρις Ἑλλάνων στρατιᾶς
ἀνά τε ναυσὶν καὶ σὺν ὅπλοις
Ἴλιον ἐς τὸ Τροίας
Φοιβήιον δάπεδον,
τὰν Κασάνδραν ἵν' ἀκούω
ῥίπτειν ξανθοὺς πλοκάμους
χλωροκόμῳ στεφάνῳ δάφνας
κοσμηθεῖσαν, ὅταν θεοῦ
μαντόσυνοι πνεύσωσ' ἀνάγκαι.

Στάσονται δ' ἐπὶ Περγάμων Ant.
Τροίας ἀμφί τε τείχη
Τρῶες, ὅταν χάλκασπις Ἄρης
πόντιος εὐπρῴροιο πλάτας
εἰρεσίᾳ πελάζῃ
Σιμουντίοις ὀχετοῖς,
τὰν τῶν ἐν αἰθέρι δισσῶν
Διοσκούρων Ἑλέναν
ἐκ Πριάμου κομίσαι θέλων
εἰς γᾶν Ἑλλάδα δοριπόνοις
ἀσπίσι καὶ λόγχαις Ἀχαιῶν.

Πέργαμον δὲ Φρυγῶν πόλιν Ep.
λαΐνους περὶ πύργους
κυκλώσας δόρει φονίῳ,
λαιμοτόμους σπάσας κεφαλάς,
[πόλισμα Τροίας]

753 ἄγυρης P corr. P[3] || **754** σὺν supra ἄνα scr. L[2] || ναυσὶ L || **755** ἐς P[2] : εἰς LP || **760** κοσμηθῆσαν prim. P || **761** παντόσυνοι P || **763** τύχη prim. L || **765** εὐπρῴροιο πλάτας Wecklein : εὐπρώροισι (-ροις L[2]) πλάταις LP || **767** Σιμουντίοις P : -τείσις L || **774** λαΐνους LP : -αι- supra -ν- (uelut λαϊναίους pro λαϊνέους) L[2] || **775** δόρει Weil : ἄρει L[2]P ἄρω L || φοινίῳ P[3] || **776-777** σπάσας κεφαλάς Weil : κεφ. σπ. LP || πόλισμα Τροίας del Monk.

gorges et arrachera les têtes, il ravagera la ville de fond en comble.

Il fera verser des larmes aux jeunes filles et à l'épouse de Priam ; et la fille de Zeus, Hélène, versera elle aussi bien des larmes pour avoir trahi son mari[1].

Ni moi, ni les enfants de mes enfants, puissions-nous ne jamais connaître une attente comme celle des Lydiennes couvertes d'or et des compagnes des Phrygiens! Devant leur métier,

elles se diront l'une à l'autre[2] *: « Qui donc me traînera par mes belles tresses en m'arrachant des larmes, qui m'enlèvera dans ma fleur à ma patrie en ruines*[3]* *? ». C'est à cause de toi, fille d'un cygne au long col,*

si du moins ce récit est vrai que Léda te conçut d'un oiseau ailé, lorsque Zeus en eut pris la forme[4]*. *A moins que ces fables gravées sur les tablettes des Piérides n'aient seulement répandu de vaines croyances parmi les hommes*[5]*. »

Entre Achille.

Achille. — Où trouver ici le chef de l'armée achéenne?

1. Le texte et le sens des v. 773-783 font problème. Le sujet de la phrase est Ἄρης (764) et le tour Ἄρης... κυκλώσας... Ἄρει n'est guère admissible (malgré les parallèles cités par Paley, *Alc.* 49-50 et *Hér.* 866). Nous adoptons pour ces vers le texte de Weil (δόρει et inversion de κεφαλᾶς et σπάσας, en considérant avec beaucoup de critiques πόλισμα Τροίας comme une glose à πόλιν). Mais la répétition à deux vers de distance de l'adjectif πολύκλαυτος est suspecte, le futur dorien ἐσεῖται sans autre exemple dans la tragédie. Mentionnons pour ἐσεῖται les conjectures de Musgrave ἑδεῖται : *elle siégera*, et de Weil εἴσεται : *elle saura* (à ses dépens) *qu'elle a trahi son mari...*

2. De 784 à 792, le papyrus musical de Leyde apporte quelque secours. Il confirme le début de la période (Μήτ'... ἐμοῖσι) avec *scriptio plena*. Comparer 786 et *Bacch.* 13 : Λυδῶν τοὺς πολυχρύσους γύας. Le tour ἐλπίδα στήσειν est acceptable, Euripide employant ce verbe avec un sens très général (1036 ; *Or.* 1529 ; voir aussi Soph., *O. R.* 699). Une forme ionienne comme μυθεῦσαι (de μυθέω pour μυθεύω) n'est pas sans exemple dans la tragédie (ὑμνεῦσαι, *Méd.* 422).

πέρσας κατ' ἄκρας πόλιν,
θήσει κόρας πολυκλαύτους
δάμαρτά τε Πριάμου.
Ἁ δὲ Διὸς Ἑλένα κόρα
πολύκλαυτος ἐσεῖται
πόσιν προλιποῦσα.
Μήτ' ἐμοὶ
  μήτ' ἐμοῖσι τέκνων τέκνοις
ἐλπὶς ἅδε ποτ' ἔλθοι,
οἵαν αἱ πολύχρυσοι
Λυδαὶ καὶ Φρυγῶν ἄλοχοι
στήσουσι παρ' ἱστοις,
μυθεῦσαι τάδ' ἐς ἀλλήλας·
τίς ἄρα μ' εὐπλοκάμου κόμας
ῥῦμα δακρύοεν τανύσας
πατρίδος ὀλομένας ἀπολωτιεῖ;
— διὰ σέ, τὰν κύκνου δολιχαύχενος γόνον,
εἰ δὴ φάτις ἔτυμος
ὡς ἔτεκεν Λήδα ⟨σ'⟩
  ὄρνιθι πταμένῳ
Διὸς ὅτ' ἠλλάχθη δέμας,
εἴτ' ἐν δέλτοις Πιερίσιν
μῦθοι τάδ' ἐς ἀνθρώπους
ἤνεγκαν παρὰ καιρὸν ἄλλως.

ΑΧΙΛΛΕΥΣ

Ποῦ τῶν 'Αχαιῶν ἐνθάδ' ὁ στρατηλάτης;

ante **779** et **790-791** scr. ὅρα P³ || **779** πολυκλαύτους Musurus : -κλαύστους LP || **782** πολύκλαυστος L corr. L² || ἐσεῖται LP quod corruptum uidetur || **784-792** Π² || **784**]ΤΕ ΕΜΟΙ ΜΗΤΕ ΕΜΟΙΣ Π² || τέκνοισιν L² | **786** πολύχρυσον Π² | **790** εὐπλοκάμου Mugrave : -κάμους LP | **791** ῥῦμα Hermann : ἔρυμα LP | δακρυόεν τανύσας LP : δακρυόεντ' ἀνύσας P³ ...]Σ ΓΑΣ pro τανύσας Π² | **792** πατρίδος LP : ΠΑΤ · ΡΙΑΣ Π² | ὀλομένας ut uid. (ΟΛΟ[) Π² : οὐλο- LP | **795-806** Π³ | **795** ἔτεκεν Λήδα σ' Elmsley : ἔτυχεν (-χε L) λήδα L²P | **796** ὄρνιθι πταμένῳ Scaliger : ὄρνιθ' ἱπτα- LP | **797** ἠλλάχθη Monk : ἀλλ- LP | **797-798** δέμ]ας σει[Π³ | **798** Πιερίσιν edd. : πιερισι LP² πιεροῖσι P.

Qui de ses serviteurs voudrait l'avertir que le fils de Pélée, Achille, le demande à la porte? Car l'attente aux bords de l'Euripe n'est pas égale pour tous[1] : certains d'entre nous, encore libres des liens du mariage, ont laissé leurs demeures désertes pour se rendre ici, où ils restent désœuvrés sur le rivage ; d'autres ont femmes et enfants : si fort est le désir qui a saisi la Grèce de mener cette campagne (les dieux y ont leur part)[2]! Il me faut donc faire valoir mes propres droits ; un autre, s'il le veut, plaidera pour lui-même. J'ai quitté le pays de Pharsale et Pélée, et j'attends devant l'Euripe et ses faibles risées. Je dois contenir les Myrmidons, qui ne cessent de me harceler, et me disent : « Achille, qu'attendons-nous? Combien de temps devrons-nous encore compter avant de partir pour Ilion? Agis, si tu dois agir ; sinon ramène l'armée dans ses foyers, sans plus te soumettre aux atermoiements des Atrides[3]* ».

Il se dirige vers la tente d'Agamemnon. Clytemnestre en sort.

Clytemnestre[4]*. — Fils de la divine Néréide, de l'intérieur je t'ai entendu parler et je suis sortie sur le seuil.

Achille. — Sainte pudeur, que vois-je! Quelle est donc cette femme d'une si noble beauté?

Clytemnestre. — Rien de surprenant à ce que tu ne me reconnaisses pas, tu ne m'avais pas encore rencontrée[5]*. Mais je te félicite de respecter la bienséance.

1. Ce vers a été parfois compris comme une interrogation : « L'attente n'est-elle pas égale...? ». Mais Achille insiste justement sur la situation différente de ceux qui ont déjà femmes et enfants et de ceux qui, comme lui, n'ont pas encore assuré la succession familiale.

2. Pour le thème des vers 808-809 voir *supra* 411 et la note. La forme 'Ελλάδ(α) de 809 fait difficulté avec ἐμπίπτω. Si l'on garde le texte reçu, il faut supposer que le verbe est ici construit avec l'accusatif, et non le datif, par analogie avec les verbes signifiant *s'approcher de* ou *atteindre*.

τίς ἂν φράσειε προσπόλων τὸν Πηλέως
ζητοῦντά νιν παῖδ' ἐν πύλαις 'Αχιλλέα;
Οὐκ ἐξ ἴσου γὰρ μένομεν Εὐρίπου πέλας·
οἳ μὲν γὰρ ἡμῶν ὄντες ἄζυγες γάμων
οἴκους ἐρήμους ἐκλιπόντες ἐνθάδε
θάσσουσ' ἐπ' ἀκταῖς, οἳ δ' ἔχοντες εὔνιδας
καὶ παῖδας· οὕτω δεινὸς ἐμπέπτωκ' ἔρως
τῆσδε στρατείας 'Ελλάδ' οὐκ ἄνευ θεῶν.
Τοὐμὸν μὲν οὖν δίκαιον ἐμὲ λέγειν χρεών·
ἄλλος δ' ὁ χρῄζων αὐτὸς ὑπὲρ αὑτοῦ φράσει.
Γῆν γὰρ λιπὼν Φάρσαλον ἠδὲ Πηλέα
μένω 'πὶ λεπταῖς ταισίδ' Εὐρίπου πνοαῖς,
Μυρμιδόνας ἴσχων· οἳ δ' ἀεὶ προσκείμενοι
λέγουσ'· « 'Αχιλλεῦ, τί μένομεν; πόσον χρόνον
ἔτ' ἐκμετρῆσαι χρὴ πρὸς 'Ιλίου στόλον;
Δρᾶ γ', εἴ τι δράσεις, ἢ ἄπαγ' οἴκαδε στρατόν,
τὰ τῶν 'Ατρειδῶν μὴ μένων μελλήματα.

ΚΛ. Ὦ παῖ θεᾶς Νηρῇδος, ἔνδοθεν λόγων
τῶν σῶν ἀκούσασ' ἐξέβην πρὸ δωμάτων.

ΑΧ. Ὦ πότνι' Αἰδώς, τήνδε τίνα λεύσσω ποτὲ
γυναῖκα μορφὴν εὐπρεπῆ κεκτημένην;

ΚΛ. Οὐ θαῦμά σ' ἡμᾶς ἀγνοεῖν, οἷς μὴ πάρος
προσῆκες· αἰνῶ δ' ὅτι σέβεις τὸ σωφρονεῖν.

802 τὸν L²P² Π³ : τῶν LP || **804** εὐρίππου P || πέλας Π³ Barnes : πύλας LP || **806** ἐρίμους P corr. P² || **807** ἀκταῖς Markland : ἀκτάς LP || **808** καὶ παῖδας Musgrave : ἄπαιδες LP || **809** στρατίας P corr. P² || 'Ελλάδ' ut uid. L, Scaliger : ἑλλάδι γ' L²P || **811** αὑτοῦ L : αὐ- P || **812** Φάρσαλον P² : φαρσάλιον LP || post hunc u. in fine columnae tres lineae uacuae in P || **813** ταισίδ' Blomfield : ταῖσδέ γ' LP || Εὐρίπου L² : -ππου LP || πνοαῖς LP : ῥοαῖς Markland fort. recte (cf. Ion Chius fr. 18, 1 N²) || **814** οἳ δ' Monk : οἵ μ' LP || **815** πόσον ex apogr. Monk : ποῖον LP || **816** 'Ιλίου LP : ἴλιον L²P² || **817** Δρᾶ γ' P² : δρᾶ LP || ἄπαγ' LP : 'πάγ' P³ || **818** μελήματα P³ || **819-820** Π³ || **819** Νηρῇδος L²P³ : νηρηΐδος LP || **823-853** lineolae praem. in L || **823** οἷς Nauck : οὓς LP || **824** προσῆκες Nauck : προσέβης LP² προσέβης ἂν L²P κατεῖδες P³ γρ.

ACHILLE. — Qui es-tu? Pourquoi es-tu venue dans cette assemblée des Grecs, une femme parmi des guerriers bardés de boucliers.

CLYTEMNESTRE. — Je suis fille de Léda, Clytemnestre est mon nom, mon époux est le roi Agamemnon.

ACHILLE. — Ta réponse, quoique brève, dit bien l'essentiel. Mais il est malséant pour moi de m'entretenir avec une femme.

CLYTEMNESTRE. — Reste. Pourquoi t'enfuir? Unis ta main droite à la mienne, en gage d'une heureuse union.

ACHILLE. — Que dis-tu? Ma main dans la tienne! Je rougirais devant Agamemnon de toucher ce qui ne m'est pas permis[1*].

CLYTEMNESTRE. — Pleinement permis, puisque tu épouses ma fille, fils de la Néréide déesse des mers.

ACHILLE. — De quelles noces parles-tu? Je reste sans paroles, femme[2*] ; serait-ce quelque délire qui te dicte ces paroles inouïes?

CLYTEMNESTRE. — Il est naturel qu'on montre toujours de la réserve en face de nouveaux parents, surtout s'ils évoquent un mariage.

ACHILLE. — Jamais je n'ai recherché ta fille, femme, et les Atrides ne m'ont pas dit un mot de ces noces.

CLYTEMNESTRE. — Que signifie cela? Tu peux, à ton tour, être surpris de mes paroles, car les tiennes ne me surprennent pas moins.

ACHILLE. — Réfléchis : c'est notre intérêt commun de réfléchir à cela ; car il n'y a guère de chance que nos paroles à l'un et à l'autre soient mensongères.

CLYTEMNESTRE. — Mais aurais-je été atrocement traitée[3*]? Je brigue un mariage imaginaire, à ce qu'il semble. J'en rougis!

ACHILLE. — Peut-être a-t-on voulu nous mystifier tous deux. Mais ne t'en soucie pas, et n'en fais aucun cas.

CLYTEMNESTRE. — Adieu. Je ne peux plus te regarder en face car je t'ai menti et j'ai été indignement traitée!

ΑΧ. Τίς δ' εἶ; τί δ' ἦλθες Δαναϊδῶν εἰς σύλλογον,
γυνὴ πρὸς ἄνδρας ἀσπίσιν πεφραγμένους;
ΚΛ. Λήδας μέν εἰμι παῖς, Κλυταιμήστρα δέ μοι
ὄνομα, πόσις δέ μοὐστὶν Ἀγαμέμνων ἄναξ.
ΑΧ. Καλῶς ἔλεξας ἐν βραχεῖ τὰ καίρια·
αἰσχρὸν δέ μοι γυναιξὶ συμβάλλειν λόγους.
ΚΛ. Μεῖνον· τί φεύγεις; δεξιάν τ' ἐμῇ χερὶ
σύναψον, ἀρχὴν μακαρίων νυμφευμάτων.
ΑΧ. Τί φῄς; ἐγώ σοι δεξιάν; αἰδοίμεθ' ἂν
Ἀγαμέμνον', εἰ ψαύοιμεν ὧν μή μοι θέμις.
ΚΛ. Θέμις μάλιστα, τὴν ἐμὴν ἐπεὶ γαμεῖς
παῖδ', ὦ θεᾶς παῖ ποντίας Νηρηίδος.
ΑΧ. Ποίους γάμους φῄς; ἀφασία μ' ἔχει, γύναι·
εἰ μή τι παρανοοῦσα καινουργεῖς λόγον.
ΚΛ. Πᾶσιν τόδ' ἐμπέφυκεν, αἰδεῖσθαι φίλους
καινοὺς ὁρῶσι καὶ γάμου μεμνημένους.
ΑΧ. Οὐπώποτ' ἐμνήστευσα παῖδα σήν, γύναι,
οὐδ' ἐξ Ἀτρειδῶν ἦλθέ μοι λόγος γάμων.
ΚΛ. Τί δῆτ' ἂν εἴη; σὺ πάλιν αὖ λόγους ἐμοὺς
θαύμαζ'· ἐμοὶ γὰρ θαύματ' ἐστὶ τὰ παρὰ σοῦ.
ΑΧ. Εἴκαζε· κοινόν ἐστιν εἰκάζειν τάδε·
ἄμφω γὰρ οὐ ψευδόμεθα τοῖς λόγοις ἴσως.
ΚΛ. Ἀλλ' ἦ πέπονθα δεινά; Μνηστεύω γάμους
οὐκ ὄντας, ὡς εἴξασιν· αἰδοῦμαι τάδε.
ΑΧ. Ἴσως ἐκερτόμησε κἀμὲ καὶ σέ τις.
Ἀλλ' ἀμελίᾳ δὸς αὐτὰ καὶ φαύλως φέρε.
ΚΛ. Χαῖρ'· οὐ γὰρ ὀρθοῖς ὄμμασίν σ' ἔτ' εἰσορῶ,
ψευδὴς γενομένη καὶ παθοῦσ' ἀνάξια.

826 ἀσπίσι L corr. L² || **828** μοὐστὶν Matthiae : μοι 'στὶν LP || **831** Μεῖνον Valckenaer : δεῖνον LP || τ' Markland : γ' LP || **832** μακαρίων Markland : -ρίαν LP || **833** αἰδούμεθ' P || **834** ὧν P² : ἂν ὧν LP || **837** φῄς Barnes : ἔφησθ' LP || **839** πᾶσι L corr. L² || **840** μεμνημένους Commelin : -μένοις LP || **847** ἦ Barnes : ἤ LP || **848** ἐοίκασιν supra εἴξασιν scr. L² || **850** ἀμελίᾳ P³ : -λείᾳ LP || **851** σ' ἔτ' P³ : ἔτ' LP.

ACHILLE. — Je t'en dis autant. Je m'en vais chercher ton mari dans cette tente[1*].

Au moment où ils vont sortir, le Vieillard, qui les écoutait, apparaît à la porte.

LE VIEILLARD. — Étranger, descendant d'Éaque, reste[2*] ! C'est à toi que je parle, fils d'une déesse, et à toi aussi, fille de Léda.

ACHILLE. — Qui appelle par la porte entrouverte? Quel trouble dans sa voix !

LE VIEILLARD. — Un esclave : je n'en tire nulle fierté, mon sort me le défend.

ACHILLE. — A qui es-tu? A moi? Non : mes biens sont à part de ceux d'Agamemnon[3*].

LE VIEILLARD. — A cette femme qui est devant la tente. Je lui fus donné par son père Tyndare.

ACHILLE. — Nous restons là. Dis-moi, si tu le veux, pourquoi tu m'as arrêté.

LE VIEILLARD. — Etes-vous seuls tous deux ici, près de cette porte?

ACHILLE. — Oui, nous sommes seuls ; tu peux parler. Mais sors de la demeure du roi.

LE VIEILLARD. — O fortune, ô ma prévoyance, sauvez ceux dont je veux le salut[4*] !

ACHILLE. — Tes paroles vont porter sur l'avenir : elles inspirent quelque appréhension[5*].

CLYTEMNESTRE. — Voici ma main droite : ne tarde pas, si tu as quelque chose à me dire.

LE VIEILLARD. — Tu sais bien qui je suis, quel fut mon dévouement pour toi et tes enfants.

CLYTEMNESTRE. — Je sais que tu es un vieux serviteur de ma maison.

LE VIEILLARD. — Et que je faisais partie de la dot versée pour toi au seigneur Agamemnon.

CLYTEMNESTRE. — Tu es venu en Argos avec moi et tu n'as cessé d'être à moi.

LE VIEILLARD. — C'est vrai, et je te suis dévoué, mais je le suis moins à ton mari[6*].

CLYTEMNESTRE. — Lève maintenant le voile sur ce que tu veux nous dire.

LE VIEILLARD. — Ton enfant ! Son propre père, de sa main, s'apprête à la tuer...

CLYTEMNESTRE. — Comment? Je rejette cette parole, vieillard. Tu perds le sens.

ΑΧ. Καὶ σοὶ τόδ' ἐστὶν ἐξ ἐμοῦ · πόσιν δε σὸν
στείχω ματεύσων τῶνδε δωμάτων ἔσω.
ΠΡ. Ὦ ξέν', Αἰακοῦ γένεθλον, μεῖνον, ὦ σέ τοι λέγω,
τὸν θεᾶς γεγῶτα παῖδα, καὶ σέ, τὴν Λήδας κόρην.
ΑΧ. Τίς ὁ καλῶν πύλας παροίξας; ὡς τεταρβηκὼς καλεῖ.
ΠΡ. Δοῦλος, οὐχ ἁβρύνομαι τῷδ' · ἡ τύχη γὰρ οὐκ ἐᾷ.
ΑΧ. Τίνος; ἐμὸς μὲν οὐχί · χωρὶς τἀμὰ κἀγαμέμνονος.
ΠΡ. Τῆσδε τῆς πάροιθεν οἴκων, Τυνδάρεω δόντος πατρός.
ΑΧ. Ἕσταμεν · φράζ', εἴ τι χρῄζεις, ὧν μ' ἐπέσχες εἵνεκα.
ΠΡ. Ἦ μόνω παρόντε δῆτα ταῖσδ' ἐφέστατον πύλαις;
ΑΧ. Ὡς μόνοιν λέγοις ἄν, ἔξω δ' ἐλθὲ βασιλείων δόμων.
ΠΡ. Ὦ τύχη πρόνοιά θ' ἡμή, σώσαθ' οὓς ἐγὼ θέλω.
ΑΧ. Ὁ λόγος εἰς μέλλοντ' ἀνοίσει χρόνον · ἔχει δ' ὄκνον
[τινά.
ΚΛ. Δεξιᾶς ἕκατι μὴ μέλλ', εἴ τί μοι χρῄζεις λέγειν.
ΠΡ. Οἶσθα δῆτά μ' ὅστις ὢν σοὶ καὶ τέκνοις εὔνους ἔφυν.
ΚΛ. Οἶδά σ' ὄντ' ἐγὼ παλαιὸν δωμάτων ἐμῶν λάτριν.
ΠΡ. Χὤτι μ' ἐν ταῖς σαῖσι φερναῖς ἔλαβεν Ἀγαμέμνων
[ἄναξ.
ΚΛ. Ἦλθες εἰς Ἄργος μεθ' ἡμῶν, κἀμὸς ἦσθ' ἀεί ποτε.
ΠΡ. Ὧδ' ἔχει · καὶ σοὶ μὲν εὔνους εἰμί, σῷ δ' ἧσσον πόσει.
ΚΛ. Ἐκκάλυπτε νῦν ποθ' ἡμῖν οὕστινας λέγεις λόγους.
ΠΡ. Παῖδα σὴν πατὴρ ὁ φύσας αὐτόχειρ μέλλει κτανεῖν.
ΚΛ. Πῶς; ἀπέπτυσ', ὦ γεραιέ, μῦθον · οὐ γὰρ εὖ φρονεῖς.

855 ΠΡΕΣΒΥΤΗΣ Markland : θεράπων LP et sic infra ‖ ὦ σέ Markland : ὡς σέ LP ‖ **858** τῷδ' LP : τόδ' L² ‖ οὐκ Paris. 2887 : μ' οὐκ LP ‖ **860** Τῆσδε τῆς L : τῶνδε τῶν P ‖ **861** ἕσταμεν P ‖ **862-865** paragr. praem LP ‖ **862** παρόντε Bothe : πάροιθεν LP ‖ ταῖσδ' L : παῖς δ' P -ς eras. P² ‖ **863** μόνοιν Markland : μόνοις LP ‖ **864** σώσαθ' Musgrave : σώσασ' L σώσας P σῶσον P³ ‖ **865** ἀνοίσει Markland : ἂν ὤσῃ LP ‖ ὄκνον Boeckh : ὄγκον LP ‖ **866** μέλλ' L² : μέλ' LP ‖ **867** δῆτά μ' Porson : δῆτά γ' L²P² δῆθ' LP ‖ ὢν P corr. P² ‖ **868** παλαιὸν Musurus : -αιῶν LP ‖ **869** μ' ἐν ταῖς σαῖσι L² in ras. : με ταῖς σαῖς P δή με ταῖς σαῖς P² ‖ **870-896** paragr. praem. LP ‖ **870** εἰς L² : ἐς LP ‖ κἀμὸς L² : καὶ ἐμὸς L καὶ ἐμοὶ P ‖ **872** νῦν P : νυν L δὴ add. L² s. l.

Le Vieillard. — en tranchant de son épée la blanche gorge de l'infortunée[1]*.

Clytemnestre. — Malheur à moi ! Mon mari est-il donc devenu fou ?

Le Vieillard. — Il a toute sa raison, sauf en ce qui vous regarde, ta fille et toi : là il ne l'a plus[2]*.

Clytemnestre. — Pour quel motif ? Quel mauvais génie le pousse ?

Le Vieillard. — Un oracle — Calchas du moins le dit — qui doit permettre à l'armée de partir.

Clytemnestre. — Pour se rendre où ? Malheur à moi, malheur à celle que son père va tuer !

Le Vieillard. — Au palais de Dardanos, afin que Ménélas reprenne Hélène.

Clytemnestre. — C'était donc à Iphigénie que la fatalité liait le retour d'Hélène !

Le Vieillard. — Tu sais tout : son père s'apprête à immoler ta fille à Artémis.

Clytemnestre. — Et le mariage qui m'a fait venir ici de chez moi, à quoi tendait-il ?

Le Vieillard. — A ce que tu te réjouisses de conduire ta fille pour l'unir à Achille[3]*.

Clytemnestre. — Ma fille, te voilà donc ici pour ta perte, et ta mère avec toi.

Le Vieillard. — Votre sort à toutes deux est à plaindre, et atroce l'audace d'Agamemnon.

Clytemnestre. — C'en est fait de moi, malheureuse : je ne puis retenir les larmes de mes yeux.

Le Vieillard. — Oui, il est douloureux de se voir ravir ses enfants : laisse couler tes pleurs.

Clytemnestre. — Mais dis-moi, vieil homme, d'où tiens-tu cela ? Qui te l'a appris ?

Le Vieillard. — J'étais parti avec des tablettes pour toi, en rapport avec la lettre précédente.

Clytemnestre. — Pour m'empêcher ou me presser de conduire ma fille à la mort ?

Le Vieillard. — Non, pour qu'elle ne vînt pas : ton époux avait alors tout son bon sens.

Clytemnestre. — Pourquoi alors, si tu avais des tablettes pour moi, ne pas me les remettre ?

ΠΡ. Φασγάνῳ λευκὴν φονεύων τῆς ταλαιπώρου δέρην.
ΚΛ. Ὦ τάλαιν' ἐγώ. Μεμηνὼς ἆρα τυγχάνει πόσις;
ΠΡ. Ἀρτίφρων, πλὴν εἰς σὲ καὶ σὴν παῖδα · τοῦτο δ' οὐ [φρονεῖ.
ΚΛ. Ἐκ τίνος λόγου; τίς αὐτὸν οὑπάγων ἀλαστόρων;
ΠΡ. Θέσφαθ', ὥς γέ φησι Κάλχας, ἵνα πορεύηται στρατὸς...
ΚΛ. Ποῖ; τάλαιν' ἐγώ, τάλαινα δ' ἣν πατὴρ μέλλει [κτανεῖν.
ΠΡ. Δαρδάνου πρὸς δώμαθ', Ἑλένην Μενέλεως ὅπως λάβῃ.
ΚΛ. Εἰς ἄρ' Ἰφιγένειαν Ἑλένης νόστος ἦν πεπρωμένος;
ΠΡ. Πάντ' ἔχεις · Ἀρτέμιδι θύσειν παῖδα σὴν μέλλει [πατήρ.
ΚΛ. Ὁ δὲ γάμος τίν' εἶχε πρόφασιν, ἥ μ' ἐκόμισεν ἐκ [δόμων;
ΠΡ. Ἵν' ἀγάγοις χαίρουσ' Ἀχιλλεῖ παῖδα νυμφεύσουσα [σήν.
ΚΛ. Ὦ θύγατερ, ἥκεις ἐπ' ὀλέθρῳ καὶ σὺ καὶ μήτηρ σέθεν.
ΠΡ. Οἰκτρὰ πάσχετον δύ' οὖσαι · δεινὰ δ' Ἀγαμέμνων ἔτλη.
ΚΛ. Οἴχομαι τάλαινα, δάκρυόν τ' ὄμματ' οὐκέτι στέγω.
ΠΡ. Εἴπερ ἀλγεινὸν τὸ τέκνων στερόμενον, δακρυρρόει.
ΚΛ. Σὺ δὲ τάδ', ὦ γέρον, πόθεν φῂς εἰδέναι πεπυσμένος;
ΠΡ. Δέλτον ᾠχόμην φέρων σοι πρὸς τὰ πρὶν γεγραμμένα.
ΚΛ. Οὐκ ἐῶν ἢ ξυγκελεύων παῖδ' ἄγειν θανουμένην;
ΠΡ. Μὴ μὲν οὖν ἄγειν · φρονῶν γὰρ ἔτυχε σὸς πόσις [τότ' εὖ.
ΚΛ. Κᾆτα πῶς φέρων γε δέλτον οὐκ ἐμοὶ δίδως λαβεῖν;

881 λάβῃ P^3 : λάβοι LP ‖ 884 τὴν πρόφασιν P^2 ‖ ἥ LP : ᾧ Musgrave ‖ ἐκόμισεν Markland : ἐκόμισ' LP ‖ 885 ἀγάγοις Blomfield : -γης LP ‖ νυμφεύσουσα Barnes : -ουσα LP ‖ 886 καὶ σὺ Musurus : καὶ σὴ LP σὴ L^2 ‖ 888 δάκρυόν L^2 : δακρύων LP ‖ στέγω LP : στέγει L^2P^3 ‖ 889 στερόμενον, δακρυρρόει Weil : στερομένην δακρυρροεῖν LP ‖ 890 πεπυσμένος L^2P^2 : -μένα LP.

Le Vieillard. — Ménélas me les a prises ; il est l'auteur de tous ces maux.

Clytemnestre. — Enfant de la Néréide, fils de Pélée, tu entends ce qu'il dit ?

Achille. — J'ai entendu tes malheurs. Mais mon propre cas ne me soucie pas moins.

Clytemnestre. — Il vont tuer mon enfant, prise au piège de ses noces avec toi.

Achille. — J'en veux moi aussi à ton époux, et je ne prends pas la chose à la légère[1*].

Clytemnestre[2*]. — Je ne rougirai pas de tomber à tes genoux, simple mortelle devant le fils d'une déesse : à quoi bon faire preuve de superbe ? Quel souci peut prévaloir pour moi sur celui de ma fille ? Allons, enfant de la déesse, viens en aide à mon infortune et à celle qu'on a appelée ta femme : à tort sans doute, mais qu'importe ! C'était pour toi que je l'avais couronnée, et je la conduisais ici pour être ta femme. En vérité je la mène au supplice. Mais le décri rejaillira sur toi, si tu ne la protèges pas. Même si les liens du mariage ne vous ont pas unis, tu as été au moins appelé l'époux bien-aimé de la malheureuse vierge[3*]. Je t'implore par ton menton, par ta main droite, par ta mère, car ton nom m'a perdue, qui aurait dû me garder. Je n'ai pour refuge d'autre autel que tes genoux, je n'ai nul ami à mes côtés. D'Agamemnon tu sais la cruauté et l'audace sans bornes. Me voici arrivée, tu le vois, simple femme dans un camp de matelots turbulents, prompts au mal[4*] mais capables du bien, quand ils veulent. Ose seulement étendre ta main sur moi, et nous sommes sauvées. Sinon, point de salut[5*] !

Le Coryphée — Chose étrange que la maternité : elle porte en elle un philtre puissant que nous avons toutes en partage et qui nous pousse à souffrir pour nos enfants[6*].

Achille[7*]. — Mon cœur altier est prompt à s'emporter. Mais il sait dans les chagrins du malheur garder la mesure autant que dans les joies de la prospérité. La

ΠΡ. Μενέλεως ἀφείλεθ' ἡμᾶς, ὃς κακῶν τῶνδ' αἴτιος.
ΚΛ. Ὦ τέκνον Νηρῇδος, ὦ παῖ Πηλέως, κλύεις τάδε;
ΑΧ. Ἔκλυον οὖσαν ἀθλίαν σε, τὸ δ' ἐμὸν οὐ φαύλως φέρω.
ΚΛ. Παῖδά μου κατακτενοῦσι σοῖς δολώσαντες γάμοις.
ΑΧ. Μέμφομαι κἀγὼ πόσει σῷ κοὐχ ἁπλῶς οὕτω φέρω.
ΚΛ. Οὐκ ἐπαιδεσθήσομαί γε προσπεσεῖν τὸ σὸν γόνυ,
θνητὸς ἐκ θεᾶς γεγῶτα · τί γὰρ ἐγὼ σεμνύνομαι;
Ἦ τίνος σπουδαστέον μοι μᾶλλον ἢ τέκνου πέρι;
Ἀλλ' ἄμυνον, ὦ θεᾶς παῖ, τῇ τ' ἐμῇ δυσπραξίᾳ
τῇ τε λεχθείσῃ δάμαρτι σῇ, μάτην μέν, ἀλλ' ὅμως.
Σοὶ καταστέψασ' ἐγώ νιν ἦγον ὡς γαμουμένην,
νῦν δ' ἐπὶ σφαγὰς κομίζω · σοὶ δ' ὄνειδος ἵξεται,
ὅστις οὐκ ἤμυνας · εἰ γὰρ μὴ γάμοισιν ἐζύγης,
ἀλλ' ἐκλήθης γοῦν ταλαίνης παρθένου φίλος πόσις.
Πρὸς γενειάδος ⟨σέ⟩, πρὸς σῆς δεξιᾶς, πρὸς μητέρος ·
ὄνομα γὰρ τὸ σόν μ' ἀπώλεσ', ᾧ σ' ἀμυναθεῖν χρεών.
Οὐκ ἔχω βωμὸν καταφυγεῖν ἄλλον ἢ τὸ σὸν γόνυ,
οὐδὲ φίλος οὐδεὶς πέλας μοι · τὰ δ' Ἀγαμέμνονος κλύεις
ὠμὰ καὶ πάντολμ' · ἀφῖγμαι δ', ὥσπερ εἰσορᾷς, γυνὴ
ναυτικὸν στράτευμ' ἄναρχον κἀπὶ τοῖς κακοῖς θρασύ,
χρήσιμον δ', ὅταν θέλωσιν. Ἢν δὲ τολμήσῃς σύ μου
χεῖρ' ὑπερτεῖναι, σεσώσμεθ' · εἰ δὲ μή, οὐ σεσώσμεθα.
ΧΟ. Δεινὸν τὸ τίκτειν καὶ φέρει φίλτρον μέγα,
πᾶσίν τε κοινὸν ὥσθ' ὑπερκάμνειν τέκνων.
ΑΧ. Ὑψηλόφρων μοι θυμὸς αἴρεται πρόσω ·
ἐπίσταται δὲ τοῖς κακοῖσί τ' ἀσχαλᾶν

895 κακῶν L²P² : τῶν κ. LP || **897** γε ante σε P³ s. l. || **901** γεγῶτος L² || **902** Ἦ Porson : ἐπὶ LP || σπουδαστέον μοι L² : μοι σπ. LP μοι σπ. μοι P² || **906** ἵζεται P corr. P² || **909** σέ add. Markland || πρὸς L : πρός τε L² πρός γε P || **910** ἀμυναθεῖν Elmsley : -νάθειν LP || **911** ἄλλον LP : ἄλλ' P² | **912** πέλας Markland : γελᾷ LP | **913-18** Π⁴ | **917** φέρει P³ : φέρειν LP | **918** πᾶσίν L²P² : πᾶσί LP | **919** ὑψηλόφρων L² : ὑψι- L | ἔρεται ut uid. prim. P.

réflexion a appris aux mortels de ma sorte le moyen de vivre leur vie entière selon la droite raison. Ainsi, il est des cas où il est doux de ne pas être trop raisonnable, mais il en est aussi où il est utile d'user de discernement[1]. Pour moi, élevé chez le plus pieux des hommes, Chiron, j'ai appris à avoir des manières franches[2]*. Alors, que les Atrides donnent des ordres justes et je leur obéirai. Sinon, je n'obéirai pas. Mais aussi bien ici qu'à Troie, je montrerai la nature d'un homme libre et, autant qu'il sera en moi, ma lance fera honneur à Arès.

Pour toi, si cruellement traitée par ceux qui te sont les plus chers, dans la mesure permise à un jeune homme, je t'entourerai d'assez de compassion pour te rendre le calme[3]*, et jamais ta fille ne sera égorgée par son père, après avoir été déclarée mienne : aux intrigues tramées par ton mari, ma personne ne se prêtera pas, car mon nom, à défaut de brandir le couteau, serait alors l'assassin de ta fille[4]*. La faute en est à ton époux, mais moi-même je ne suis plus sans tache si c'est à cause de moi et de mon hyménée que périt cette vierge, victime d'une intolérable violence, d'un outrage si inouï et si indigne[5]* ! Je serais alors le plus lâche des Argiens, je ne serais rien et Ménélas compterait parmi les braves, je ne serais plus le fils de Pélée, mais celui d'un maudit, si mon nom est pour ton époux l'instrument d'un meurtre. Non, par le dieu nourri dans les flots de la mer, par Nérée père de Thétis qui m'a donné la vie, le roi Agamemnon ne

1. Cette entrée en matière a été parfois estimée confuse et hors de propos. Une telle auto-définition du caractère d'Achille est cependant nécessaire pour justifier son attitude dans la suite du drame. Achille se dit ici emporté (c'est l'Achille homérique), mais pourtant capable de se dominer en toute circonstance grâce à la raison (λόγος, γνώμη, φρονεῖν), tout en rejetant un pur intellectualisme (924). On peut comparer 919 et Soph., *O. R.* 914-915 : Ὑψοῦ γὰρ αἴρει θυμὸν Οἰδίπους ἄγαν. Dans αἴρεται πρόσω, il y a l'idée de « se monter », et en même temps de « s'emporter » (Ritchie compare pour ce double mouvement l'*Iliade*, II 265 : πρόσσω πᾶς πέτεται).

μετρίως τε χαίρειν τοῖσιν ἐξωγκωμένοις.
Λελογισμένοι γὰρ οἱ τοιοίδ' εἰσὶν βροτῶν,
ὀρθῶς διαζῆν τὸν βίον γνώμης μέτα.
Ἔστιν μὲν οὖν ἵν' ἡδὺ μὴ λίαν φρονεῖν,
ἔστιν δὲ χὤπου χρήσιμον γνώμην ἔχειν.
Ἐγὼ δ' ἐν ἀνδρὸς εὐσεβεστάτου τραφείς,
Χείρωνος, ἔμαθον τοὺς τρόπους ἁπλοῦς ἔχειν.
Καὶ τοῖς Ἀτρείδαις, ἢν μὲν ἡγῶνται καλῶς,
πεισόμεθ' · ὅταν δὲ μὴ καλῶς, οὐ πείσομαι.
Ἀλλ' ἐνθάδ' ἐν Τροίᾳ τ' ἐλευθέραν φύσιν
παρέχων, Ἄρη τὸ κατ' ἐμὲ κοσμήσω δορί.
Σὲ δ', σχέτλια παθοῦσα πρὸς τῶν φιλτάτων,
ἃ δὴ κατ' ἄνδρα γίγνεται νεανίαν,
τοσοῦτον οἶκτον περιβαλὼν καταστελῶ,
κοὔποτε κόρη σὴ πρὸς πατρὸς σφαγήσεται,
ἐμὴ φατισθεῖσ' · οὐ γὰρ ἐμπλέκειν πλοκὰς
ἐγὼ παρέξω σῷ πόσει τοὐμὸν δέμας.
Τοὔνομα γάρ, εἰ καὶ μὴ σίδηρον ἤρατο,
τοὐμὸν φονεύσει παῖδα σήν. Τὸ δ' αἴτιον
πόσις σός · ἁγνὸν δ' οὐκέτ' ἐστὶ σῶμ' ἐμόν,
εἰ δι' ἔμ' ὀλεῖται διά τε τοὺς ἐμοὺς γάμους
ἡ δεινὰ τλᾶσα κοὐκ ἀνεκτὰ παρθένος,
θαυμαστὰ δ' ὡς ἀνάξι' ἠτιμασμένη.
Ἐγὼ κάκιστος ἦν ἄρ' Ἀργείων ἀνήρ,
ἐγὼ τὸ μηδέν, Μενέλεως δ' ἐν ἀνδράσιν,
ὡς οὐχὶ Πηλέως, ἀλλ' ἀλάστορος γεγώς,
εἴπερ φονεύει τοὐμὸν ὄνομα σῷ πόσει.
Μὰ τὸν δι' ὑγρῶν κυμάτων τεθραμμένον
Νηρέα, φυτουργὸν Θέτιδος ἥ μ' ἐγείνατο,

922-923 Choro trib. LP corr. Burges || **925** ἔστι L corr. L[2] || **929** πείσομαι L[2] : πεισόμεθα P et ut uid. L || **931** Ἄρη (-η suprascr.) L[2]P[2] : ἄρει LP -η del. P[3] || τὸ Brodeau : τῷ LP || **933** γίγνεται edd. : γίν- LP || **938** καὶ μὴ Musurus : μὴ καὶ LP || **940** ἁγνὸς P || **945** δ' L[2] s. l. : τ' LP || **947** εἴπερ Musurus : ὅσπερ (ὅσ- P in ras.) LP.

touchera pas à ta fille et même du bout du doigt, il n'effleurera pas sa robe. Ou alors le Sipyle[1] sera une cité, ce canton barbare d'où les chefs de l'armée tirent leur origine, et le nom de Phthie ne sera plus célébré nulle part. Il en cuira au devin Calchas d'offrir grains d'orge et eau lustrale en prélude au sacrifice. Qu'est-ce qu'un devin? Un homme qui dit un peu de vrai et beaucoup de faux — avec de la chance. S'il en manque, il n'est plus rien[2].

Ce ne sont pas ces noces (mille jeunes filles aspirent à ma couche) qui me font parler ainsi[3*], mais c'est l'outrage que m'a infligé le roi Agamemnon. Il aurait dû lui-même me demander mon nom comme piège pour son enfant[4*]. A moi plus qu'à tout autre Clytemnestre eût consenti à donner sa fille pour épouse. Certes j'aurais fait ce don à la Grèce, si c'était là ce qui compromettait le départ pour Ilion. Je n'aurais pas refusé à mes compagnons d'armes cet apport à la cause commune. Mais en fait, je ne compte pour rien, et à nos généraux il importe peu de me traiter bien ou mal[5*]. Mon épée saura bientôt ce qu'il en est, car avant même l'arrivée en Phrygie elle sera tachée d'un sang frais, si l'on entreprend de m'arracher ta fille[6*].

Pour toi, sois tranquille. Je te suis apparu comme un dieu tout-puissant. Si je ne le suis pas, je n'en vais pas moins le devenir[7*].

Le Coryphée. — Voilà un langage digne de toi, fils de Pélée, et digne de l'auguste divinité, la maîtresse des flots.

1. Le Sipyle, dans la région du mont Tmolos en Lydie, était la résidence de Tantale, père de Pélops (Pind., *Ol.* I, 38).

2. Cette sortie contre les devins a paru hors de propos. L'Achille homérique les respecte, et au premier chant de l'*Iliade*, il se pose en protecteur de Calchas contre Agamemnon. Mais il partage ici la mauvaise opinion des Atrides (520-521) et le scepticisme du Serviteur (879). διοίχεται est parfois entendu comme un impersonnel : *c'en est fait, tout est perdu.*

οὐχ ἅψεται σῆς θυγατρὸς Ἀγαμέμνων ἄναξ,
οὐδ' εἰς ἄκραν χεῖρ' ὥστε προσβαλεῖν πέπλοις·
ἢ Σίπυλος ἔσται πόλις, ὅρισμα βαρβάρων,
ὅθεν πεφύκασ' οἱ στρατηλάται γένος,
Φθίας δὲ τοὔνομ' οὐδαμοῦ κεκλήσεται.
Πικροὺς δὲ προχύτας χέρνιβάς τ' ἐνάρξεται
Κάλχας ὁ μάντις. Τίς δὲ μάντις ἔστ' ἀνήρ,
ὃς ὀλίγ' ἀληθῆ, πολλὰ δὲ ψευδῆ λέγει
τυχών, ὅταν δὲ μὴ τύχῃ, διοίχεται;
Οὐ τῶν γάμων ἕκατι — μυρίαι κόραι
θηρῶσι λέκτρον τοὐμόν — εἴρηται τόδε·
ἀλλ' ὕβριν ἐς ἡμᾶς ὕβρισ' Ἀγαμέμνων ἄναξ.
Χρῆν δ' αὐτὸν αἰτεῖν τοὐμὸν ὄνομ' ἐμοῦ πάρα,
θήραμα παιδός· ἡ Κλυταιμήστρα δ' ἐμοὶ
μάλιστ' ἐπείσθη θυγατέρ' ἐκδοῦναι πόσει.
Ἔδωκά τἂν Ἕλλησιν, εἰ πρὸς Ἴλιον
ἐν τῷδ' ἔκαμνε νόστος· οὐκ ἠρνούμεθ' ἂν
τὸ κοινὸν αὔξειν ὧν μέτ' ἐστρατευόμην.
Νῦν δ' οὐδέν εἰμι, παρὰ δὲ τοῖς στρατηλάταις
ἐν εὐμαρεῖ με δρᾶν τε καὶ μὴ δρᾶν καλῶς.
Τάχ' εἴσεται σίδηρος, ὃν πρὶν ἐς Φρύγας
ἐλθεῖν φόνου κηλῖσιν αἵματος χρανῶ,
εἴ τίς με τὴν σὴν θυγατέρ' ἐξαιρήσεται.
Ἀλλ' ἡσύχαζε· θεὸς ἐγὼ πέφηνά σοι
μέγιστος, οὐκ ὤν· ἀλλ' ὅμως γενήσομαι.

ΧΟ. Ἔλεξας, ὦ παῖ Πηλέως, σοῦ τ' ἄξια
καὶ τῆς ἐναλίας δαίμονος, σεμνῆς θεοῦ.

954 Φθίας δὲ τοὔνομ' Jacobs : φθία δὲ τοὐμὸν ut uid. P φθία δὲ τοὐμόν τ' LP² τ' eras. P³ || **955** ἐνάρξεται Musgrave : ἀνάξ- LP || **959** Οὐ Lenting : ἢ' (sic) L ἢ P || γάμων Scaliger : γαμούντων LP || **963** δ' ἐμοὶ Matthiae : δέ μοι LP || **965** Ἔδωκά Hervagiana sec. : -κέ LP || τἂν Gaisford : τ' ἂν LP || **968** δὲ Hermann : γε LP || **969** με Tournier : τε LP || **970** σίδηρος L²P³ : -ον P et fort. L || **971** αἵματος Porson : -τι LP.

CLYTEMNESTRE[1]. — Ah ! comment te louer sans passer la mesure ni risquer d'en dire trop peu et de perdre ta faveur? Car l'homme de cœur qui s'entend louer en vient en quelque sorte à haïr qui le loue, si la louange est excessive[2]. Je rougis aussi de proférer des plaintes pour des maux qui ne sont qu'à moi : toi-même n'es pas atteint par mes infortunes. C'est cependant un beau geste pour l'homme de bien de secourir les malheureux, même s'il leur est étranger. Prends pitié de nous, car notre sort est pitoyable : d'abord, j'avais pensé trouver en toi un gendre, mais j'ai entretenu une vaine espérance. Dès lors, ce serait sans doute pour toi un funeste présage au jour futur de tes noces que la mort de ma fille : il t'y faut prendre garde. Mais tes premières paroles, comme les dernières, ont été heureuses : si tu le veux, ma fille sera sauvée. Désires-tu qu'elle vienne en suppliante embrasser tes genoux? Cela ne sied guère à une vierge, mais s'il te plaît ainsi, elle viendra, ses yeux de femme libre voilés de pudeur[3]*. Mais si sans qu'elle paraisse j'obtiens de toi le même appui, elle restera à la maison : elle montre une fière réserve. Malgré tout, il ne faut garder de la retenue que dans les limites du possible[4]*.

ACHILLE. — Ne fais pas venir ta fille à ma vue et ne nous exposons pas au blâme des sots[5]*, femme : une armée rassemblée et libre des soucis domestiques se plaît aux bavardages malveillants et injurieux. De toute façon, avec ou sans supplications, il en ira de même, car pour

1. Cette tirade est encore démembrée par England, qui en retranche 975-976, 981-989 et 997. Rappelons que pour Page, toute la fin de l'épisode, à part peut-être 982 et 985, est post-euripidéenne. W. Stockert, « Zu Klytaimestras Dankerede an Achill », in *Mél. Barigazzi*, II, (*Sileno*, 11, 1985), p. 227-235, a développé de nouveaux arguments en faveur de l'athétèse des v. 981-89.

2. Ces réflexions ont une allure proverbiale ; cf. Eschl., *Ag.* 785-787 ; sur le danger des louanges excessives, *Hcld.* 202-204 ; *Or.* 1162. Un certain cliquetis accentue ce caractère.

ΚΛ. Φεῦ·
πῶς ἄν σ' ἐπαινέσαιμι μὴ λίαν λόγοις,
μηδ' ἐνδεῶς [μὴ] τοῦδ' ἀπολέσαιμι τὴν χάριν;
Αἰνούμενοι γὰρ ἀγαθοὶ τρόπον τινὰ
μισοῦσι τοὺς αἰνοῦντας, ἢν αἰνῶσ' ἄγαν.
Αἰσχύνομαι δὲ παραφέρουσ' οἰκτροὺς λόγους,
ἰδίᾳ νοσοῦσα· σὺ δ' ἄνοσος κακῶν γ' ἐμῶν.
'Αλλ' οὖν ἔχει τοι σχῆμα, κἂν ἄπωθεν ᾖ
ἀνὴρ ὁ χρηστός, δυστυχοῦντας ὠφελεῖν.
Οἴκτιρε δ' ἡμᾶς· οἰκτρὰ γὰρ πεπόνθαμεν.
῞Η πρῶτα μέν σε γαμβρὸν οἰηθεῖσ' ἔχειν,
κενὴν κατέσχον ἐλπίδ'· εἶτά σοι τάχα
ὄρνις γένοιτ' ἂν τοῖσι μέλλουσιν γάμοις
θανοῦσ' ἐμὴ παῖς, ὅ σε φυλάξασθαι χρεών.
'Αλλ' εὖ μὲν ἀρχὰς εἶπας, εὖ δὲ καὶ τέλη·
σοῦ γὰρ θέλοντος παῖς ἐμὴ σωθήσεται·
βούλει νιν ἱκέτιν σὸν περιπτύξαι γόνυ;
ἀπαρθένευτα μὲν τάδ'· εἰ δέ σοι δοκεῖ,
ἥξει, δι' αἰδοῦς ὄμμ' ἔχουσ' ἐλεύθερον.
Εἰ δ' οὐ παρούσης ταὐτὰ τεύξομαι σέθεν,
μενέτω κατ' οἴκους· σεμνὰ γὰρ σεμνύνεται.
῞Ομως δ' ὅσον γε δυνατὸν αἰδεῖσθαι χρεών.

ΑΧ. Σὺ μήτε σὴν παῖδ' ἔξαγ' ὄψιν εἰς ἐμήν,
μήτ' εἰς ὄνειδος ἀμαθὲς ἔλθωμεν, γύναι·
στρατὸς γὰρ ἀθρόος ἀργὸς ὢν τῶν οἴκοθεν
λέσχας πονηρὰς καὶ κακοστόμους φιλεῖ.

Test. **979-980** Stob., *Flor.* III, 14, 5 (p. 469 H.) || **993** Hesych., s. v. ἀπαρθένευτα [Σοφοκλῆς] 'Ιφιγενείᾳ τῇ ἐν Αὐλίδι.

978 μηδ' Dindorf : μήτ' LP || ἐνδεῶς LP : -ῆς L^2 || μὴ del. Markland || **979** ἀγαθοὶ Porson : ἄγ- LP Stob. οἱ P^3 s. l. || **980** ἢν LP Stob. : ἐὰν P^3 || **983** ἄπωθεν ὢν ut uid. P corr. P^3 || **995** Εἰ δ' οὐ Hartung : ἰδοὺ LP || ταὐτὰ Heath : ταῦτα LP || **996-997** Clytemn. continuat Elmsley : **996** Achilli et **997** Clytemn. trib. LP.

moi la tâche unique, capitale, c'est de vous délivrer de vos maux. Entends une chose et sache-la bien : ma parole ne te trompera pas. Si ce ne sont que propos trompeurs et vaine raillerie, puissé-je mourir ! Mais ne pas mourir, si je sauve ta fille.

CLYTEMNESTRE. — Sois heureux à jamais, toi qui secours l'infortune !

ACHILLE. — Écoute donc, pour que notre affaire tourne bien.

CLYTEMNESTRE. — Que veux-tu dire? Car je me dois de t'écouter.

ACHILLE. — Tentons encore la persuasion pour ramener son père à de meilleurs sentiments.

CLYTEMNESTRE. — C'est un lâche, et il craint trop l'armée.

ACHILLE. — Pourtant des raisons peuvent terrasser d'autres raisons.

CLYTEMNESTRE. — Chétif espoir ! Mais explique ce que je dois faire[1].

ACHILLE. — Conjure-le d'abord de ne pas tuer son enfant. S'il tient bon, tu viendras me trouver. Pour peu que ta persuasion obtienne l'effet désiré, je n'ai plus à intervenir : c'est le salut assuré. Quant à moi, je me serai mieux conduit envers un ami et l'armée ne saurait me blâmer d'avoir recouru dans cette affaire à la raison plutôt qu'à la force. Si tout se terminait bien, vous n'auriez plus qu'à vous réjouir, toi et les tiens, même si je n'y ai aucune part.

CLYTEMNESTRE. — Langage raisonnable ! Il faut agir suivant tes avis[2]. Mais si je n'obtiens pas ce que je désire, où te reverrai-je? Où devrai-je me rendre, malheureuse, pour trouver dans les malheurs le secours de ton bras?

1. Le ton de ces répliques est assez prosaïque, avec des traits sophistiques (1011 ; 1013, qui rappelle les Καταβάλλοντες Λόγοι de Protagoras ; de même plus loin 1017-1021). On notera le jugement sévère — et juste — de Clytemnestre sur Agamemnon, qui prépare la suite et s'accorde avec le reste de la légende.

Πάντως δέ μ' ἱκετεύοντέ θ' ἥξετ' εἰς ἴσον,
εἴ τ' ἀνικέτευτος · εἷς ἐμοὶ γάρ ἐστ' ἀγὼν
μέγιστος ὑμᾶς ἐξαπαλλάξαι κακῶν.
Ὡς ἕν γ' ἀκούσασ' ἴσθι, μὴ ψευδῶς μ' ἐρεῖν ·
ψευδῆ λέγων δὲ καὶ μάτην ἐγκερτομῶν
θάνοιμι · μὴ θάνοιμι δ' ἢν σώσω κόρην.
ΚΛ. Ὄναιο συνεχῶς δυστυχοῦντας ὠφελῶν.
ΑΧ. Ἄκουε δή νυν, ἵνα τὸ πρᾶγμ' ἔχῃ καλῶς.
ΚΛ. Τί τοῦτ' ἔλεξας; ὡς ἀκουστέον γέ σου.
ΑΧ. Πείθωμεν αὖθις πατέρα βέλτιον φρονεῖν.
ΚΛ. Κακός τίς ἐστι καὶ λίαν ταρβεῖ στρατόν.
ΑΧ. Ἀλλ' οὖν λόγοι γε καταπαλαίουσιν λόγους.
ΚΛ. Ψυχρὰ μὲν ἐλπίς · ὅ τι δὲ χρή με δρᾶν φράσον.
ΑΧ. Ἱκέτευ' ἐκεῖνον πρῶτα μὴ κτείνειν τέκνα ·
ἢν δ' ἀντιβαίνῃ, πρὸς ἐμέ σοι πορευτέον.
Ἧι γὰρ τὸ χρῇζον ἐπίθετ', οὐ τοὐμὸν χρεὼν
χωρεῖν · ἔχει γὰρ τοῦτο τὴν σωτηρίαν.
Κἀγώ τ' ἀμείνων πρὸς φίλον γενήσομαι,
στρατός τ' ἂν οὐ μέμψαιτό μ', εἰ τὰ πράγματα
λελογισμένως πράσσοιμι μᾶλλον ἢ σθένει.
Καλῶς δὲ κρανθέντων, πρὸς ἡδονὴν φίλοις
σοί τ' ἂν γένοιτο κἂν ἐμοῦ χωρὶς τάδε.
ΚΛ. Ὡς σώφρον' εἶπας. Δραστέον δ' ἅ σοι δοκεῖ.
Ἢν δ' αὐτὰ μὴ πράσσωμεν ὡς ἐγὼ θέλω,
ποῦ σ' αὖθις ὀψόμεσθα; ποῦ χρή μ' ἀθλίαν
ἐλθοῦσαν εὑρεῖν σὴν χέρ' ἐπίκουρον κακῶν;

1002 ἱκετεύοντέ θ' Wecklein : -οντες LP || ἥξετ' P^3 : ἕξετ' LP || **1003** εἷς Nauck : ἧς LP || **1004** ἐξ ἀλλαπάξαι P corr. P^3 || **1007** θάνοι alt. P corr. P^2 || **1008** συνεχῶς (-ῶς in ras.) LP susp. ut glossema England || **1009** νυν Barnes : νῦν LP || ἔχῃ LP^2 : ἔχει L^2P || **1011** Πείθωμεν L^2 s. l. : πειθώμεθ' LP^2 πεισώμεθ' P || αὖθις Matthiae : αὖτις LP || **1013** οὖν Markland : οἱ LP || **1014** ψυχὰ P corr. P^2 || ὅ τι Reiske : τί LP || **1016** ἢν Markland : ἂν LP || **1017** Ἧι Weil : εἴη LP εἰ P^3 || **1019** τ' LP : τοι P^3 s. l. || **1021** σθένει LP : σθένω L^2 || **1022** πρὸς L^2 : καὶ πρὸς LP || **1024** Ὡς L^2P^2 : ὦ LP || **1025** ὡς Hermann : ἂν LP^2 ἃ P || **1026** ὀψόμεθα L corr. L^2.

ACHILLE. — Je serai de faction où il le faudra pour veiller sur toi, car nul ne doit te voir, éperdue, traverser la foule des Danaens[1]. Ne déshonore pas la maison de ton père. Non, Tyndare ne mérite pas d'être décrié : il est grand parmi les Grecs.

CLYTEMNESTRE. — Ainsi ferai-je. Commande : je dois être ton esclave. S'il y a des dieux, juste comme tu l'es[2], tu connaîtras leur faveur. Sinon, à quoi bon s'efforcer?

Ils sortent tous deux.

LE CHŒUR[3]. — *Quel chant d'hyménée, aux sons de la flûte libyenne, de la cithare amie des danses et de la syrinx de roseaux, fit résonner ses accents,*

au jour où, sur les pentes du Pélion, les Piérides aux belles boucles, lors du banquet divin, frappaient le sol de leurs sandales d'or en se rendant aux noces de Pélée[4]*.

Mélodieuses, elles célébraient de leurs voix Thétis et l'Éacide, sur les monts des Centaures, par les forêts du Pélion[5]*.

Le Dardanide, tendres délices de la couche de Zeus, puisait le nectar au creux d'or des cratères, Ganymède le Phrygien[6]*.

1. A la suite de Markland, England met un point après φυλάξομεν et comprend les vers suivants comme exprimant une défense : « Que nul ne te voie... » Sur ce thème des convenances, voir 666 ; 735.

2. Le v. 1034 est incomplet dans les manuscrits. σύ γε est rajouté dans L par une main tardive. Vitelli a proposé θεῶν, d'après *Ion* 1269 : ἐσθλοῦ δ' ἔκυρσα δαίμονος.

3. Ici commence le troisième stasimon, dont le thème central est celui des Noces de Thétis et de Pélée. Comme le rappelle England, Markland qualifiait ce morceau de *omnium in Euripide, mea opinione, pulcherrimum et suavissimum.* Pour un commentaire d'ensemble des v. 1036-1079, voir *Euripide et les... « Chants Cypriens »*, p. 76-85 ; G. B. Walsh, « *Iphigenia in Aulis.* Third stasimon », *Cl. Ph.*, 59, 1974, p. 241-48 ; F. Jouan, « Les noces de Thétis et de Pélée », in *Mél. Bibl. Sorbonne*, 8 (Mél. André Tuilier) Paris, 1988, p. 10-28. C'était un épisode légendaire fréquemment évoqué par les posètes (*Chants Cypriens*, sans doute *Catalogue* hésiodique, Alcée, Pindare, Eschyle, Sophocle) et les peintres de vases.

ΑΧ. Ἡμεῖς σε φύλακες οὗ χρεὼν φυλάξομεν,
μή τίς σ' ἴδῃ στείχουσαν ἐπτοημένην
Δαναῶν δι' ὄχλου · μηδὲ πατρῷον δόμον
αἴσχυν' · ὁ γάρ τοι Τυνδάρεως οὐκ ἄξιος
κακῶς ἀκούειν · ἐν γὰρ Ἕλλησιν μέγας.
ΚΛ. Ἔσται τάδ'. Ἄρχε· σοί με δουλεύειν χρεών.
Εἰ δ' εἰσὶ θεοί, δίκαιος ὢν ἀνὴρ ⟨θεῶν⟩
ἐσθλῶν κυρήσεις · εἰ δὲ μή, τί δεῖ πονεῖν;

ΧΟ. Τίς ἄρ' ὑμέναιος διὰ λώτου Λίβυος Str.
μετά τε φιλοχόρου κιθάρας
συρίγγων θ' ὑπὸ καλαμοεσ-
σᾶν ἔστασεν ἰαχάν,

ὅτ' ἀνὰ Πήλιον αἱ καλλιπλόκαμοι
Πιερίδες παρὰ δαιτὶ θεῶν
χρυσεοσάνδαλον ἴχνος
ἐν γᾷ κρούουσαι
Πηλέως ἐς γάμον ἦλθον,

μελῳδοὶ Θέτιν ἀχήμασι τόν τ' Αἰακίδαν
Κενταύρων ἐν ὄρεσι κλέουσαι
Πηλιάδα καθ' ὕλαν.

ὁ δὲ Δαρδανίδας, Διὸς
λέκτρων τρύφημα φίλον,
χρυσέοισιν ἄφυσσε λοιβὰν
ἐν κρατήρων γυάλοις,
ὁ Φρύγιος Γανυμήδης.

1028 φυλάξομεν Markland : -σσομεν LP || **1033** Ἔσται Markland : ἔστιν LP || **1034** θεῶν add. Vitelli : σύ γε suppl. L^2 om. LP || **1035** δεῖ LP^2 : δὴ ut uid. P || **1038-1039** καλαμοεσσᾶν Markland : -μόεσσαν LP || ἔστασεν Portus : ἔστασαν LP ἔστησαν L^2 || **1040** ὅτ' L^2P^2 : ὅταν LP || **1041** παρὰ Kirchhoff : ἐν LP || **1044** πηλέος L || ἐς edd. : εἰς LP || **1045** μελῳδοὶ LP : -δοῖς Elmsley || ἀχήμασι Elmsley : ἰαχή- LP || **1046** κλέουσαι Monk : κλύ- LP || **1050** φίλον Musurus : φίλιον LP.

Et, le long des plages de sable clair où s'enlaçaient leurs rondes, les cinquante filles de Nérée fêtèrent les noces par leurs danses.

Brandissant des sapins et couronnée de verdure était montée la cavalcade en fête des Centaures, vers la table des dieux et le cratère de Bacchos[1].

A grands cris, ils s'exclamèrent : « Fille de Nérée, le fils qui naîtra de toi sera une grande lumière pour la Thessalie, comme le devin instruit dans l'art de Phoïbos, Chiron, nous l'a révélé[2].

Il conduira les lances et les boucliers myrmidons jusqu'au pays de Priam et par le feu ravagera son illustre contrée, le corps cuirassé d'une armure d'or, œuvre d'Héphaïstos, qu'il recevra en présent de sa mère divine, Thétis qui l'aura mis au monde »[3]*.

Alors, les dieux célébrèrent les noces bienheureuses de la première des Néréides au noble père et son hymen avec Pélée[4]*.

Mais toi, les Argiens vont couronner ta tête, les belles

1. Les branches ou les troncs de jeunes sapins forment les armes habituelles des Centaures (Hés., *Bouclier* 188 ; Pind., fr. 204 Tu.) ; ici, le feuillage de sapin n'a qu'un rôle décoratif. Euripide qualifie ailleurs les Centaures de τετρασκελεῖς, *quadrupèdes* (*Hér.* 181 ; 1272). Le goût du vin intervient dans plusieurs épisodes de leur légende, en particulier les Noces de Pirithoos.

2. Le texte de cette période a subi plusieurs corrections importantes, mais très vraisemblables. Dans ce chant d'hyménée, les Centaures répètent les prédictions qu'ils tiennent d'un des leurs, Chiron, sur le fils à naître de cette union et sur ses futurs exploits. Chiron, le « bon » Centaure, d'origine divine et lui-même immortel, est confident d'Apollon, et aussi prophète, chez Pindare, *Pyth.* IX, 29-66. Il est ici substitué au dieu qui, dans une tradition antérieure, peut-être celle des *Chants Cypriens*, en tout cas chez Eschyle (fr. 284 M.), avait lui-même fait des prédictions dans cette circonstance.

Παρὰ δὲ λευκοφάη ψάμαθον
  εἱλισσόμεναι κύκλια
πεντήκοντα κόραι γάμους
  Νηρέως ἐχόρευσαν.

Ἀνὰ δ' ἐλάταισι στεφανώδει τε χλόᾳ Ant.
  θίασος ἔμολεν ἱπποβάτας
Κενταύρων ἐπὶ δαῖτα τὰν
  θεῶν κρατῆρά τε Βάκχου.
Μέγα δ' ἀνέκλαγον· « Ὦ Νηρηὶ κόρα,
παῖδά σε Θεσσαλίᾳ μέγα φῶς
μάντις ὁ φοιβάδα μοῦσαν
  εἰδὼς γεννάσειν
Χείρων ἐξονόμαζεν,
ὃς ἥξει χθόνα λογχήρεσι σὺν Μυρμιδόνων
ἀσπισταῖς Πριάμοιο κλεινὰν
  γαῖαν ἐκπυρώσων,
περὶ σώματι χρυσέων
  ὅπλων Ἡφαιστοπόνων
κεκορυθμένος ἔνδυτ', ἐκ θεᾶς
  ματρὸς δωρήματ' ἔχων
Θέτιδος, ἅ νιν ἔτικτεν.
Μακάριον τότε δαίμονες
  τᾶς εὐπάτριδος γάμον
Νηρῇδός τ' ἔθεσαν πρώτας
Πηλέως θ' ὑμεναίους.

Σὲ δ' ἐπὶ κάρα στέψουσι καλλικόμαν Ep.

1056-1057 γάμους Νηρέως Weil : νηρεῖος (νηρείως P νηρῆος L^{2}P^2) γάμους LP ‖ **1058** στεφάνῳ δεῖ L^2 ‖ **1059** ἱπποβάτας Gomperz : -βό-τας LP ‖ **1062** Νηρηὶ L^{2}P^3 : νηρηεῖ P et fort. L ‖ **1063** παῖδά σε Θεσσαλίᾳ Weil : παῖδες αἱ θεσσαλαὶ LP ‖ **1064** φοιβάδα μοῦσαν Hermann : δ' ὁ φοῖβα μοῦσαν LP φοῖβος ὁ μουσᾶν τ' L^{2}P^3 ‖ **1065** γεννάσειν Weil : -άσεις LP -ήσεις L^{2}P^2 ‖ **1066** ἐξονόμαζεν Monk : ἐξωνόμασεν LP -μασσεν P^3 ‖ **1068** λογχήρεσι L^2 : -σσι LP ‖ **1069** ἀσπισταῖσι L^2 ‖ **1075** ἅ P ‖ ἔτικτεν L^2 : -τε LP.

tresses de tes cheveux, comme une génisse tachetée, une pure génisse venue de la montagne, et de ta gorge mortelle ils feront jaillir le sang[1].

Et pourtant tu ne fus point nourrie au son du chalumeau ni des pipeaux des bouviers, mais auprès de ta mère, afin de revêtir un jour la parure nuptiale et d'épouser un fils d'Inachos[2]*.

Où donc le visage de la pudeur, où donc celui de la Vertu garde-t-il quelque empire,

quand l'impiété est souveraine, quand les hommes tournent le dos à la vertu et la négligent,

quand l'anarchie triomphe des lois et que les mortels renoncent à unir leurs efforts pour conjurer la venue du ressentiment divin[3]**?*

Clytemnestre entre, sortant de la tente.

CLYTEMNESTRE[4]*. — Je suis sortie du logis pour guetter mon époux. Voici longtemps qu'il est absent et qu'il a quitté la tente. Ma malheureuse enfant est en larmes et exhale des plaintes sur tous les tons depuis qu'elle sait la mort que son père lui prépare. Mais comme je l'évoquais, voici que s'approche cet Agamemnon qui va à l'instant être convaincu d'un acte impie contre son propre sang.

Agamemnon entre, venant de l'extérieur.

AGAMEMNON. — Fille de Léda, c'est à propos que je te trouve au-dehors pour te dire en l'absence de notre fille ce qu'il ne sied pas à une fiancée d'entendre.

1. Avec l'épode, le Chœur revient au sacrifice d'Iphigénie, par un violent contraste. Mariage et sacrifice ont un rite en commun, celui du couronnement (de la mariée ou de la victime); cf. H. P. Folley, « Marriage and Sacrifice in Euripides, *Iphigeneia at Aulis* », *Arethusa*, 15, 1982, p. 159-180. Le Chœur semble prévoir l'inanité des efforts d'Achille pour sauver Iphigénie. Le v. 1081 a été corrigé de diverses façons. Le retranchement d'ἄντρων ἐλθοῦσαν comme une glose par Wilamowitz nous semble satisfaire le sens et le mètre. Pour 1083-1084, voir *Hcld.* 822 : λαιμῶν βροτείων.

πλόκαμον Ἀργεῖοι, βαλιὰν
ὥστε πετραίων ἀπ' [ἄντρων ἐλθοῦσαν] ὀρέων
μόσχον ἀκήρατον, βρότειον
αἱμάσσοντες λαιμόν·
οὐ σύριγγι τραφεῖσαν, οὐδ'
ἐν ῥοιβδήσεσι βουκόλων,
παρὰ δὲ ματέρι νυμφοκόμον
Ἰναχίδαις γάμον.
Ποῦ τὸ τᾶς αἰδοῦς
ἢ τὸ τᾶς ἀρετᾶς [δύνασιν] ἔχει
σθένειν τι πρόσωπον;
ὅποτε τὸ μὲν ἄσεπτον ἔχει
δύνασιν, ἁ δ' ἀρετὰ κατόπισ-
θεν θνατοῖς ἀμελεῖται,
ἀνομία δὲ νόμων κρατεῖ,
καὶ ⟨μὴ⟩ κοινὸς ἀγὼν βροτοῖς
μή τις θεῶν φθόνος ἔλθῃ.

ΚΛ. Ἐξῆλθον οἴκων προσκοπουμένη πόσιν,
χρόνιον ἀπόντα κἀκλελοιπότα στέγας.
Ἐν δακρύοισι δ' ἡ τάλαινα παῖς ἐμή,
πολλὰς ἱεῖσα μεταβολὰς ὀδυρμάτων,
θάνατον ἀκούσασ', ὃν πατὴρ βουλεύεται.
Μνήμην δ' ἄρ' εἶχον πλησίον βεβηκότος
Ἀγαμέμνονος τοῦδ', ὃς ἐπὶ τοῖς αὑτοῦ τέκνοις
ἀνόσια πράσσων αὐτίχ' εὑρεθήσεται.

ΑΓ. Λήδας γένεθλον, ἐν καλῷ σ' ἔξω δόμων
ηὕρηχ', ἵν' εἴπω παρθένου χωρὶς λόγους

1081 βαλιὰν Scaliger : γ' ἁλιᾶν LP || **1082** ἄντρων ἐλθοῦσαν del. Wilamowitz || **1086** ῥοιβδήσεσι Dobree : -ήσει LP || **1087** ματέρι Markland : μη- LP || **1090** δύνασιν del. Bothe || **1093** δύνασιν Bothe : δύναμιν LP || **1096** μὴ add. Hermann || **1098** προσκοπουμένη P^3 : προσσκο- LP || **1099** ἀπόντα κἀκλελοιπότα L^2P^2 : ἀπόντ' ἐκλελοι- LP || **1100** Ἐν δακρύοισι L : ἐδακρύ- P || δ' Markland : θ' LP || **1104** αὑτοῦ L^2 : αὐ- LP || **1107** ηὕρηχ' edd. : εὕρηχ' LP.

Clytemnestre. — Qu'y a-t-il, pour que tu saisisses cette occasion?

Agamemnon. — Fais sortir ta fille de cette demeure. Qu'elle suive son père, car tout est prêt : l'eau lustrale, les grains d'orge qu'on jette à deux mains dans le feu purificateur, et les génisses qui doivent avant les noces tomber pour Artémis, dans le bouillonnement du sang noir[1*].

Clytemnestre. — Les belles paroles que tu dis là, mais pour tes actes, je ne sais comment je pourrais les qualifier pour en bien parler! Ma fille, viens au dehors — aussi bien tu sais tout des projets de ton père — et avec toi, mon enfant, prends sous ton voile ton frère Oreste.

Iphigénie entre, tenant dans ses bras le petit Oreste.

Eh bien, la voilà, docile à tes ordres. Mais pour le reste, c'est moi qui parlerai en son nom et au mien.

Agamemnon. — Mon enfant, pourquoi ces pleurs, ce regard qui a perdu sa joie, ces yeux fixés sur le sol et ce voile dont tu te couvres[2*]?

Clytemnestre. — Hélas! Par où commencer le récit de mes malheurs? Je puis prendre n'importe où : au début, à la fin, au milieu, partout[3*]!

Agamemnon. — Qu'y a-t-il? car vous vous accordez pour me montrer des airs troublés, des regards éperdus.

Clytemnestre. — Réponds en homme d'honneur à mes questions, mon époux.

Agamemnon. — Nul besoin de m'en prier : je consens à tes questions.

Clytemnestre. — Cette fille qui est à toi comme à moi, t'apprêtes-tu à la tuer?

Agamemnon. — Ah! Paroles atroces et soupçons que tu n'as pas le droit de former!

οὓς οὐκ ἀκούειν τὰς γαμουμένας πρέπει.
ΚΛ. Τί δ' ἔστιν, οὗ σοι καιρὸς ἀντιλάζυται;
ΑΓ. Ἔκπεμπε παῖδα δωμάτων πατρὸς μέτα·
ὡς χέρνιβες πάρεισιν ηὐτρεπισμέναι,
προχύται τε βάλλειν πῦρ καθάρσιον χεροῖν,
μόσχοι τε, πρὸ γάμων ἃς θεᾷ πεσεῖν χρεὼν
Ἀρτέμιδι, μέλανος αἵματος φυσήματα.
ΚΛ. Τοῖς ὀνόμασιν μὲν εὖ λέγεις, τὰ δ' ἔργα σου
οὐκ οἶδ' ὅπως χρή μ' ὀνομάσασαν εὖ λέγειν.
Χώρει δέ, θύγατερ, ἐκτός· οἶσθα γὰρ πατρὸς
πάντως ἃ μέλλει· χὐπὸ τοῖς πέπλοις ἄγε
λαβοῦσ' Ὀρέστην, σὸν κασίγνητον, τέκνον.
Ἰδοὺ πάρεστιν ἥδε πειθαρχοῦσά σοι.
Τὰ δ' ἄλλ' ἐγὼ πρὸ τῆσδε κἀμαυτῆς φράσω.
ΑΓ. Τέκνον, τί κλαίεις, οὐδ' ἔθ' ἡδέως ὁρᾷς,
εἰς γῆν δ' ἐρείσασ' ὄμμα πρόσθ' ἔχεις πέπλους;
ΚΛ. Φεῦ·
τίν' ἂν λάβοιμι τῶν ἐμῶν ἀρχὴν κακῶν;
ἅπασι γὰρ πρώτοισι χρήσασθαι πάρα
κἀν ὑστάτοισι κἀν μέσοισι πανταχοῦ.
ΑΓ. Τί δ' ἔστιν; ὥς μοι πάντες εἰς ἓν ἥκετε,
σύγχυσιν ἔχοντες καὶ ταραγμὸν ὀμμάτων.
ΚΛ. Εἴφ' ἂν ἐρωτήσω σε γενναίως, πόσι.
ΑΓ. Οὐδὲν κελευσμοῦ δεῖ μ'· ἐρωτᾶσθαι θέλω.
ΚΛ. Τὴν παῖδα τὴν σὴν τήν τ' ἐμὴν μέλλεις κτανεῖν;
ΑΓ. Ἔα·

1111 ηὐτρεπισμέναι P³ : -μένοι LP || **1112** καθάρσιον Reiske : καθάρειον LP || χεροῖν Musgrave : χερῶν LP ἐκ χ. L²P² || **1113** μόσχοι τε, πρὸ γάμων LP³ : μόσχοτε προγάμων ut uid. P || **1114** φυσήματα L : φυσσή- L²P || **1115** ὀνόμασιν P² : -σι LP || **1117** Χώρει δὲ LP : χώρει L² || **1118** χὐπό LP : γε χὐπὸ L²P² || **1121** πρὸ Barnes : πρὸς LP || **1124** ΚΛ. LP : Ἰφ. P³ || **1126** κἀν... κἀν edd. : κᾆν... κᾆν LP || **1129** ἆν L : ἆν P ἃ ἂν P² s. l. || **1130** κελευσμοῦ Canter : κέλευσμ' οὐ LP || δεῖ LP : δὴ L² || μ' Markland : γ' LP σ' Dobree || **1132** τλήμονά γ' L²P : τλήμον' L πλήμονά γ' P³.

Clytemnestre. — Calme-toi[1]... et, encore une fois, réponds à ma première question.

Agamemnon. — Si tu m'en posais de raisonnables, raisonnables seraient les réponses.

Clytemnestre. — Je n'en pose pas d'autres : quant à toi, ne me réponds pas autrement.

Agamemnon. — Souveraine destinée, ô fortune, ô mon mauvais génie !

Clytemnestre. — Le mien aussi et le sien : lui seul cause notre triple infortune.

Agamemnon. — Quel tort as-tu subi ?

Clytemnestre. — C'est à moi que tu le demandes ? Voilà un grand esprit qui, pour sa part, manque bien d'esprit !

Agamemnon (*à part*). — Je suis perdu. Mes secrets sont trahis[2*] !

Clytemnestre. — Je sais tout : j'ai appris ce que tu me prépares. Ton silence même est un aveu, tous ces soupirs aussi. Épargne-toi la peine de parler.

Agamemnon. — Soit, je me tais. A quoi bon ajouter en mentant l'impudence au malheur !

Clytemnestre. — Écoute-moi donc : je vais parler ouvertement sans plus user de détours ni d'énigmes[3*].

D'abord — et ce sera mon premier grief — tu m'as épousée malgré moi, tu m'as prise de force après avoir tué mon premier mari, Tantale, et écrasé sur le sol mon enfant vivant, brutalement arraché à mon sein[4*]. Alors

1. Après Ἔχ' ἥσυχος, les manuscrits laissent un blanc, soit que leur modèle ait comporté une lacune, soit que ἔχ' ἥσυχος tienne la même place que les exclamations *extra metrum* de 1124 et 1132. Cette expression s'emploie pour arrêter ou prévenir une interruption de l'interlocuteur (*Méd.* 550 ; *Hipp.* 1313 ; P. T. Stevens, *Colloquial Expressions*..., p. 35). Tout au long de ce dialogue, Agamemnon se réfugie dans des réponses évasives ou pousse des exclamations qui ne sont pas proprement, comme on l'a soutenu, des apartés.

τλήμονά γ' ἔλεξας, ὑπονοεῖς θ' ἃ μή σε χρή.
ΚΛ. Ἔχ' ἥσυχος,
κἀκεῖνό μοι τὸ πρῶτον ἀπόκριναι πάλιν.
ΑΓ. Σὺ δ' ἤν γ' ἐρωτᾷς εἰκότ', εἰκότ' ἂν κλύοις.
ΚΛ. Οὐκ ἄλλ' ἐρωτῶ, καὶ σὺ μὴ λέγ' ἄλλα μοι.
ΑΓ. Ὦ πότνια μοῖρα καὶ τύχη δαίμων τ' ἐμός.
ΚΛ. Κἀμός γε καὶ τῆσδ', εἷς τριῶν δυσδαιμόνων.
ΑΓ. Τίν' ἠδίκησαι;
ΚΛ. Τοῦτ' ἐμοῦ πεύθει πάρα;
ὁ νοῦς ὅδ' αὐτὸς νοῦν ἔχων οὐ τυγχάνει.
ΑΓ. Ἀπωλόμεσθα· προδέδοται τὰ κρυπτά μου.
ΚΛ. Πάντ' οἶδα καὶ πεπύσμεθ' ἃ σὺ μέλλεις με δρᾶν·
αὐτὸ δὲ τὸ σιγᾶν ὁμολογοῦντός ἐστί σου
καὶ τὸ στενάζειν πολλά. Μὴ κάμῃς λέγων.
ΑΓ Ἰδοὺ σιωπῶ· τὸ γὰρ ἀναίσχυντον τί δεῖ
ψευδῆ λέγοντα προσλαβεῖν τῇ συμφορᾷ;
ΚΛ. Ἄκουε δή νυν· ἀνακαλύψω γὰρ λόγους,
κοὐκέτι παρῳδοῖς χρησόμεσθ' αἰνίγμασιν.
Πρῶτον μέν, ἵνα σοι πρῶτα τοῦτ' ὀνειδίσω,
ἔγημας ἄκουσάν με κἄλαβες βίᾳ,
τὸν πρόσθεν ἄνδρα Τάνταλον κατακτανών,
βρέφος τε τοὐμὸν ζῶν προσουδίσας πέδῳ,
μαστῶν βιαίως τῶν ἐμῶν ἀποσπάσας.

Test. **1149** sch. Q *Od.* λ 430, p. 514 Dind.; **1149-1150** Eustath. ad *Od.* λ 429, p. 427, 1-3.

1133-1144 lineolis personae notantur (excepto **1140**) LP ‖ **1133** Ἔχ' ἥσυχος ut extra metrum LP ‖ **1134** εἰκότ' ἂν κλύοις Markland : εἰκότα κλύεις LP ‖ **1136** μοῖρα καὶ τύχη Musgrave : τ. καὶ μ. LP ‖ δαίμων τ' LP : καὶ δαίμων γ' P^3 ‖ **1137** γε Matthiae : τε LP ‖ **1138** Τίν' ἠδίκησαι P^3 : τί μ' ἠδίκησας P τί μ' ἠδίκησε L τίν' ἠδ. L^2P^2 ‖ **1139** Clytemn. trib. Musurus : Agamemnoni (sicut **1140**) LP ‖ **1141** πεπύσμεθ' Elmsley : πέπεισμαι L πέπεισμ' L^2P ‖ σὺ LP : σύ γε L^2P^2 ‖ **1143** κάμῃς Porson : κάμνῃς LP ‖ **1144** τί Elmsley : με LP ‖ **1146** νυν Matthiae : νῦν LP ‖ γὰρ om. P add. P^2 ‖ **1147** χρησόμεσθ' L^2 : χρησώμεθ' L χρησόμεθ' P ‖ **1148** ὀνειδήσω P corr. P^3 ‖ **1149** κἄλαβες LP : καὶ λάβες Eust. κἄμβαλες sch. Od. ‖ **1151** ζῶν Musgrave : σῷ LP ‖ προσουδίσας Scaliger : -ρίσας L -ρήσας P -δέσας P^3 ‖ πέδῳ Scaliger : πάλῳ LP.

les fils jumeaux de Zeus, mes frères, sur leurs blancs coursiers[1] marchèrent contre toi. Mais mon père, le vieux Tyndare, te sauva quand tu vins le supplier, et tu partageas de nouveau ma couche. Je me réconciliai avec toi et avec ta maison, et tu me rendras ce témoignage que je fus une épouse irréprochable, pleine de retenue dans les plaisirs d'Aphrodite, dévouée à l'accroissement de ta maison. Aussi, quand tu rentrais chez toi, tu étais joyeux, et heureux quand tu te trouvais au-dehors. C'est une rare aubaine pour un homme que de mettre la main sur une telle femme ; il est moins rare d'en avoir une mauvaise.

Après trois filles[2], je t'ai donné un fils, que voici. C'est l'une d'elles, cruel, dont tu veux me priver ! Et si on te demande pourquoi tu veux la tuer, dis-moi, que répondras-tu ? Ou dois-je le dire pour toi ? Afin que Ménélas retrouve Hélène ! Belle réponse, vraiment : donner tes enfants pour payer le rachat d'une femme perdue ! La créature la plus haïssable, nous l'achetons de notre bien le plus précieux[3] ! Va, si tu pars pour la guerre en me laissant au logis et si, là-bas, ton absence se prolonge, penses-tu à ce que sera, au palais, l'état de mon cœur, quand je verrai vide chacun des sièges où elle s'asseyait, vide sa chambre virginale, quand au milieu des larmes, assise toute seule[4]*, j'exhalerai sans cesse cette plainte sur elle : « Celui qui t'a perdue, mon enfant, c'est le père auquel tu devais la vie. Il t'a tuée, lui et personne d'autre, aucune autre main. » C'est après avoir laissé

1. Sur les « chevaux resplendissants » des Dioscures, voir Stés., fr. 1 Page ; Pind., *Pyth.* I, 66 ; Ov., *Mét.* 8, 372-374.

2. Ces trois filles sont Chrysothémis, Iphigénie et Électre (*Or.* 23).

3. Le dernier mot du v. 1168 est altéré (γένος). Parmi de nombreuses conjectures, on peut retenir γ' ἔπος (Vitelli) ou γέ τοι (Fix). Aux v. 1169-1170, on comparera *Troy.* 370-372 : Ὁ δὲ στρατηγὸς ὁ σοφὸς ἐχθίστων ὕπερ | τὰ φίλτατ' ὤλεσ', ἡδονὰς τὰς οἴκοθεν | τέκνων ἀδελφῷ δοὺς γυναικὸς οὕνεκα.

Καὶ τὼ Διός σε παῖδ', ἐμὼ δὲ συγγόνω,
ἵπποισι μαρμαίροντ' ἐπεστρατευσάτην·
πατὴρ δὲ πρέσβυς Τυνδάρεώς σ' ἐρρύσατο
ἱκέτην γενόμενον, τἀμὰ δ' ἔσχες αὖ λέχη.
Οὗ σοι καταλλαχθεῖσα περὶ σὲ καὶ δόμους
συμμαρτυρήσεις ὡς ἄμεμπτος ἦ γυνή,
εἴς τ' Ἀφροδίτην σωφρονοῦσα καὶ τὸ σὸν
μέλαθρον αὔξουσ', ὥστε σ' εἰσιόντα τε
χαίρειν θύραζέ τ' ἐξιόντ' εὐδαιμονεῖν.
Σπάνιον δὲ θήρευμ' ἀνδρὶ τοιαύτην λαβεῖν
δάμαρτα· φλαύραν δ' οὐ σπάνις γυναῖκ' ἔχειν.
Τίκτω δ' ἐπὶ τρισὶ παρθένοισι παῖδά σοι
τόνδ', ὧν μιᾶς σὺ τλημόνως μ' ἀποστερεῖς.
Κἄν τίς σ' ἔρηται τίνος ἕκατί νιν κτενεῖς,
λέξον, τί φήσεις; ἢ 'μὲ χρὴ λέγειν τὰ σά;
Ἑλένην Μενέλεως ἵνα λάβῃ. Καλόν γ' ἔπος,
κακῆς γυναικὸς μισθὸν ἀποτεῖσαι τέκνα·
τἄχθιστα τοῖσι φιλτάτοις ὠνούμεθα.
Ἄγ', εἰ στρατεύσῃ καταλιπών μ' ἐν δώμασιν,
κἀκεῖ γενήσῃ διὰ μακρᾶς ἀπουσίας,
τίν' ἐν δόμοις με καρδίαν ἕξειν δοκεῖς,
ὅταν θρόνους τῆσδ' εἰσίδω πάντας κενούς,
κενοὺς δὲ παρθενῶνας, ἐπὶ δὲ δακρύοις
μόνη καθῶμαι, τήνδε θρηνῳδοῦσ' ἀεί·
« Ἀπώλεσέν σ', ὦ τέκνον, ὁ φυτεύσας πατήρ,
αὐτὸς κτανών, οὐκ ἄλλος οὐδ' ἄλλῃ χερί »;

Test. **1173-1176** Apsines, *technè* (p. 217 Hammer).

1153 σε Markland : γε LP || δὲ Matthiae : τε LP || **1158** ἦ edd. : ἣν LP || **1160** ὥστε σ' Canter : ὥστ' LP || **1164** τρισὶ Musurus : τρισσὶLP || **1167** ἢ 'μὲ edd. : ἤ με L ἢ 'με P || **1168** Μενέλεως Faehse : -λαος LP || γ' ἔπος Vitelli : γένος LP || **1170** τἄχθιστα Brodeau : ταχθεῖσαLP || **1171** εἰ Elmsley : ἣν LP || δόμασι P corr. P^3 || **1174** θρόνους τῆσδ' εἰσίδω πάντας LP : δόμους μὲν τούσδε προσίζω Aps. || **1176** καθῶμαι Elmsley : κάθημαι LP || **1177** Ἀπώλεσέν edd. : -σέ LP.

derrière toi un tel sujet de haine que tu reviendras[1]? Il suffira d'un léger prétexte pour qu'avec les filles que tu m'auras laissées nous te réservions l'accueil que tu mérites[2]. Ah! au nom des dieux, ne me force pas à être coupable envers toi, et ne le sois pas toi-même.

Mettons. Tu vas sacrifier ta fille. Dès lors, quelles prières vas-tu prononcer? Quel bienfait implorer pour toi-même, en égorgeant ton enfant? Un funeste retour, après ce départ infamant de chez toi? Quant à moi, est-il juste que je te souhaite quelque bien? Ne serait-ce pas vraiment tenir les dieux pour stupides, que de témoigner de la sympathie aux assassins[3]? De retour en Argos, iras-tu embrasser tes enfants? Mais cela t'est interdit. Lequel d'entre eux voudra seulement tourner les yeux vers toi, si tu ne dois les laisser approcher que pour tuer l'un ou l'autre? Y as-tu réfléchi[4]*, ou bien ne penses-tu qu'à exhiber ton sceptre et à commander ton armée? Tu aurais dû tenir aux Argiens le langage de la justice : « Vous voulez, Achéens, faire voile vers le pays phrygien? Tirez au sort celui dont la fille doit mourir. » Voilà l'équité[5]* et non que tu livres ta fille aux Danaens en victime d'élection. Ou bien c'était à Ménélas de tuer Hermione en échange de sa mère, puisque cette affaire le concernait. En fait, c'est moi, la gardienne de ta couche, qui vais perdre mon enfant, tandis que la coupable conservera sa fille sous son toit, à Sparte, et sera heureuse[6]*.

1. La leçon μισθόν du v. 1179 peut à la rigueur se justifier par un emploi ironique. Nous préférons écrire avec Heimsoeth μῖσος : *un motif de haine.* Au vers suivant, parmi les nombreuses conjectures proposées, nous adoptons, après L. Dindorf et R. Cahen (*Rev. Phil.* 39, 1915, p. 249-255) le futur ἔπει (en rejet) : *tu reviendras*, et pour éviter la difficulté de l'imparfait ἔδει, δὲ δεῖ de Vitelli.

2. Pour le procédé de style et le jeu des allitérations, comparer *Bacch.* 955 : Κρύψῃ σὺ κρύψιν ἥν σε κρυφθῆναι χρεών.

3. H. Weil écrit, de manière plus ingénieuse que convaincante : εὔφρον' ἥσομεν (si) *nous émettons des vœux favorables...*

Τοιόνδε μῖσος καταλιπὼν πρὸς τοὺς δόμους
ἔπει· βραχείας προφάσεως δὲ δεῖ μόνον,
ἐφ' ᾗ σ' ἐγὼ καὶ παῖδες αἱ λελειμμέναι
δεξόμεθα δέξιν ἥν σε δέξασθαι χρεών.
Μὴ δῆτα πρὸς θεῶν μήτ' ἀναγκάσῃς ἐμὲ
κακὴν γενέσθαι περὶ σέ, μήτ' αὐτὸς γένῃ.
Εἶεν·
θύσεις δὲ τὴν παῖδ'· εἶτα τίνας εὐχὰς ἐρεῖς;
τί σοι κατεύξῃ τἀγαθόν, σφάζων τέκνον;
νόστον πονηρόν, οἴκοθέν γ' αἰσχρῶς ἰών;
'Αλλ' ἐμὲ δίκαιον ἀγαθὸν εὔχεσθαί τί σοι;
οὔ τἄρ' ἀσυνέτους τοὺς θεοὺς ἡγοίμεθ' ἄν,
εἰ τοῖσιν αὐθένταισιν εὖ φρονήσομεν;
Ἥκων δ' ἐς Ἄργος προσπεσῇ τέκνοισι σοῖς;
ἀλλ' οὐ θέμις σοι. Τίς δὲ καὶ προσβλέψεται
παίδων σ', ἵν' αὐτῶν προσέμενος κτάνῃς τινά;
Ταῦτ' ἦλθες ἤδη διὰ λόγων, ἢ σκῆπτρά σοι
μόνον διαφέρειν καὶ στρατηλατεῖν μέλει;
Ὃν χρῆν δίκαιον λόγον ἐν 'Αργείοις λέγειν·
« Βούλεσθ', 'Αχαιοί, πλεῖν Φρυγῶν ἐπὶ χθόνα;
κλῆρον τίθεσθε παῖδ' ὅτου θανεῖν χρεών. »
'Εν ἴσῳ γὰρ ἦν τόδ', ἀλλὰ μή σ' ἐξαίρετον
σφάγιον παρασχεῖν Δαναΐδαισι παῖδα σήν·
ἢ Μενέλεων πρὸ μητρὸς 'Ερμιόνην κτανεῖν,
οὗπερ τὸ πρᾶγμ' ἦν. Νῦν δ' ἐγὼ μὲν ἡ τὸ σὸν
σῴζουσα λέκτρον παιδὸς ἐστερήσομαι,

1179 μῖσος Heimsoeth : μισθὸν LP || **1180** ἔπει · L. Dindorf : ἐπεὶ LP || δὲ δεῖ Vitelli : ἔδει LP ἐνδεῖ Reiske || **1182** δεξόμεθα L² : -μεσθα LP || **1185** τὴν παῖδ' L² : παῖδ' LP || εἶτα Elmsley : ἔνθα (ἔν- in ras.) LP || **1186** τί σοι LP : τίς οἱ P³ || σφάζων L² : ὁ σφ- LP || **1191** ἐς... προσπεσῇ Musgrave : εἰς... προσπέσῃς LP || **1193** ἵν' Elmsley : ἐὰν LP || προσέμενος Weil : προθέ- LP || **1194** ἦλθες Hermann ἦλθ' LP ἦλθεν L² || **1195** μέλει Musgrave : σε δεῖ LP || **1196** χρῆν Reiske : χρὴ LP || **1198** ὅπου P corr. P³ || **1201** πρὸ Scaliger : πρὸς LP || **1203** ἐστερήσομαι Reiske : ὑστε- LP.

Réponds à cela, si tu trouves quoi que ce soit à reprendre. Mais si j'ai raison, change d'avis et renonce à tuer cette fille qui est tienne et mienne[1] : tu agiras en sage.

Le Coryphée. — Écoute-la : il est beau de s'unir pour sauver ses enfants, Agamemnon. Personne au monde ne peut dire le contraire.

Iphigénie[2]. — Mon père, si j'avais l'éloquence d'Orphée[3]*, si mon chant persuadait les rochers de me suivre, si mes paroles charmaient les cœurs à mon gré, c'est cette voie que j'aurais prise. Mais je n'ai d'autre talent à t'offrir que les larmes, ce sont mes seules ressources. Mon rameau de suppliante[4]*, c'est ce corps que je presse contre ton genou et que ma mère a mis au monde pour toi. Ne me fais pas périr avant l'heure : il est doux de contempler la lumière. Ne me force pas à voir le monde souterrain. La première, je t'appelai mon père et tu me nommas ton enfant, la première je m'abandonnai sur tes genoux, je te donnai de tendres caresses que tu me rendais. Tu me disais alors : « Te verrai-je, ma fille, heureuse au foyer d'un mari [5]*, mener une vie florissante et digne de mon rang? » Et moi je répondais, suspendue à ton cou et pressant cette barbe que ma main touche en ce moment : « Et moi, que ferai-je pour toi ! Quand tu seras vieux, t'offrirai-je une tendre hospitalité dans ma demeure, mon père, pour te rendre les soins dévoués avec lesquels tu m'as nourrie »?

1. La seconde partie du vers 1207 est corrompue et aucun des multiples remèdes proposés n'est vraiment satisfaisant. Ce qui est sûr, c'est que Clytemnestre supplie son mari de ne pas tuer leur fille.

2. Ce discours est sans doute le morceau le plus connu de la pièce, en partie grâce à la transposition de Racine (*Iph.* 1174-1225). La comparaison fait mieux ressortir la fraîcheur et la simplicité des sentiments de l'Iphigénie d'Euripide et le réalisme d'une peinture d'intimité familiale plus bourgeoise qu'héroïque. Comme le remarque W. D. Smith, in *Arctouros* (*Mél. Knox*), New York, 1979, p. 178, cette sentimentalité aux aspects un peu enfantins contraste avec les sophismes d'Agamemnon et la fermeté de femme mûre de Clytemnestre.

ἡ δ' ἐξαμαρτοῦσ', ὑπόροφον νεάνιδα
Σπάρτῃ κομίζουσ', εὐτυχὴς γενήσεται.
Τούτων ἄμειψαί μ' εἴ τι μὴ καλῶς λέγω.
εἰ δ' εὖ λέλεκται, ⟨μετα⟩νοῶν δὴ μὴ [γε] κτάνῃς
τὴν σήν τε κἀμὴν παῖδα, καὶ σώφρων ἔσῃ.

ΧΟ. Πιθοῦ. Τὸ γάρ τοι τέκνα συνσῴζειν καλόν,
Ἀγάμεμνον · οὐδεὶς πρὸς τάδ' ἀντείποι βροτῶν.

ΙΦ. Εἰ μὲν τὸν Ὀρφέως εἶχον, ὦ πάτερ, λόγον,
πείθειν ἐπᾴδουσ', ὥσθ' ὁμαρτεῖν μοι πέτρας,
κηλεῖν τε τοῖς λόγοισιν οὓς ἐβουλόμην,
ἐνταῦθ' ἂν ἦλθον. Νῦν δὲ τἀπ' ἐμοῦ σοφά,
δάκρυα παρέξω · ταῦτα γὰρ δυναίμεθ' ἄν.
Ἱκετηρίαν δὲ γόνασιν ἐξάπτω σέθεν
τὸ σῶμα τοὐμόν, ὅπερ ἔτικτεν ἥδε σοι,
μή μ' ἀπολέσῃς ἄωρον · ἡδὺ γὰρ τὸ φῶς
βλέπειν · τὰ δ' ὑπὸ γῆς μή μ' ἰδεῖν ἀναγκάσῃς.
Πρώτη σ' ἐκάλεσα πατέρα καὶ σὺ παῖδ' ἐμέ ·
πρώτη δὲ γόνασι σοῖσι σῶμα δοῦσ' ἐμὸν
φίλας χάριτας ἔδωκα κἀντεδεξάμην.
Λόγος δ' ὁ μὲν σὸς ἦν ὅδ' · « Ἆρά σ', ὦ τέκνον,
εὐδαίμον' ἀνδρὸς ἐν δόμοισιν ὄψομαι,
ζῶσάν τε καὶ θάλλουσαν ἀξίως ἐμοῦ ; »
Οὑμὸς δ' ὅδ' ἦν αὖ περὶ σὸν ἐξαρτωμένης
γένειον, οὗ νῦν ἀντιλάζυμαι χερί ·
« Τί δ' ἆρ' ἐγὼ σέ ; πρέσβυν ἆρ' εἰσδέξομαι
ἐμῶν φίλαισιν ὑποδοχαῖς δόμων, πάτερ,
πόνων τιθηνοὺς ἀποδιδοῦσά σοι τροφάς ; »

Test. **1218-1219** Plut., *Mor.* 17 d (*de aud. poetis* 3) || **1220** cf. Lucr., I, 93-94.

1204 ὑπόροφον Scaliger : -τροφον L -στροφον P || **1206** ἄμειψαί μ' LP : ἄμειψον P[3] || **1207** μετανοῶν Wecklein : νῶι LP[3] νὼ P || δή μὴ Heimsoeth : μὴ δή γε LP || **1214** ἂν ἦλθον P[2] : ἀνῆλθον LP || **1215** δυναίμεθ' ἂν Markland : -μεθα LP || **1219** βλέπειν LP : λεύσσειν Plut. || γῆς LP : γῆν Plut. | **1221** γόνασι Barnes : γου- LP | **1224** εὐδαίμον' Porson : -μονος LP | **1227** νῦν L : νιν P | ἀντιλάζυμαι Markland : -ζομαι LP.

De ces paroles, je garde le souvenir, mais toi, tu les as oubliées, et tu veux me tuer. Oh non, par Pélops, par ton père Atrée, par ma mère que voici, qui jadis m'a enfantée dans la souffrance et maintenant souffre ici un second enfantement ! Qu'ai-je à voir avec les amours d'Alexandre et d'Hélène? Se peut-il qu'il soit venu pour ma perte, mon père[1]? Tourne les yeux vers nous, accorde-moi un regard, un baiser, pour qu'en mourant j'emporte au moins ce souvenir de toi, si mes paroles ne peuvent te convaincre.

Mon frère, tu es bien petit encore pour secourir les tiens. Joins pourtant tes larmes aux miennes, viens supplier ton père de ne pas faire mourir ta sœur. Même les tout petits sentent bien les malheurs. Vois, sans rien dire il te supplie, mon père[2]. Ah ! aie égard à moi, prends pitié de ma vie. Oui, par ton menton, nous te supplions, tes deux chéris, lui, ton oiselet, et moi, ta grande fille !

Un mot pour faire court l'emportera sur tout autre : voir cette lumière est aux hommes le plus doux des biens ; sous terre, il n'y a plus rien. Il faut être fou pour souhaiter de mourir. Mieux vaut une vie malheureuse qu'une mort glorieuse[3]* !

Le Coryphée. — Misérable Hélène, pour toi et tes amours, une terrible épreuve frappe les Atrides et leurs enfants[4]* !

Agamemnon. — Pour moi, je sais bien ce qui mérite la pitié et ce qui ne la mérite pas. J'aime mes enfants,

1. Iphigénie reprend à son compte des arguments déjà avancés par Ménélas (494) et Clytemnestre (1168-1170), avec en plus un accent personnel de douloureux étonnement.

2. Nauck et England considèrent le vers 1240 (proche pour l'expression d'*Hipp.* 1088) comme superflu. Le second retranche aussi les v. 1241-1248, centrés autour du petit Oreste, comme une amplification de metteur en scène. L'expression μικρὸς ἐπίκουρος (1241) se retrouve dans *Bacch.* 1367. On rapprochera 1243-1244 de 466.

Τούτων ἐγὼ μὲν τῶν λόγων μνήμην ἔχω,
σὺ δ' ἐπιλέλησαι, καί μ' ἀποκτεῖναι θέλεις.
Μή, πρός σε Πέλοπος καὶ πρὸς Ἀτρέως πατρὸς
καὶ τῆσδε μητρός, ἣ πρὶν ὠδίνουσ' ἐμὲ
νῦν δευτέραν ὠδῖνα τήνδε λαμβάνει.
Τί μοι μέτεστι τῶν Ἀλεξάνδρου γάμων
Ἑλένης τε; πόθεν ἦλθ' ἐπ' ὀλέθρῳ τὠμῷ, πάτερ;
Βλέψον πρὸς ἡμᾶς, ὄμμα δὸς φίλημά τε,
ἵν' ἀλλὰ τοῦτο κατθανοῦσ' ἔχω σέθεν
μνημεῖον, εἰ μὴ τοῖς ἐμοῖς πείσῃ λόγοις.
Ἄδελφε, μικρὸς μὲν σύ γ' ἐπίκουρος φίλοις,
ὅμως δὲ συνδάκρυσον, ἱκέτευσον πατρὸς
τὴν σὴν ἀδελφὴν μὴ θανεῖν · αἴσθημά τοι
κἀν νηπίοις γε τῶν κακῶν ἐγγίγνεται.
Ἰδοὺ σιωπῶν λίσσεταί σ' ὅδ', ὦ πάτερ.
Ἀλλ' αἴδεσαί με καὶ κατοίκτιρον βίον.
Ναί, πρὸς γενείου σ' ἀντόμεσθα δύο φίλω ·
ὃ μὲν νεοσσός ἐστιν, ἣ δ' ηὐξημένη.
Ἓν συντεμοῦσα πάντα νικήσω λόγον ·
τὸ φῶς τόδ' ἀνθρώποισιν ἥδιστον βλέπειν,
τὰ νέρθε δ' οὐδέν · μαίνεται δ' ὃς εὔχεται
θανεῖν. Κακῶς ζῆν κρεῖσσον ἢ καλῶς θανεῖν.

ΧΟ. Ὦ τλῆμον Ἑλένη, διὰ σὲ καὶ τοὺς σοὺς γάμους
ἀγὼν Ἀτρείδαις καὶ τέκνοις ἥκει μέγας.

ΑΓ. Ἐγὼ τά τ' οἰκτρὰ συνετός εἰμι καὶ τὰ μή,
φιλῶ τ' ἐμαυτοῦ τέκνα · μαινοίμην γὰρ ἄν.

Test. **1250-1252** Stob., *Flor.* IV, 52, 9 (p. 1075 H.).

1233 σε Markland : γε LP || **1234** τῆσδε L : τῆς γε P || **1240** πείσῃ Elmsley : πεισθῇς LP || **1242** συνδάκρυσον L : σὺν δάκρυσιν P || **1243** τοι LP : τι L^2P^3 || **1244** κἂν P corr. P^3 || ἐγγίγνεται edd. : ἐγγίν- LP || **1245** σ' ὅδ' LP^3 : σ' P σε δ' uel σέ γ' P^2 || **1247** ἀντόμεθα L corr. L^2 || δύο Barnes : δύω LP || **1251** τὰ LP : τὸ Stob. || οὐδέν Stob. : οὐδεὶς LP || καλῶς θανεῖν LP Stob. (A) : θ. κ. P^2 Stob. (S) || **1256** φιλῶ τ' Markland : φιλῶν LP.

sans quoi je serais fou. Il est affreux pour moi d'oser ce que j'ose, femme, affreux de ne pas le faire, car je dois agir ainsi[1]. Voyez cette grande armée, cette flotte de guerre, tant de héros grecs avec leur harnois de bronze[2]. Pour eux, point de voyage jusqu'aux remparts d'Ilion, si je ne te sacrifie — le devin Calchas l'affirme — nulle chance de renverser les fameuses assises de Troie. Un violent désir a saisi l'armée grecque de cingler au plus vite vers le pays barbare et de mettre un terme au rapt d'épouses grecques. Ils viendront massacrer mes filles restées à Argos, et vous-mêmes avec moi, si j'enfreins l'oracle de la déesse. Ce n'est pas Ménélas qui me tient asservi, mon enfant, ce n'est pas à sa volonté que je me range. C'est à la Grèce, que je le veuille ou non, qu'il me faut t'immoler. Contre cela nous ne pouvons lutter : elle doit être libre autant qu'il dépend de toi, ma fille, comme de moi, et il ne faut pas que des barbares viennent à des Grecs ravir de force leurs épouses[3]*.

Il sort.

Mélodrame[4]*

Clytemnestre. — Ah ! mon enfant, ah ! étrangères ! Quelle misère pour moi de te voir mourir ! Ton père s'enfuit, il te livre à l'Hadès.

Iphigénie. — Malheur à moi, ma mère : la même plainte convient à nos deux destinées. C'en est fini pour moi de la lumière et de ce soleil éclatant.

1. Pour le thème panhellénique qui sera au centre de la réponse d'Agamemnon, voir la *Notice*, p. 41-43. Agamemnon continue (voir 451-452) à présenter les faits sous forme de dilemme (1257-1258).

2. Pour le mouvement, comparer *Phén.* 101-102. L'expression est très emphatique, avec l'adjectif à effet ναύφρακτος (Eschl., *Pe.* 951 et 1028) et au v. 1260, le souvenir de *Pe.* 378-379 : πᾶς ἀνὴρ κώπης ἄναξ... πᾶς θ' ὅπλων ἐπιστάτης. Il oppose, comme le fera Iphigénie en 1387-1388, la marine à l'infanterie.

Δεινῶς δ' ἔχει μοι ταῦτα τολμῆσαι, γύναι,
δεινῶς δὲ καὶ μή · τοῦτο γὰρ πρᾶξαί με δεῖ.
Ὁρᾶθ' ὅσον στράτευμα ναύφρακτον τόδε,
χαλκέων θ' ὅπλων ἄνακτες Ἑλλήνων ὅσοι,
οἷς νόστος οὐκ ἔστ' Ἰλίου πύργους ἔπι,
εἰ μή σε θύσω, μάντις ὡς Κάλχας λέγει,
οὐδ' ἔστι Τροίας ἐξελεῖν κλεινὸν βάθρον.
Μέμηνε δ' Ἀφροδίτη τις Ἑλλήνων στρατῷ
πλεῖν ὡς τάχιστα βαρβάρων ἐπὶ χθόνα,
παῦσαί τε λέκτρων ἁρπαγὰς Ἑλληνικῶν ·
οἳ τὰς ἐν Ἄργει παρθένους κτενοῦσί μου
ὑμᾶς τε κἀμέ, θέσφατ' εἰ λύσω θεᾶς.
Οὐ Μενέλεώς με καταδεδούλωται, τέκνον,
οὐδ' ἐπὶ τὸ κείνου βουλόμενον ἐλήλυθα,
ἀλλ' Ἑλλάς, ᾗ δεῖ, κἂν θέλω κἂν μὴ θέλω,
θῦσαί σε · τούτου δ' ἥσσονες καθέσταμεν.
Ἐλευθέραν γὰρ δεῖ νιν ὅσον ἐν σοί, τέκνον,
κἀμοὶ γενέσθαι, μηδὲ βαρβάροις ὕπο
Ἕλληνας ὄντας λέκτρα συλᾶσθαι βίᾳ.

ΚΛ. Ὦ τέκνον, ὦ ξέναι,
οἳ 'γὼ θανάτου ⟨τοῦ⟩ σοῦ μελέα.
Φεύγει σε πατὴρ Ἅιδῃ παραδούς.

ΙΦ. Οἳ 'γώ, μᾶτερ · ταὐτὸν τόδε γὰρ
μέλος εἰς ἄμφω πέπτωκε τύχης,
κοὐκέτι μοι φῶς
οὐδ' ἀελίου τόδε φέγγος.

1257 μοι Reiske : με LP ‖ **1260** χαλκέων L^{2}P^3 : χαλ- LP ‖ **1262** post **1263** trai. Markland ‖ **1263** κλεινὸν Reiske : καινὸν LP ‖ **1266** Ἑλληνικῶν Elmsley : -νικάς LP ‖ **1267** κτενοῦσί Scaliger : κτείνουσί LP ‖ **1268** θέσφατ' Scaliger : -φατον LP ‖ **1275** συλλᾶσθαι L corr. L^2 ‖ **1277** et **1279** οἳ 'γὼ Dobree : οἳ ἐγὼ P^3 οἴ ἐγὼ LP ‖ **1277** τοῦ add. Heath ‖ **1279** μᾶτερ · ταὐτὸν τόδε Musgrave : μῆτερ ταυτὸν ταυτὸν LP μᾶτερ (bis) ταυτὸ L^2 μῆτερ (bis) ταυτὸ P^2.

Las, las[1] *! Vallons battus des neiges de la Phrygie, montagne de l'Ida où Priam jeta jadis le tendre nourrisson séparé de sa mère et voué à la mort, Pâris qu'on appelait Idaeos — oui Idaeos — dans la cité phrygienne*[2].

Plût aux dieux que jamais tu n'aies hébergé[3]* *le bouvier grandi parmi les bœufs, Alexandre,*

auprès de l'eau limpide, là où sont les sources des Nymphes, la riche prairie aux plantes verdoyantes, et les fleurs de rose et de jacinthe, pour la cueillette des déesses[4]*.

Là vinrent un jour Pallas, l'artificieuse Cypris et Héra, avec Hermès, le messager de Zeus[5]*,

l'une fière du désir qu'elle inspire, Cypris, l'autre, Pallas, de sa lance, et Héra de la couche royale du seigneur Zeus[6]*,

pour ce jugement odieux, cette querelle de beauté, et pour ma propre mort. C'est la gloire qu'apporte aux Danaens, jeunes femmes, cette victime sacrifiée à Artémis en prélude au voyage pour Ilion[7]*.

1. Cette longue monodie fait fonction de *stasimon*. Elle est caractéristique du lyrisme d'Euripide dans sa dernière période, très influencé par le « nouveau dithyrambe » : luxuriance du style, variété des rythmes (dochmiaques, trochées, dactyles, péons, anapestes), absence de *responsio*. On peut la comparer à la monodie de Jocaste (*Phén.* 301-354) ou à celle du Phrygien (*Or.* 1369-1502), mais plus encore à celle d'Électre dans la même pièce (960-1012), bien que cette dernière soit antistrophique. Ce chant comporte deux grands mouvements, l'un (1283-1314) évoquant quelques-uns des épisodes aux origines de la guerre, (pour un commentaire d'ensemble de cette partie, voir T. C. W. Stinton, *Euripides and the Judgement of Paris*, p. 31-34) ; le second (1315-1335) revient sur le destin d'Iphigénie, mais s'élargit à des réflexions générales sur la condition mortelle.

2. L'exposition de Pâris, son salut et sa reconnaissance formaient le sujet d'une des pièces de la trilogie troyenne de 415, l'*Alexandros* (voir la *Notice* des *Troyennes*, *Euripide* IV, p. 4-6 ; *Euripide et les... « Chants Cypriens »*, p. 113-142, et bibliographie p. 113 ; R. Scodel, *The Trojan Trilogy of Euripides*, Göttingen, 1980, p. 20-42). Le surnom d'Idaeos, souvent mentionné par Euripide (*And.* 706 ; *Héc.* 944 ; *Troy.* 919 ; 922 ; *Or.* 1364) était sans doute justifié dans l'*Alexandros* par ses aventures sur l'Ida. Le nom d'Alexandros (cf. 1291-1293) avait été donné par les bergers troyens au jeune homme à cause de sa bravoure (*Alex.*, fr. 64 N² = 17 Sn.).

Ἰὼ ἰώ·
νιφόβολον Φρυγῶν νάπος Ἴδας τ' ὄρεα
Πρίαμος ὅθι ποτὲ βρέφος ἁπαλὸν ἔβαλε
ματέρος ἀποπρὸ νοσφίσας ἐπὶ μόρῳ
θανατόεντι Πάριν, ὃς Ἰδαῖος Ἰ-
δαῖος ἐλέγετ' ἐλέγετ' ἐν Φρυγῶν πόλει.
Μή ποτ' ὤφελες τὸν ἀμφὶ
βουσὶ βουκόλον τραφέντ'
Ἀλέξανδρον οἰκίσαι
ἀμφὶ τὸ λευκὸν ὕδωρ ὅθι κρῆναι
Νυμφᾶν κεῖνται
λειμών τ' ἔρνεσι θάλλων
χλωροῖς καὶ ῥοδόεντ'
ἄνθε' ὑακίνθινά τε θεαῖς δρέπειν·
ἔνθα ποτὲ Παλλὰς ἔμολε
καὶ δολιόφρων Κύπρις
Ἥρα θ' Ἑρμᾶς θ' ὁ Διὸς ἄγγελος,
ἃ μὲν ἐπὶ πόθῳ τρυφῶσα
Κύπρις, ἃ δὲ δουρὶ Παλλάς,
Ἥρα τε Διὸς ἄνακτος
εὐναῖσι βασιλίσιν,
κρίσιν ἐπὶ στυγνὰν ἔριν τε
[τᾶς] καλλονᾶς, ἐμοὶ δὲ θάνατον·
ὄνομα μὲν φέροντα Δαναΐ-
δαισιν, ὦ κόραι, προθύματ'
ἔλαβεν Ἄρτεμις πρὸς Ἴλιον.

1283-1335 a multis criticis addubitantur ‖ **1284** νιφόβολον edd. : -οβόλον LP[2] νειφο- ut uid. P ‖ **1286** ματέρος Hermann : μητρὸς LP ‖ **1291** ὤφελες Elmsley : ὤφειλε LP ‖ **1296** ἔρνεσι Hermann : ἄνθεσι LP ‖ **1299** ἄνθε' edd. : ἄνθεα LP ‖ θεαῖς Hermann : θεαῖσι LP ‖ **1302** Ἑρμᾶς θ' L[2] : ἑρμᾶς LP ‖ **1305** δουρὶ Monk : δορὶ LP ‖ **1307** βασιλίσιν Burges : -λίσι LP[2] -λοῖσι P ‖ **1309** τᾶς del. Matthiae ‖ **1310** μὲν LP : μὰν L[2] ‖ **1311-1312** Iphig. continuant Reiske et alii : post κόραι Χο. praem. LP ‖ **1311** προθύματ' Hermann : πρόθυμά σ' LP.

Mais mon père, pour mon malheur, ô ma mère, ma mère, s'enfuit. Il m'a livrée, il m'a abandonnée.

Infortunée que je suis, amère, bien amère fut la vue de cette Hélène de malheur, je suis assassinée, je suis anéantie par le sacrifice impie d'un père impie[1].

Non, Aulis n'aurait jamais dû accueillir ici dans ses mouillages les poupes des navires aux éperons de bronze, la flotte qui traversera vers Ilion[2]. *Zeus n'aurait pas dû sur l'Euripe souffler des vents contraires*[3*], *lui qui sait modérer les brises et répartir parmi les mortels, aux uns la joie des voiles pleines,*

à d'autres la peine, à d'autres encore la contrainte ; tel peut appareiller, tel autre carguer ses voiles, un autre doit attendre[4*] *!*

Oui, bien des souffrances, bien des souffrances, oui, tel est le lot de la race éphémère, et c'est une fatalité pour les hommes de découvrir un jour le malheur[5*].

Las ! Las ! De grandes épreuves, de grandes douleurs sont imposées aux Danaens par la fille de Tyndare[6*] *!*

LE CORYPHÉE. — Pour moi, je compatis au cruel malheur qui te touche et qui n'aurait jamais dû te toucher.

IPHIGÉNIE. — Mère à qui je dois la vie, j'aperçois une troupe de soldats qui s'approchent[7*].

1. Les marques du style dithyrambique se multiplient dans ces vers : *paromoia*, répétitions, asyndètes, allitérations. δυσελένα est formé sur le δύσπαρις de l'*Iliade* (Γ 39) et figure déjà dans *Or.* 1388. Par cette répétition de l'adjectif ἀνόσιος, Iphigénie semble étendre sa révolte à l'oracle lui-même, mais il est imprudent d'y voir une protestation personnelle d'Euripide.

2. Μή... ὤφελεν fait pendant au μή ποτ' ὤφελες du v. 1291. Le motif poétique du vœu irréel relatif au passé (« Plût au ciel que jamais... ») est souvent employé par Euripide (*Méd.* 1-6 ; *Hipp.* 1412 ; *Héc.* 651 ; *Cyc.* 186-187 ; *Phén.* 803-804, etc.). Dans ces vers, tantôt ἄδ' Αὐλίς, tantôt εἰς Τροίαν ont été considérés comme des gloses. Comparer 1320 et *El.* 1022 : πρυμνοῦχον Αὖλιν.

Ὁ δὲ τεκών με τὰν τάλαιναν,
ὦ μᾶτερ, ὦ μᾶτερ,
  οἴχεται προδοὺς ἔρημον.
Ὦ δυστάλαιν' ἐγώ, πικρὰν
πικρὰν ἰδοῦσα δυσελέναν,
φονεύομαι διόλλυμαι
σφαγαῖσιν ἀνοσίοισιν ἀνοσίου πατρός.
Μή μοι ναῶν χαλκεμβολάδων
πρύμνας ἅδ' Αὐλὶς δέξασθαι
τούσδ' εἰς ὅρμους εἰς Τροίαν
ὤφελεν ἐλάταν πομπαίαν,
μηδ' ἀνταίαν Εὐρίπῳ
πνεῦσαι πομπὰν Ζεύς, μειλίσσων
αὔραν ἄλλοις ἄλλαν θνατῶν
λαίφεσι χαίρειν,
τοῖσι δὲ λύπαν, τοῖσι δ' ἀνάγκαν,
τοῖς δ' ἐξορμᾶν, τοῖς δὲ στέλλειν,
τοῖσι δὲ μέλλειν.
Ἦ πολύμοχθον ἄρ' ἦν γένος, ἦ πολύμοχθον
ἁμερίων, ⟨τὸ⟩ χρεὼν δέ τι δύσποτμον
  ἀνδράσιν ἀνευρεῖν.
Ἰὼ ἰώ·
μέγαλα πάθεα, μεγάλα δ' ἄχεα
Δαναΐδαις τιθεῖσα Τυνδαρὶς κόρα.

ΧΟ. Ἐγὼ μὲν οἰκτίρω σε συμφορᾶς κακῆς
τυχοῦσαν, οἵας μήποτ' ὤφελες τυχεῖν.

ΙΦ. Ὦ τεκοῦσα μῆτερ, ἀνδρῶν ὄχλον εἰσορῶ πέλας.

1313 Ἰφ. praem. LP ‖ pr. μᾶτερ L : μῆτερ P ‖ **1318** ἀνοσίοισι L corr. L^2 ‖ **1323** μηδ' Hermann : μήτ' LP ‖ **1324** πομπὰν iter. L alter. del. L^2 ‖ **1327** τοῖσι δὲ... τοῖσι δ' Heath : τοῖς δὲ... τοῖς δ' LP ‖ **1331** τὸ add. Hermann ‖ **1332** ἀνευρεῖν LP : εὑρεῖν Dindorf ‖ **1333** continuat Iphig. Blomfield : Χο. praem. LP ‖ Ἰὼ ἰώ L^2P^2 : ἰώ LP ‖ **1335** Δαναΐδαις LP : τοῖς δαν- L^2P^2 ‖ **1336** κακῆς L : κακῶν P.

CLYTEMNESTRE. — C'est le fils de la déesse, mon enfant, Achille, cause de ta venue ici.

IPHIGÉNIE. — Ouvrez-moi la demeure, serviteurs, que je m'y cache!

CLYTEMNESTRE. — Pourquoi, mon enfant, t'enfuis-tu?

IPHIGÉNIE. — Je rougis de voir ici Achille.

CLYTEMNESTRE. — Pour quelle raison?

IPHIGÉNIE. — Ces noces malheureuses me couvrent de honte.

CLYTEMNESTRE. — Tu ne peux plus te montrer délicate dans les circonstances actuelles. Allons, reste : la fierté n'est pas de mise, si nous trouvons de l'aide.

Achille entre, avec des gardes armés.

ACHILLE. — Fille de Léda, femme infortunée...

CLYTEMNESTRE. — Tu ne mens pas!

ACHILLE. — des cris terribles s'élèvent chez les Argiens.

CLYTEMNESTRE. — Quels cris? Explique-moi.

ACHILLE. — Il s'agit de ta fille.

CLYTEMNESTRE. — Tes paroles sont d'un sinistre augure.

ACHILLE. — On dit qu'il faut l'immoler.

CLYTEMNESTRE. — Et personne ne s'y oppose?

ACHILLE. — Moi-même, j'ai provoqué des clameurs : on voulait...

CLYTEMNESTRE. — Quoi donc, étranger?

ACHILLE. — me lapider.

CLYTEMNESTRE. — Ce n'est pas parce que tu cherchais à sauver ma fille?

ACHILLE. — Mais si, pour cela même.

CLYTEMNESTRE. — Qui aurait osé porter la main sur toi?

ACHILLE. — Tous les Grecs[1]*.

CLYTEMNESTRE. — Le corps des Myrmidons n'était donc pas à tes côtés?

ACHILLE. — Ils étaient au premier rang de mes adversaires.

ΚΛ. Τόν τε τῆς θεᾶς Ἀχιλλέα, τέκνον, ᾧ δεῦρ' ἤλυθες.
ΙΦ. Διαχαλᾶτέ μοι μέλαθρα, δμῶες, ὡς κρύψω δέμας.
ΚΛ. Τί δέ, τέκνον, φεύγεις;
ΙΦ. Ἀχιλλέα τόνδ' ἰδεῖν αἰσχύνομαι.
ΚΛ. Ὡς τί δή;
ΙΦ. Τὸ δυστυχές μοι τῶν γάμων αἰδῶ φέρει.
ΚΛ. Οὐκ ἐν ἁβρότητι κεῖσαι πρὸς τὰ νῦν πεπτωκότα.
Ἀλλὰ μίμν' · οὐ σεμνότητος ἔργον, ἢν ὀνώμεθα.
ΑΧ. Ὦ γύναι τάλαινα, Λήδας θύγατερ...
ΚΛ. Οὐ ψευδῆ θροεῖς.
ΑΧ. δείν' ἐν Ἀργείοις βοᾶται...
ΚΛ. Τίνα βοήν; σήμαινέ μοι.
ΑΧ. ἀμφὶ σῆς παιδός...
ΚΛ. Πονηρὸν εἶπας οἰωνὸν λόγον.
ΑΧ. ὡς χρεὼν σφάξαι νιν.
ΚΛ. Οὐδεὶς τοῖσδ' ἐναντίον λέγει;
ΑΧ. Εἰς θόρυβον ἐγώ τι καὐτὸς ἤλυθον...
ΚΛ. Τίν', ὦ ξένε;
ΑΧ. σῶμα λευσθῆναι πέτροισι.
ΚΛ. Μῶν κόρην σῴζων ἐμήν;
ΑΧ. Αὐτὸ τοῦτο.
ΚΛ. Τίς δ' ἂν ἔτλη σώματος τοῦ σοῦ θιγεῖν;
ΑΧ. Πάντες Ἕλληνες.
ΚΛ. Στρατὸς δὲ Μυρμιδὼν οὔ σοι παρῆν;
ΑΧ. Πρῶτος ἦν ἐκεῖνος ἐχθρός.

1339 Ἀχιλλέα LP : παῖδ' ὦ L^2 ‖ τέκνον LP : τέκνον γ' L^2P^3 ‖ ἤλυθες Vitelli : ἐλήλυθας LP ‖ **1341** τέκνον, φεύγεις Heath : φ. τ. LP ‖ τόνδ' Musgrave : τὸν LP ‖ **1343** supra πεπτωκότα add. πράγματα uel (πε)πραγμένα ut glossema P^3 ‖ **1344** ὀνώμεθα Wecklein : δυνώ- LP ‖ **1345-1348** ΑΧ. Brubachiana : Χο. LP ‖ **1348** Οὐδεὶς Markland : κοὐ- LP ‖ τοῖσδ' P^2 : om. LP ‖ ἐναντίον P^3 : -τία LP ‖ **1349** τι Musgrave : τοι LP ‖ Τίν' Nauck : ἐς τίν' LP ‖ **1350** σῴζων Canter : σώζειν LP σώζεις P^3 ‖ **1351** σώματος L^2 : τοῦ σ. LP ‖ **1352** Μυρμιδὼν Elmsley : -δόνων LP.

Clytemnestre. — Alors, nous sommes perdues, ma fille.

Achille. — Ils m'appelaient l'esclave de mes noces.

Clytemnestre. — Et qu'as-tu répondu?

Achille. — De ne pas tuer celle qui était vouée à ma couche...

Clytemnestre. — C'était juste.

Achille. — celle que son père m'avait promise...

Clytemnestre. — et qu'il avait fait venir d'Argos.

Achille. — mais leurs cris étaient les plus forts[1]*.

Clytemnestre. — Quel fléau que la foule!

Achille. — Qu'importe : je te défendrai.

Clytemnestre. — Tu combattras seul contre mille?

Achille. — Tu vois ces hommes qui portent des armes[2]*?

Clytemnestre. — Puissent tes sentiments être récompensés!

Achille. — Eh bien, ils le seront.

Clytemnestre. — Ainsi mon enfant ne sera plus immolée?

Achille. — Non, de mon plein gré du moins.

Clytemnestre. — Viendra-t-on se saisir de ma fille?

Achille. — Ils viendront en foule. Ulysse les conduira.

Clytemnestre. — Quoi, le fils de Sisyphe?

Achille. — Lui-même.

Clytemnestre. — De son chef, ou mandaté par l'armée?

Achille. — Choisi, mais volontaire.

Clytemnestre. — Triste choix, de se souiller d'un crime!

Achille. — Mais je l'empêcherai.

Clytemnestre. — Va-t-il l'emmener en l'entraînant malgré elle?

Achille. — Assurément, par ses blonds cheveux[3]*.

Clytemnestre. — Que dois-je faire à ce moment?

Achille. — Attache-toi à ta fille.

ΚΛ. Δι' ἄρ' ὀλώλαμεν, τέκνον.
ΑΧ. Οἵ με τὸν γάμων ἀπεκάλουν ἥσσον'.
ΚΛ. 'Απεκρίνω δὲ τί;
ΑΧ. Τὴν ἐμήν μέλλουσαν εὐνὴν μὴ κτανεῖν...
ΚΛ. Δίκαια γάρ.
ΑΧ. ἣν ἐφήμισεν πατήρ μοι...
ΚΛ. Κἀργόθεν γ' ἐπέμψατο.
ΑΧ. ἀλλ' ἐνικώμην κεκραγμοῦ.
ΚΛ. Τὸ πολὺ γὰρ δεινὸν κακόν.
ΑΧ. 'Αλλ' ὅμως ἀρήξομέν σοι.
ΚΛ. Καὶ μαχῇ πολλοῖσιν εἷς;
ΑΧ. Εἰσορᾷς τεύχη φέροντας τούσδ';
ΚΛ. Ὄναιο τῶν φρενῶν.
ΑΧ. 'Αλλ' ὀνησόμεσθα.
ΚΛ. Παῖς ἄρ' οὐκέτι σφαγήσεται;
ΑΧ. Οὐκ, ἐμοῦ γ' ἑκόντος.
ΚΛ. Ἥξει δ' ὅστις ἅψεται κόρης;
ΑΧ. Μυρίοι γ' · ἄξει δ' 'Οδυσσεύς.
ΚΛ. Ἆρ' ὁ Σισύφου γόνος;
ΑΧ. Αὐτὸς οὗτος.
ΚΛ. Ἴδια πράσσων, ἢ στρατοῦ ταχθεὶς ὕπο;
ΑΧ. Αἱρεθεὶς ἑκών.
ΚΛ. Πονηράν γ' αἵρεσιν, μιαιφονεῖν.
ΑΧ. 'Αλλ' ἐγὼ σχήσω νιν.
ΚΛ. Ἄξει δ' οὐχ ἑκοῦσαν ἁρπάσας;
ΑΧ. Δηλαδὴ ξανθῆς ἐθείρας.
ΚΛ. 'Εμὲ δὲ χρὴ τί δρᾶν τότε;
ΑΧ. 'Αντέχου θυγατρός.

1354 ἥσσον' L[2] : -να LP || 'Απεκρίνω L[2] : ὑπε- LP || **1356** ἐφήμισεν P[3] : -σε LP || **1357** ἐνικόμην P corr. P[2] || **1358** μαχῇ (-εῖ) Elmsley : μάχῃ LP || **1359** τούσδ' P[3] : -δε LP || **1362** ὁ Σισύφου LP[2] : ὅσια σύφου P -α del. P[3] || **1363** Ἴδια Heath : ἰδία LP || **1366** ἐθείρας L. Dindorf : -ρης LP || χρὴ τί Gaisford : τί χρὴ LP || **1367** ἀντέχῃ P corr. P[2].

CLYTEMNESTRE. — S'il ne tient qu'à cela, on ne l'immolera pas[1].

ACHILLE. — Sois sûre qu'il ira aussi loin.

IPHIGÉNIE. — Ma mère, prêtez tous deux l'oreille à mes paroles[2]. C'est en vain que je te vois te révolter contre ton époux. Devant l'impossible je ne peux guère m'obstiner. Sans doute est-il juste de remercier cet étranger de son dévouement ; mais toi-même tu dois veiller à ce qu'il ne s'expose pas à être blâmé par l'armée et, sans aucun profit pour nous, à s'attirer quelque malheur[3]*.

Écoute, ma mère, ce qui m'est apparu à la réflexion. Ma mort est résolue. Mais cette mort même, je veux la tourner à ma gloire en rejetant toute bassesse[4]*. Considère ici avec moi, mère, combien j'ai raison. Sur moi, en ce moment, cette immense Grèce a tout entière les yeux fixés et c'est de moi que dépendent le départ de la flotte et la ruine des Phrygiens, ainsi que le sort des femmes à venir ; les barbares, même s'ils l'entreprennent, n'auront plus la licence de les arracher au sol fortuné de l'Hellade, une fois qu'ils auront expié la perte d'Hélène, enlevée par Pâris. Voilà tout ce que ma mort épargnera, et mon renom de libératrice de la Grèce sera à jamais béni[5]*. Aussi bien, vois-tu, je ne dois pas m'attacher par trop à la vie : c'est pour l'ensemble de la Grèce que tu m'as enfantée, non pour toi seule[6]*. Quoi ! des soldats par milliers se couvrent de leurs boucliers, par milliers empoignent les rames : pour leur patrie outragée ils n'hésiteront pas à affronter l'ennemi et à mourir pour la Grèce ! Et ma vie, ma seule vie, fera obstacle à tout ? De quel droit ? Que pourrais-je objecter[7]* ?

1. Clytemnestre se propose d'agir comme voulait le faire Hécube à l'égard de Polyxène (*Héc.* 398-400). Pour le tour ὡς pour ἴσθι ὡς, *Méd.* 609 ; *And.* 587 ; *Héc.* 400.

2. Sur le caractère brusque de l'intervention d'Iphigénie et sur son revirement, voir la *Notice*, p. 36. Avec le vocatif μῆτερ, le pluriel s'explique par la présence d'Achille, aussi intéressé à ces paroles ; comparer Soph., *O. C.* 1104, où Œdipe dit : προσέλθετ', ὦ παῖ.

ΚΛ. Ὡς τοῦδ' εἵνεκ' οὐ σφαγήσεται.
ΑΧ. Ἀλλὰ μὴν εἰς τοῦτό γ' ἥξει.
ΙΦ. Μῆτερ, εἰσακούσατε
τῶν ἐμῶν λόγων · μάτην γάρ σ' εἰσορῶ θυμουμένην
σῷ πόσει· τὰ δ' ἀδύναθ' ἡμῖν καρτερεῖν οὐ ῥᾴδιον.
Τὸν μὲν οὖν ξένον δίκαιον αἰνέσαι προθυμίας ·
ἀλλὰ καὶ σὲ τοῦθ' ὁρᾶν χρή, μὴ διαβληθῇ στρατῷ,
καὶ πλέον πράξωμεν οὐδέν, ὅδε δὲ συμφορᾶς τύχῃ.
Οἷα δ' εἰσῆλθέν μ' ἄκουσον, μῆτερ, ἐννοουμένην ·
κατθανεῖν μέν μοι δέδοκται · τοῦτο δ' αὐτὸ βούλομαι
εὐκλεῶς πρᾶξαι παρεῖσά γ' ἐκποδὼν τὸ δυσγενές.
Δεῦρο δὴ σκέψαι μεθ' ἡμῶν, μῆτερ, ὡς καλῶς λέγω ·
εἰς ἔμ' Ἑλλὰς ἡ μεγίστη πᾶσα νῦν ἀποβλέπει,
κἀν ἐμοὶ πορθμός τε ναῶν καὶ Φρυγῶν κατασκαφαί,
τάς τε μελλούσας γυναῖκας, ἤν τι δρῶσι βάρβαροι,
μηκέθ' ἁρπάζειν ἐᾶν τούσδ' ὀλβίας ἐξ Ἑλλάδος,
τὸν Ἑλένης τείσαντας ὄλεθρον, ἣν ἀνήρπασεν Πάρις.
Ταῦτα πάντα κατθανοῦσα ῥύσομαι, καί μου κλέος,
Ἑλλάδ' ὡς ἠλευθέρωσα, μακάριον γενήσεται.
Καὶ γὰρ οὐδέ τοί⟨τι⟩λίαν ἐμὲ φιλοψυχεῖν χρεών ·
πᾶσι γάρ μ' Ἕλλησι κοινὸν ἔτεκες, οὐχὶ σοὶ μόνῃ.
Ἀλλὰ μυρίοι μὲν ἄνδρες ἀσπίσιν πεφραγμένοι,
μυρίοι δ' ἐρέτμ' ἔχοντες, πατρίδος ἠδικημένης,
δρᾶν τι τολμήσουσιν ἐχθροὺς χὐπὲρ Ἑλλάδος θανεῖν ·
ἡ δ' ἐμὴ ψυχὴ μί' οὖσα πάντα κωλύσει τάδε;

Test. **1379** cf. Lucr., I, 100.

1367 εἵνεκ' Nauck : ἕνεκ' LP || **1369** λόγων (erasa nota λείπει) L^2 : om. et λείπει add. (mg. in L et supra εἰσηκούσατε in P) LP || σ' εἰσορῶ L^2 : σ' om. LP εἴς σ' ὁρῶ P^2 || **1372** διαβληθῇ Hartung : -θῇς LP || **1373** ὅδε δὲ Musgrave : ὁ δὲ LP ὁ ἀχιλλεύς L^2 s. l. || **1374** εἰσῆλθεν L^2P^2 : -θε L || ἐννοουμένη P corr. P^3 || **1376** δυσμενές P || **1378** νῦν ἀποβλέπει L^2P^2 : συναπο- LP || **1381** τούσδ' Murray : τὰς LP || **1382** ἣν ἀνήρπασεν Vitelli : ἣν ἥρπασεν LP ἥντιν' ἥρπ. L^2P^2 || **1385** τι add. Elmsley || λίαν γ' P^3 || **1389** τολμήσουσιν L^2P^2 : -σουσ' LP || ἐχθρούς LP : ἐχθρούς τε L^2P^2.

Passons à autre chose : il ne faut pas que pour une femme, cet homme entre en lutte avec tous les Argiens et trouve la mort. Qu'un seul homme voie la lumière du jour plutôt que mille femmes[1] ! Si Artémis a jugé bon de s'emparer de ma personne, vais-je, moi qui suis mortelle, affronter une déesse ? Non, c'est impossible[2] : j'offre ma personne à la Grèce. Immolez-la, allez détruire Ilion. Voilà le monument qui perpétuera ma mémoire, voilà mes enfants, mon hymen et ma gloire[3]. Aux barbares, il convient que les Grecs commandent, et non, ma mère, les barbares aux Grecs ; ceux-là sont des esclaves, et nous des êtres libres[4*].

Le Coryphée. — Ton cœur, jeune fille, est généreux. Tout le mal vient du destin et de la déesse[5*].

Achille[6*]. — Fille d'Agamemnon, un dieu allait mettre le comble à mon bonheur, pour peu que je t'aie obtenue pour épouse. J'envie la Grèce de t'avoir à elle, je t'envie d'être à la Grèce, car tes paroles ont été belles et dignes de ta patrie[7*]. En renonçant à lutter contre la divinité, maîtresse de toi, tu as choisi le parti honorable et nécessaire[8*]. Mais le désir de t'épouser grandit en moi à considérer ta nature, car tu es un noble cœur. Songes-y : pour moi, je désire te servir et t'emmener à mon foyer, et je souffre — Thétis m'en soit témoin — à l'idée de ne pouvoir pour ton salut engager la lutte avec les Danaens. Réfléchis : la mort est un mal atroce[9*].

1. Cette affirmation d'Iphigénie a choqué et l'on a mis en cause la prétendue misogynie d'Euripide. En fait, la jeune fille traduit — avec un peu d'exagération, peut-être, due à son état d'exaltation — une opinion commune dans la société grecque classique.

2. La volonté de la déesse constitue un second ἀμήχανον.

3. La tension d'esprit de la jeune fille se manifeste en particulier par les asyndètes. Ses termes sont à peu près ceux de Macarie sur le point de se sacrifier pour les siens (*Hcld.* 591-592 : Τάδ' ἀντὶ παίδων ἐστί μοι κειμήλια | καὶ παρθενείας), et ceux d'Oreste à Électre (*Or.* 1050) : Τάδ' ἀντὶ παίδων καὶ γαμηλίου λέχους.

Τί τὸ δίκαιον τοῦτό γ'; ἆρ' ἔχοιμ' ἂν ἀντειπεῖν ἔπος;
  Κἀπ' ἐκεῖν' ἔλθωμεν. Οὐ δεῖ τόνδε διὰ μάχης μολεῖν
πᾶσιν Ἀργείοις γυναικὸς εἵνεκ' οὐδὲ κατθανεῖν.
Εἷς γ' ἀνὴρ κρείσσων γυναικῶν μυρίων ὁρᾶν φάος.
Εἰ δ' ἐβουλήθη τὸ σῶμα τοὐμὸν Ἄρτεμις λαβεῖν,
ἐμποδὼν γενήσομαι 'γὼ θνητὸς οὖσα τῇ θεῷ;
Ἀλλ' ἀμήχανον· δίδωμι σῶμα τοὐμὸν Ἑλλάδι.
Θύετ', ἐκπορθεῖτε Τροίαν. Ταῦτα γὰρ μνημεῖά μου
διὰ μακροῦ, καὶ παῖδες οὗτοι καὶ γάμοι καὶ δόξ' ἐμή.
Βαρβάρων δ' Ἕλληνας ἄρχειν εἰκός, ἀλλ' οὐ βαρ-
[βάρους,
μῆτερ, Ἑλλήνων· τὸ μὲν γὰρ δοῦλον, οἳ δ' ἐλεύ-
[θεροι.

ΧΟ. Τὸ μὲν σόν, ὦ νεᾶνι, γενναίως ἔχει·
τὸ τῆς τύχης δὲ καὶ τὸ τῆς θεοῦ νοσεῖ.

ΑΧ. Ἀγαμέμνονος παῖ, μακάριόν μέ τις θεῶν
ἔμελλε θήσειν, εἰ τύχοιμι σῶν γάμων.
Ζηλῶ δὲ σοῦ μὲν Ἑλλάδ', Ἑλλάδος δὲ σέ.
Εὖ γὰρ τόδ' εἶπας ἀξίως τε πατρίδος·
τὸ θεομαχεῖν γὰρ ἀπολιποῦσ', ὅ σου κρατεῖ,
ἐξελογίσω τὰ χρηστὰ τἀναγκαῖά τε.
Μᾶλλον δὲ λέκτρων σῶν πόθος μ' ἐσέρχεται
εἰς τὴν φύσιν βλέψαντα· γενναία γὰρ εἶ.
Ὅρα δ'· ἐγὼ γὰρ βούλομαί σ' εὐεργετεῖν,
λαβεῖν τ' ἐς οἴκους· ἄχθομαί τ', ἴστω Θέτις,
εἰ μή σε σώσω Δαναΐδαισι διὰ μάχης

Test. **1400** Arist., *Polit.* I, 2, 4, 1252 b 8.

1391 τοῦτό γ'; ἆρ' ἔχοιμ' Hermann : τοῦτ' ἆρ' ἔχοιμεν LP τοῦτό γ' ἆρ' ἔχοιμεν L^{2}P^2 τ' pro γ' P^3 || **1393** εἵνεκ' Nauck : ἕνεκ' LP || **1395** τὸ P^2 : om. LP || **1396** γενήσομαι 'γὼ Reiske : γενήσομ' ἐγὼ LP || **1398** Θύετ', ἐκπορθεῖτε LP^2 : θύετε πορθ- P || **1400** ἄρχειν εἰκός Arist. : εἰ. ἄ. LP || **1401** οἳ δ' ἐλεύθεροι L^{3}P^3 : τὸ δ' ἐλεύθερον LP || **1406** σοῦ Paris. 2817 s. l. : τοῦ LP || **1409** ἐξελογήσω P corr. P^2 || τἀναγκαῖά τε Reiske : τά τ' ἀναγκαῖά γε LP^2 τὰ δ' ἀναγκαῖά γε P || **1410** σῶν L^{3}P^3 : μοι σῶν LP || ἐσέρχεται Nauck : εἰσ- LP.

Iphigénie. — Je parle ici sans aucune considération pour qui que ce soit. C'est assez que pour sa personne la fille de Tyndare provoque parmi les guerriers des luttes meurtrières. Toi, étranger, ne va pas mourir ni tuer pour moi. Laisse-moi sauver la Grèce, si je le puis[1].

Achille. — Résolution admirable[2*] ! Je n'ai plus rien à répondre, puisque ta décision est prise. Tes sentiments sont généreux : pourquoi ne pas le dire, puisque c'est vrai. Toutefois, tu pourrais encore changer d'avis ; sache donc ce que je te propose : j'irai placer ces armes près de l'autel, non pour permettre mais pour empêcher ta mort. Peut-être feras-tu toi-même usage de mes avis, quand tu verras le couteau s'approcher de ta gorge. Je ne te laisserai donc pas mourir victime de ta folie. Je me rends avec ces armes au temple de la déesse, et là-bas je guetterai ta venue[3*].

Achille sort.

Iphigénie[4*]. — Ma mère, pourquoi ce silence et ces yeux mouillés de larmes?

Clytemnestre. — Je n'ai dans mon malheur que trop de raisons d'avoir le cœur douloureux.

Iphigénie. — Arrête-toi, ne m'affaiblis pas, et accorde-moi ce vœu.

Clytemnestre. — Parle, car ce n'est pas moi qui te ferai tort en rien, mon enfant.

Iphigénie. — Alors ne va pas te couper de boucles de cheveux, ne revêts pas ton corps de vêtements noirs[5*].

Clytemnestre. — Qu'as-tu dit là, mon enfant? Après t'avoir perdue!

Iphigénie. — Non pas : je suis sauvée et par moi tu connaîtras la gloire.

1. La fin du v. 1416, après Λέγω τάδ', n'est pas de première main et remonte au mieux à Triclinius, au pire à Musurus. La réponse d'Iphigénie traduit à la fois ses sentiments intimes et sa résolution patriotique. Comme le remarque H. Weil, le vocatif ξένε n'a guère de correspondant en français, se situant entre *étranger* et *ami*.

ἐλθών · ἄθρησον, ὁ θάνατος δεινὸν κακόν.
ΙΦ. Λέγω τάδ' οὐδὲν οὐδέν' εὐλαβουμένη.
'Η Τυνδαρὶς παῖς διὰ τὸ σῶμ' ἀρκεῖ μάχας
ἀνδρῶν τιθεῖσα καὶ φόνους · σὺ δ', ὦ ξένε,
μὴ θνῆσκε δι' ἐμὲ μηδ' ἀποκτείνῃς τινά.
Ἔα δὲ σῶσαί μ' Ἑλλάδ', ἢν δυνώμεθα.
ΑΧ. Ὦ λῆμ' ἄριστον, οὐκ ἔχω πρὸς τοῦτ' ἔτι
λέγειν, ἐπεί σοι τάδε δοκεῖ · γενναῖα γὰρ
φρονεῖς · τί γὰρ τἀληθὲς οὐκ εἴποι τις ἄν;
Ὅμως δ', ἴσως γὰρ κἂν μεταγνοίης τάδε,
ὡς οὖν ἂν εἰδῇς τἀπ' ἐμοῦ λελεγμένα,
ἐλθὼν τάδ' ὅπλα θήσομαι βωμοῦ πέλας,
ὡς οὐκ ἐάσων σ', ἀλλὰ κωλύσων θανεῖν.
Χρήσει δὲ καὶ σὺ τοῖς ἐμοῖς λόγοις τάχα,
ὅταν πέλας σῆς φάσγανον δέρης ἴδῃς.
Οὔκουν ἐάσω σ' ἀφροσύνῃ τῇ σῇ θανεῖν ·
ἐλθὼν δὲ σὺν ὅπλοις τοῖσδε πρὸς ναὸν θεᾶς
καραδοκήσω σὴν ἐκεῖ παρουσίαν.
ΙΦ. Μῆτερ, τί σιγῇ δακρύοις τέγγεις κόρας;
ΚΛ. Ἔχω τάλαινα πρόφασιν ὥστ' ἀλγεῖν φρένα.
ΙΦ. Παῦσαι, 'μὲ μὴ κάκιζε · τάδε δέ μοι πιθοῦ.
ΚΛ. Λέγ', ὡς παρ' ἡμῶν οὐδὲν ἀδικήσῃ, τέκνον.
ΙΦ. Μήτ' οὖν γε τὸν σὸν πλόκαμον ἐκτέμῃς τριχός,
μήτ' ἀμφὶ σῶμα μέλανας ἀμπίσχῃ πέπλους.
ΚΛ. Τί δὴ τόδ' εἶπας, [ὦ] τέκνον; ἀπολέσασά σε...
ΙΦ. Οὐ σύ γε · σέσωσμαι, κατ' ἐμὲ δ' εὐκλεὴς ἔσῃ.

1415 ἄθροισον P || **1416** τάδ' οὐδὲν οὐδέν' εὐλαβουμένη P[3] : τάδε et nota λείπ(ει) in LP οὐδὲν οὐδὲν εὐλ. erasa nota add. L[2] || **1417** ἀρκεῖ Hardouin : ἄρχει LP || μάχης L[2] || **1424** γὰρ Hermann : γε LP || **1426** ἐλθὼν τάδ' LP[3] : ἐλθόντα δ' P || **1434-1436** lineola pro personarum notis in LP || **1435** παῦσαι, 'μὲ Porson : παῦσαί με LP || δέ μοι Kayser : δ' ἐμοὶ LP || **1438** del. Burges || **1439** δὴ Barnes : δῆτα LP || ὦ del. Markland.

CLYTEMNESTRE. — Comment dis-tu? Il ne faut pas que je porte le deuil de ta vie?

IPHIGÉNIE. — Nullement, puisqu'on ne m'élèvera pas de tombeau.

CLYTEMNESTRE. — Quoi? Si tu meurs, une tombe n'est-elle pas d'usage?

IPHIGÉNIE. — L'autel de la déesse, de la fille de Zeus, sera mon monument.

CLYTEMNESTRE. — Eh bien, mon enfant, j'obéirai à ces nobles paroles.

IPHIGÉNIE. — Je parle en femme heureuse, en bienfaitrice de la Grèce.

CLYTEMNESTRE. — Quel message transmettrai-je à tes sœurs de ta part?

IPHIGÉNIE. — Ne leur mets pas non plus de vêtements noirs.

CLYTEMNESTRE. — Dirai-je à ces jeunes filles quelque parole affectueuse venue de toi?

IPHIGÉNIE. — Qu'elles soient heureuses. Et mon petit Oreste, fais-en un homme.

CLYTEMNESTRE. — Embrasse-le : tu le contemples pour la dernière fois.

IPHIGÉNIE. — Mon chéri, autant que tu le pouvais tu as aidé les tiens[1*].

CLYTEMNESTRE. — De retour dans Argos, puis-je faire quelque chose qui t'agrée?

IPHIGÉNIE. — Ne marque pas de haine à mon père, ton époux.

CLYTEMNESTRE. — De terribles épreuves l'attendent sur sa route, à cause de toi!

IPHIGÉNIE. — C'est malgré lui qu'il m'a perdue, pour sauver la terre de Grèce.

CLYTEMNESTRE. — Par un subterfuge infâme et indigne d'Atrée[2*].

IPHIGÉNIE. — Qui me conduira à l'autel, avant que l'on ne m'y traîne par les cheveux[3*]?

CLYTEMNESTRE. — Moi : j'irai avec toi...

IPHIGÉNIE. — Non pas toi. Ton avis n'est pas bon.

CLYTEMNESTRE. — en m'attachant à ta robe.

IPHIGÉNIE. — Ma mère, crois m'en, reste. Cela vaut mieux pour toi comme pour moi. Qu'un des serviteurs de mon père, ici présents, me conduise au pré d'Artémis, où l'on doit m'immoler.

CLYTEMNESTRE. — Mon enfant, tu t'en vas?

ΚΛ. Πῶς εἶπας; οὐ πενθεῖν με σὴν ψυχὴν χρεών;
ΙΦ. Ἥκιστ', ἐπεί μοι τύμβος οὐ χωσθήσεται.
ΚΛ. Τί δ'; Εἰ σὺ θνῄσκεις, οὐ τάφος νομίζεται;
ΙΦ. Βωμὸς θεᾶς μοι μνῆμα τῆς Διὸς κόρης.
ΚΛ. Ἀλλ', ὦ τέκνον, σοὶ πείσομαι· λέγεις γὰρ εὖ.
ΙΦ. Ὡς εὐτυχοῦσά γ' Ἑλλάδος τ' εὐεργέτις.
ΚΛ. Τί δὴ κασιγνήταισιν ἀγγελῶ σέθεν;
ΙΦ. Μηδ' ἀμφὶ κείναις μέλανας ἐξάψῃς πέπλους.
ΚΛ. Εἴπω δὲ παρὰ σοῦ φίλον ἔπος τι παρθένοις;
ΙΦ. Χαίρειν γ'· Ὀρέστην τ' ἔκτρεφ' ἄνδρα τόνδε μοι.
ΚΛ. Προσέλκυσαί νιν ὕστατον θεωμένη.
ΙΦ. Ὦ φίλτατ', ἐπεκούρησας ὅσον εἶχες φίλοις.
ΚΛ. Ἔσθ' ὅ τι κατ' Ἄργος δρῶσά σοι χάριν φέρω;
ΙΦ. Πατέρα τὸν ἀμὸν μὴ στύγει, πόσιν γε σόν.
ΚΛ. Δεινοὺς ἀγῶνας διὰ σὲ δεῖ κεῖνον δραμεῖν.
ΙΦ. Ἄκων μ' ὑπὲρ γῆς Ἑλλάδος διώλεσεν.
ΚΛ. Δόλῳ δ', ἀγεννῶς Ἀτρέως τ' οὐκ ἀξίως.
ΙΦ. Τίς μ' εἶσιν ἄξων πρὶν σπαράσσεσθαι κόμης;
ΚΛ. Ἐγώ, μετά γε σοῦ...
ΙΦ. Μὴ σύ γ'· οὐ καλῶς λέγεις.
ΚΛ. πέπλων ἐχομένη σῶν.
ΙΦ. Ἐμοί, μῆτερ, πιθοῦ,
μέν'· ὡς ἐμοί τε σοί τε κάλλιον τόδε.
Πατρὸς δ' ὀπαδῶν τῶνδέ τίς με πεμπέτω
Ἀρτέμιδος εἰς λειμῶν', ὅπου σφαγήσομαι.
ΚΛ. Ὦ τέκνον, οἴχῃ;

1441-1466 lineolae pro personarum notis in L et **1441-1451** in P || **1443** Τί δ'; Εἰ σὺ θνῄσκεις, Hartung : τί δὲ (δὴ P^2 δαὶ L^2) τὸ θνῄσκειν LP || **1445** Ἀλλ' LP : ἆρα P^3 || **1447** δὴ ut uid. L : δὲ P δαὶ L^2 || **1448** ἐξάψῃς Reiske : -ψῃ LP || **1449** τι Estienne : τί LP || **1450** τόνδε μοι P^2 : τόνδ' ἐμοί LP || **1454** τὸν ἀμὸν Scaliger : τὸν ἐμὸν LP γε τ. ἐ. L^2 || γε Elmsley : τε LP || **1455** δεῖ κεῖνον Porson : κ. δ. LP || **1456** διώλεσεν L^2 : -σε LP || **1458** σπαράσσεσθαι Elmsley : -ξεσθαι LP || κόμας P^3.

IPHIGÉNIE. — Oui, et sans retour.

CLYTEMNESTRE. — Tu laisses ta mère?

IPHIGÉNIE. — Tu le vois : sans que tu l'aies mérité[1].

CLYTEMNESTRE. — Arrête, ne m'abandonne pas!

IPHIGÉNIE. — Je ne veux pas que tu verses de larmes. (*Elle se tourne vers le Chœur.*) Et vous[2], jeunes femmes, entonnez pieusement sur ma destinée un péan en l'honneur de la fille de Zeus, Artémis. Que les Danaens gardent un pieux silence. Que l'on prépare les corbeilles, que la flamme consume l'orge lustrale, que mon père fasse par la droite le tour de l'autel. Car c'est le salut que je viens apporter aux Grecs, et la victoire.

Conduisez-moi, conquérante de la cité d'Ilion et des Phrygiens[3]*. *Donnez, apportez des bandelettes pour ceindre mon front — voici mes tresses à couronner — et l'eau vive des lustrations.*

Déroulez vos rondes autour du temple, autour de l'autel, pour Artémis, la souveraine Artémis, la bienheureuse. Ainsi, puisqu'il le faut, par le sacrifice de mon sang, j'effacerai l'oracle[4]*.

O mère, mère vénérée, je ne t'offrirai pas mes larmes : elles ne conviennent pas dans les sacrifices[5]*.

Iô! Iô! Jeunes femmes, chantez avec moi pour apaiser Artémis, maîtresse de la rive qui fait face à Chalcis, ici

1. Οὐκ ἀξίως, leçon des manuscrits, est compris tantôt comme *sans le mériter*, tantôt comme *sans que tu le mérites*. La délicatesse d'Iphigénie rend le second sens plus vraisemblable. Hermann avait proposé εὖ κἀξίως : *en toute dignité*.

2. Ce court morceau forme comme un prélude au *commos*, suivant un procédé très caractéristique du style tragique tardif. La jeune fille organise elle-même la procession et les rites préliminaires au sacrifice. Elle ne sort pas sur un *thrène*, mais sur un *péan* de victoire (1474). Les rites comportent le silence religieux (εὐφημία), l'emploi de la corbeille, le feu purificateur (voir 435 ; 1112). La conformité au rituel est attestée en particulier par *Her.* 926 et Aristophane, *Paix* 955-962. Ἑλέπτολις (1476 et 1511) reprend, avec une toute autre valeur, l'épithète par laquelle Eschyle (*Agam.* 689) qualifiait Hélène.

ΙΦ. Καὶ πάλιν γ' οὐ μὴ μόλω.
ΚΛ. Λιποῦσα μητέρ';
ΙΦ. Ὡς ὁρᾷς γ', οὐκ ἀξίως.
ΚΛ. Σχές, μή με προλίπῃς.
ΙΦ. Οὐκ ἐῶ στάζειν δάκρυ.
Ὑμεῖς δ' ἐπευφημήσατ', ὦ νεάνιδες,
παιᾶνα τἠμῇ συμφορᾷ Διὸς κόρην
Ἄρτεμιν· ἴτω δὲ Δαναΐδαις εὐφημία.
Κανᾶ δ' ἐναρχέσθω τις, αἰθέσθω δὲ πῦρ
προχύταις καθαρσίοισι, καὶ πατὴρ ἐμὸς
ἐνδεξιούσθω βωμόν· ὡς σωτηρίαν
Ἕλλησι δώσουσ' ἔρχομαι νικηφόρον.
Ἄγετέ με τὰν Ἰλίου
καὶ Φρυγῶν ἑλέπτολιν.
Στέφεα περίβολα δίδοτε φέρε-
τε — πλόκαμος ὅδε καταστέφειν —
χερνίβων τε παγάς.
Ἑλίσσετ' ἀμφὶ ναὸν
ἀμφὶ βωμὸν Ἄρτεμιν,
τὰν ἄνασσαν Ἄρτεμιν,
τὰν μάκαιραν· ὡς ἐμοῖσιν, εἰ χρέων,
αἵμασι θύμασί τε
θέσφατ' ἐξαλείψω.
Ὦ πότνια πότνια μᾶτερ, οὐ δάκρυά γέ σοι
δώσομεν ἁμέτερα·
παρ' ἱεροῖς γὰρ οὐ πρέπει.
Ἰὼ ἰὼ νεάνιδες,

Test. **1475-1476**; **1480** cf. Enn., *Iph.*, fr. XCIV Joc.

1465 μητέρ' edd. : μητέρα LP || **1467** ἐπευφημήσατ' LP[2] : ἐπεφη- P || **1475** ἡλίου L corr. L[2] || **1479** παγάς Reiske : παγαῖσι L[2] -σιν P παγᾷ ut uid. L || **1480** λαὸν P corr. P[3] || **1487-1490** Iphig. continuat Seidler : Χο. LP || **1487** μᾶτερ Hermann : μῆτερ LP || **1488** οὐ England : ὡς LP || **1490** ἱεροῖς LP[3] : ἱερεῖς P || **1491** Ἰὼ ἰὼ Hermann : ὦ L[2]P om. L.

où par mon nom se déchaînent les lances meurtrières, dans cette rade étroite d'Aulis[1].

Iô! Terre maternelle, terre des Pélages, Mycènes, mon foyer!

LE CHŒUR. — *Invoques-tu la cité de Persée, ouvrage des bras cyclopéens*[2]*?*

IPHIGÉNIE. — *Tu m'as nourrie pour être la lumière de la Grèce : je ne regrette pas de mourir.*

LE CHŒUR. — *Oui, ne crains pas que ta gloire s'efface.*

IPHIGÉNIE. — *Iô! Iô! Flambeau du jour, splendeur de Zeus, une autre vie, un autre destin vont être mon partage. Adieu, clarté chérie*[3]*!*

Iphigénie sort. Clytemnestre rentre dans la tente.

LE CHŒUR[4]*. — *Iô! Iô! Voyez la conquérante de la cité d'Ilion et des Phrygiens. Elle s'avance, pour offrir sa tête aux bandelettes et à l'eau vive des lustrations, vers l'autel de la cruelle déesse.*

1. Plusieurs éditeurs à la suite de Matthiae ont retranché τᾶσδε comme une glose. δόρατα, généralement compris au sens de *lances* (cf. *Troy.* 1301 : δαΐῳ τε λόγχᾳ) a été aussi interprété au sens de *navires*, qui ne semble cependant pas attesté chez Euripide. Le parfait μέμονε peut venir de μένειν, *attendre, rester ferme*, mais aussi de μαίνεσθαι (la forme courante, donnée par P^2, étant μέμηνε) : *être furieux, se déchaîner*.

2. La patrie d'Iphigénie est évoquée à travers plusieurs motifs légendaires : l'Argos pélasgique (outre le roi Pélasgos des *Suppliantes* d'Eschyle, voir *Hcld.* 316 ; *Or.* 960 ; 1601) ; les murs cyclopéens (voir *supra* 152 ; 534) ; Persée, fondateur mythique de la citadelle de Mycènes (*Hél.* 1464). Sur les Cyclopes et Mycènes, voir *Recueil Charles Dugas*, de Boccard, 1960, p. 158-159.

3. L'adieu traditionnel à la lumière (comparer *Alc.* 206-207 ; 244-245 ; *Héc.* 411-412 ; 435) semble se doubler chez Iphigénie de l'espoir d'une autre vie après la mort. Mais il serait imprudent de chercher dans ces vers, comme on l'a fait, un témoignage sur la pensée religieuse du poète. Iphigénie doit amorcer ici son mouvement de sortie de scène, accompagnée par le chant du Chœur.

συνεπαείδετ' Ἄρτεμιν
Χαλκίδος ἀντίπορον,
ἵνα τε δόρατα μέμονε δάϊα
δι' ἐμὸν ὄνομα τᾶσδ' Αὐλίδος
στενοπόροις ἐν ὅρμοις.
Ἰὼ γᾶ μᾶτερ, ὦ Πελασγία,
Μυκηναῖαί τ' ἐμαὶ θεράπναι.

ΧΟ. Καλεῖς πόλισμα Περσέως,
Κυκλωπίων πόνον χερῶν;
ΙΦ. Ἐθρέψαθ' Ἑλλάδι με φάος,
θανοῦσα δ' οὐκ ἀναίνομαι.
ΧΟ. Κλέος γὰρ οὔ σε μὴ λίπῃ.
ΙΦ. Ἰὼ ἰώ·
λαμπαδοῦχος ἁμέρα
Διός τε φέγγος, ἕτερον ἕτερον
αἰῶνα καὶ μοῖραν οἰκήσομεν.
Χαῖρέ μοι, φίλον φάος.
ΧΟ. Ἰὼ ἰώ·
ἴδεσθε τὰν Ἰλίου
καὶ Φρυγῶν ἑλέπτολιν
στείχουσαν, ἐπὶ κάρα στέφεα
βαλουμέναν χερνίβων τε παγάς,
βωμὸν αἵμονος θεᾶς
ῥανίσιν αἱματορρύτοις

1495 δόρατα L^2P^2 : δώ- LP ‖ μέμηνε P^2 ‖ **1497** στενοπόροις ἐν Burges : -πόροισιν LP καὶ praem. P^3 ‖ **1498** μᾶτερ Seidler : μῆτερ LP ‖ **1499** θεράπναι (-ναι s. l.) L^2 : θεράπαι L θεράπαιναι P ‖ **1500-1508** Π^2 ‖ **1502** ἐθρέψαθ' Ἑλλάδι με Elmsley : ἔθρεψας ἑλλάδι μέγα LP ἐμὲ post ἔθρ. add. L^2 ‖ **1507-1508** ἕτερον ἕτερον LP : alt. ἕτερον eras. sed rescr. L^2 ‖ **1509** φίλος L corr. L^2 ‖ **1510-1531** interpolatori tribuit Kirchhoff quem complures critici secuti sunt, ut offendunt tot uocabula uerbatim repetita. Metrum etiam frequenter adulteratur ‖ **1510** ΧΟ. LP : continuat Iphig. Nauck ‖ **1512** στέφεα Seidler : στέφη LP ‖ **1513** βαλουμέναν Hartung : βαλλο- LP ‖ παγάς L^2 : παγαῖς LP ‖ **1514** αἵμονος Dindorf : γε δαίμονος LP.

Elle va l'arroser des flots de sang jaillis de sa belle gorge sous le couteau[1]. *L'eau limpide que versera ton père t'attend avec les ablutions, et l'armée achéenne qui aspire à gagner la cité d'Ilion.*

Allons invoquer la fille de Zeus, Artémis, déesse souveraine[2], *pour un destin propice.*

O maîtresse, maîtresse, aie pour agréable le sacrifice d'une mortelle, conduis l'armée des Grecs au pays phrygien et au séjour de la perfide Troie.

Accorde aussi aux armes d'Agamemnon qu'il ceigne la Grèce de la plus glorieuse des couronnes et son propre front d'une gloire impérissable[3] *!*

Entre un Messager. Clytemnestre paraît, sortant de la tente[4*].

LE MESSAGER. — Fille de Tyndare, Clytemnestre, sors de cette tente pour entendre mes paroles.

CLYTEMNESTRE. — A l'appel de ta voix, me voici, toute tremblante — infortunée — et frappée de terreur. Viendrais-tu m'annoncer quelque malheur nouveau s'ajoutant à mes malheurs présents ?

LE MESSAGER. — Mais non : pour ta fille, je veux t'annoncer des prodiges étonnants[5*].

CLYTEMNESTRE. — Ne tarde pas, alors : hâte-toi de t'expliquer.

1. La syntaxe de ces vers est correcte, mais quelque peu embarrassée. La suppression de σφαγεῖσαν comme une glose (Dindorf, Weil) ne nous paraît pas justifiée.

2. L'expression θεῶν ἄνασσαν est impropre pour Artémis. S. Ras, *Rev. Phil.* 18, 1944, p. 173-174, proposait de lire (au prix d'une légère correction métrique) θηρῶν ἄνασσαν, *la Maîtresse des Fauves* (cf. *Il.* Φ 470-471 : πότνια θηρῶν | Ἄρτεμις).

3. Là encore, les difficultés de construction et les altérations du mètre traduisent une corruption certaine du texte, mais le sens général n'est pas douteux. δολόεντα fait référence à la perfidie de Pâris. J. T. Hooker, *Studii Clasice*, 23, 1985, p. 101-02, défend l'authenticité des v. 1510-1531, pour lesquels il propose diverses corrections.

ῥανοῦσαν εὐφυῆ τε σώματος δέρην
σφαγεῖσαν. Εὔδροσοι παγαὶ
πατρῷαι μένουσι χέρνιβές τέ σε
στρατός τ' Ἀχαιῶν θέλων
Ἰλίου πόλιν μολεῖν.
Ἀλλὰ τὰν Διὸς κόραν
κλῄσωμεν Ἄρτεμιν, θεῶν ἄνασσαν,
ὡς ἐπ' εὐτυχεῖ πότμῳ.
Ὦ πότνια ⟨πότνια⟩ θύμασι⟨ν⟩ βροτησίοις
χαρεῖσα, πέμψον εἰς Φρυγῶν
γαῖαν Ἑλλάνων στρατὸν
καὶ δολόεντα Τροίας ἕδη,
Ἀγαμέμνονά τε λόγχαις
Ἑλλάδι κλεινότατον στέφανον
δὸς ἀμφὶ κάρα ⟨θ'⟩ ἑὸν
κλέος ἀείμνηστον ἀμφιθεῖναι.

ΑΓΓΕΛΟΣ

Ὦ Τυνδαρεία παῖ, Κλυταιμήστρα, δόμων
ἔξω πέρασον, ὡς κλύῃς ἐμῶν λόγων.

ΚΛ. Φθογγῆς κλύουσα δεῦρο σῆς ἀφικόμην,
ταρβοῦσα τλήμων κἀκπεπληγμένη φόβῳ,
μή μοί τιν' ἄλλην ξυμφορὰν ἥκῃς φέρων
πρὸς τῇ παρούσῃ.

ΑΓ. Σῆς μὲν οὖν παιδὸς πέρι
θαυμαστά σοι καὶ δεινὰ σημῆναι θέλω.

ΚΛ. Μὴ μέλλε τοίνυν, ἀλλὰ φράζ' ὅσον τάχος.

1516 ῥανοῦσαν Markland : θαν- LP ‖ **1517** σφαγεῖσαν secl. Dindorf ‖ **1518** πατῷαι P ‖ χέρνιβές τέ σε Seidler : σε χέρν. τε LP ‖ **1522** ἄτεμιν P ‖ θεῶν ἄνασσαν LP : τὰν ἄν- col. 1482 prop. Dain ‖ **1524** πότνια πότνια Hermann : πότνια LP πότνα L^2 ‖ θύμασιν Hermann : -σι LP ‖ **1527-1530** locus nondum sanatus metrum uu. **1527 1528 1530** claudicat ‖ **1530** θ' add. Scaliger ‖ post ἑὸν eras. aliquid P^2 ‖ **1533** κλύῃς L^2 : κλύεις LP κλύοις P^3 ‖ **1536** ἥκῃς Portus : ἥκεις LP.

Le Messager. — Eh bien, ma chère maîtresse, tu vas tout savoir exactement. Je prendrai les faits du début, à moins que le trouble de mon esprit n'égare ma langue au cours de mon récit.

Or donc, nous sommes arrivés au bosquet de la fille de Zeus, Artémis, et à ses prés fleuris, où devait se rassembler l'armée achéenne[1]. Nous conduisions ton enfant. Aussitôt les Argiens s'y pressent en foule. Quand le roi Agamemnon aperçut sa fille qui, marchant au supplice, pénétrait dans le bois, il poussa un gémissement. Détournant la tête, il versait des larmes, le manteau tendu devant les yeux[2].

Elle vint se placer près de son père et lui dit : « Père, me voici. Je livre ma personne pour ma patrie et pour la terre de Grèce tout entière : sacrifiez-moi, j'y consens, menez-moi à l'autel de la déesse, puisque l'oracle l'exige. Autant qu'il dépend de moi, soyez heureux, obtenez la victoire pour vos armes et regagnez le sol de la patrie. Aussi, qu'aucun Argien ne porte la main sur moi : je tendrai ma gorge en silence, courageusement »[3]*.

Elle n'en dit pas plus. Chacun à l'entendre fut frappé de stupeur devant la grandeur d'âme et la vaillance de la vierge. Se dressant au milieu de la foule, Talthybios, dont c'était l'office, prescrivit à l'armée le silence rituel[4]*. Le devin Calchas déposa dans la corbeille d'or l'épée acérée qu'il avait tirée du fourreau, puis couronna la jeune fille[5]*. Le fils de Pélée prit la corbeille et l'eau

1. Comparer *Héc.* 521-522, et pour 1545, *supra* v. 514.

2. L'attitude d'Agamemnon est celle que lui prêtait Timanthe dans son fameux tableau (voir la *Notice*, p. 50), mais on ne peut préciser si Timanthe s'inspirait de ces vers ou l'auteur de l'*exodos* de l'œuvre du peintre (des environs de 400). L'Agamemnon de Racine (*Iph.* 1710) se voile aussi le visage. Au v. 1550, J. N. O'Sullivan (*Am. Journ. of Phil.* 97, 1976, p. 111-113) a défendu la leçon des manuscrits προῆγεν — diversement corrigée par les éditeurs — avec le sens de *produire, verser* (des larmes), d'après Achille Tatius, III, 14, 4 : οὕτω διέθηκε τὸν στρατηγόν... ὡς καὶ αὐτὸν δάκρυα προαγαγεῖν.

ΑΓ. Ἀλλ', ὦ φίλη δέσποινα, πᾶν πεύσῃ σαφῶς.
Λέξω δ' ἀπ' ἀρχῆς, ἤν τι μὴ σφαλεῖσά μου
γνώμη ταράξῃ γλῶσσαν ἐν λόγοις ἐμήν.
Ἐπεὶ γὰρ ἱκόμεσθα τῆς Διὸς κόρης
Ἀρτέμιδος ἄλσος λείμακάς τ' ἀνθεσφόρους,
ἵν' ἦν Ἀχαιῶν σύλλογος στρατεύματος,
σὴν παῖδ' ἄγοντες, εὐθὺς Ἀργείων ὄχλος
ἠθροίζεθ'. Ὡς δ' ἐσεῖδεν Ἀγαμέμνων ἄναξ
ἐπὶ σφαγὰς στείχουσαν εἰς ἄλσος κόρην,
ἀνεστέναξε, κἄμπαλιν στρέψας κάρα
δάκρυα προῆγεν ὀμμάτων πέπλον προθείς.
Ἡ δὲ σταθεῖσα τῷ τεκόντι πλησίον
ἔλεξε τοιάδ' · « Ὦ πάτερ, πάρειμί σοι,
τοὐμὸν δὲ σῶμα τῆς ἐμῆς ὑπὲρ πάτρας
καὶ τῆς ἁπάσης Ἑλλάδος γαίας ὕπερ
θῦσαι δίδωμ' ἑκοῦσα πρὸς βωμὸν θεᾶς
ἄγοντας, εἴπερ ἐστὶ θέσφατον τόδε.
Καὶ τοὐπ' ἔμ' εὐτυχοῖτε, καὶ νικηφόρου
δορὸς τύχοιτε πατρίδα τ' ἐξίκοισθε γῆν.
Πρὸς ταῦτα μὴ ψαύσῃ τις Ἀργείων ἐμοῦ ·
σιγῇ παρέξω γὰρ δέρην εὐκαρδίως. »
Τοσαῦτ' ἔλεξε · πᾶς δ' ἐθάμβησεν κλύων
εὐψυχίαν τε κἀρετὴν τῆς παρθένου.
Στὰς δ' ἐν μέσῳ Ταλθύβιος, ᾧ τόδ' ἦν μέλον,
εὐφημίαν ἀνεῖπε καὶ σιγὴν στρατῷ ·
Κάλχας δ' ὁ μάντις εἰς κανοῦν χρυσήλατον
ἔθηκεν ὀξὺ χειρὶ φάσγανον σπάσας
κολεῶν ἔσωθεν, κρᾶτά τ' ἔστεψεν κόρης.
Ὁ παῖς δ' ὁ Πηλέως ἐν κύκλῳ βωμὸν θεᾶς

Test. **1547-1549** cf. Lucr., I, 89-90.

1544 ἀνθεσφόρους LP : ἀνθη- L[2]P[3] || **1549** ἀνεστέναζε P || **1557** εὐτυχοῖτε Musurus : -χεῖτε LP || **1558** δορὸς Pierson : δώρου LP || **1559-1560** *cf. Hec.* 548-549 || **1561** ἐθάμβησεν Jacobs : -σε LP || **1567** κολεῶν L[2]P[2] : κου- LP || **1568** πηλέος L corr. ut uid. L[2].

lustrale, il décrivit un cercle autour de l'autel de la déesse en l'aspergeant, et dit : « Fille de Zeus, chasseresse, toi qui fais tourner dans la nuit ton flambeau brillant, agrée ce sacrifice que nous t'offrons, l'armée grecque et le roi Agamemnon ensemble, le sang pur de cette belle gorge virginale. Accorde à nos marins une traversée sans dommages et à nos armes la conquête de la citadelle troyenne[1] ! »

Les Atrides[2] et toute l'armée restaient immobiles, les yeux fixés à terre. Le prêtre saisit l'épée, prononça l'invocation et choisit l'endroit de la gorge où il devrait frapper. Moi aussi, je sentais une terrible angoisse me pénétrer le cœur et je restais la tête baissée. Soudain un prodige se manifeste à nos yeux : chacun avait entendu distinctement résonner le coup, mais on ne voyait pas en quel endroit de la terre la jeune fille avait disparu. Le prêtre pousse alors un cri et toute l'armée lui fait écho, à la vue d'un miracle inouï, œuvre de quelque divinité, devant lequel on ne pouvait même en croire ses yeux[3]* : une biche palpitante gisait sur le sol, d'une taille immense et d'une admirable beauté. Son sang ruisselait à flots sur l'autel de la déesse. A cet instant,

1. Le rôle actif d'Achille dans le sacrifice après son comportement antérieur fait d'autant plus problème que ces vers semblent calqués sur ceux d'*Hécube* où le héros était à sa place normale, puisqu'il consacrait la victime offerte à son père. (*Héc.* 534-541) ; comparer en particulier 1574 et *Héc.* 537. Les justifications proposées (autorité juridique d'Achille sur sa « fiancée », remplacement d'Agamemnon défaillant, acceptation de la décision de mourir réaffirmée par la jeune fille) ne suffisent pas à expliquer que le Péléide tienne le rôle de mandataire et de porte-parole de l'armée. D'autres motifs de suspicion sont fournis par les difficultés du texte, notamment au v. 1573, et l'association d'Artémis et de la Lune en 1571.

2. A partir de 1578, la plupart des éditeurs renoncent à défendre un texte qui abonde en fautes de tous ordres, en particulier de métrique (1580 ; 1584 ; 1589 ; etc.). Le ἱερεύς de 1578 est-il Calchas ou un sacrificateur distinct du grand-prêtre? Le tour ἵνα... ἄν, avec ἵνα au sens de *là où*, est d'une syntaxe douteuse. Le v. 1580 a été corrigé de diverses façons pour éviter un anapeste quatrième.

λαβὼν κανοῦν ἔβρεξε χέρνιβάς θ' ὁμοῦ,
ἔλεξε δ' « Ὦ παῖ Ζηνός, ὦ θηροκτόνε,
τὸ λαμπρὸν εἱλίσσουσ' ἐν εὐφρόνῃ φάος,
δέξαι τὸ θῦμα τόδ' ὅ γέ σοι δωρούμεθα
στρατός τ' Ἀχαιῶν † Ἀγαμέμνων ἄναξ θ' ὁμοῦ †,
ἄχραντον αἷμα καλλιπαρθένου δέρης,
καὶ δὸς γενέσθαι πλοῦν νεῶν ἀπήμονα
Τροίας τε πέργαμ' ἐξελεῖν ἡμᾶς δορί. »
 Εἰς γῆν δ' Ἀτρεῖδαι πᾶς στρατός τ' ἔστη βλέπων.
Ἱερεὺς δὲ φάσγανον λαβὼν ἐπηύξατο,
λαιμόν τ' ἐπεσκοπεῖθ', ἵνα πλήξειεν ἄν·
ἐμοὶ δέ τ' ἄλγος οὐ μικρὸν εἰσῄει φρενί,
κἄστην νενευκώς· θαῦμα δ' ἦν αἴφνης ὁρᾶν·
πληγῆς σαφῶς γὰρ πᾶς τις ᾔσθετο κτύπον,
τὴν παρθένον δ' οὐκ εἶδεν οὗ γῆς εἰσέδυ.
Βοᾷ δ' ἄρ' ἱερεύς, πᾶς δ' ἐπήχησε στρατός,
ἄελπτον εἰσιδόντες ἐκ θεῶν τινος
φάσμ', οὗ γε πίστις μηδ' ὁρωμένου παρῆν·
ἔλαφος γὰρ ἀσπαίρουσ' ἔκειτ' ἐπὶ χθονὶ
ἰδεῖν μεγίστη διαπρεπής τε τὴν θέαν,
ἧς αἵματι βωμὸς ἐραίνετ' ἄρδην τῆς θεοῦ.

1569 ἔβρεξε Weil : ἔθρεξε LP || **1570-1572** usque ad θῦμα in spatio uacuo relicto scr. alia manus antiqua (ante **1570** nota λείπ(ει) στιχ(ός) prius scripta deinde erasa) apud L ; pergit prima manus usque ad **1577**, exceptis **1570-1571**, quos recentior manus in fine paginae scripsit duobus lineis uacuis relictis et in nouo folio eadem manus fabulam expleuit atque uu. **1-35** fabulae *Danaes* add. apud P || **1570** παῖ Ζηνός, ὦ θηροκτόνε Nauck : παῖ ζηνὸς ἄρτεμις θηροκτόνε LP eras. παῖ ζηνὸς et scr. διὸς L² θηροκτόν' ἄρτεμι παῖ διός P² || **1573** Metrum claudicat, alii aliter corr. || **1577** Vix sanus. Hic incipit opus permulta byzantinorum continens. Vide ad *Not.* p. 27 et 55 || **1578** Ἱερεὺς L : ἱρεὺς P || **1580** ἄργος Pac || metrum corruptum δ' ἐσῄει τ' ἄλγος οὐ μικρὸν prop. Hermann || **1582** σαφῶς... ᾔσθετο κτύπον Weil : κτύπον... ᾔσθετ' ἂν σαφῶς LP || **1583** εἶδεν Matthiae : οἶδεν LP || οἶ P corr. P³ || **1584** δ' ἄρ' ἱερεύς, πᾶς Weil : δ' ἱερεύς, ἅπας LP || **1586** πίστις μήδ' ὁρωμένου Porson : μήδ' ὁρ. πίστις LP || **1589** Metrum corruptum alii aliter corr. || ἐραίνετ' P : ἐρραί- LP².

avec la joie que tu devines, Calchas dit : « Chefs de cette armée des Achéens unis, voyez-vous la victime que la déesse a déposée sur l'autel, une biche des montagnes[1] ? Elle l'agrée de préférence à la jeune fille pour ne pas souiller son autel d'un sang généreux. Ainsi satisfaite, elle nous accorde des vents favorables pour aller attaquer Ilion. Que chacun dans la flotte reprenne donc confiance et se rende à bord. Car aujourd'hui même il nous faut quitter les calanques d'Aulis et franchir les flots de l'Égée. »

Lorsque la victime eut été entièrement consumée dans la flamme d'Héphaïstos[2], Calchas fit les prières d'usage pour obtenir à l'armée une bonne traversée. Agamemnon m'envoie pour te rapporter cela, pour te dire aussi quel destin les dieux réservent à ta fille et quelle gloire impérissable elle s'est acquise à travers la Grèce. Moi-même qui étais là et qui ai vu la chose, je te le dis : à coup sûr, ton enfant s'est envolée chez les dieux. Prends sur ton chagrin[3]* et relâche ta colère envers ton époux. Imprévisible pour les mortels est l'action des dieux, et ils sauvent ceux qu'ils aiment. Ainsi ce jour a vu ta fille mourir et revoir la lumière[4]*.

Le Coryphée. — Quelle joie pour moi d'entendre ce message ! Il assure que ta fille est vivante et demeure chez les dieux.

1. θυσία au sens de *victime* n'apparaît que dans la prose tardive. Le v. 1592 est mal coupé et le μάλιστα de 1594 (pour μᾶλλον) difficile à justifier. Anomalies métriques aux v. 1596, 1599, 1604. Malgré cela, D. Page reconnaît que les v. 1597-1608 « coulent » assez bien.

2. Zielinski (*o. c.*, p. 284) remarque que c'est seulement dans un sacrifice expiatoire que toutes les viandes sont brûlées, et non dans un sacrifice propitiatoire comme celui-ci. Il croit trouver dans ces vers une trace de la dramaturgie de Sophocle, chez lequel Agamemnon expiait un outrage à Artémis. Pour éviter un anapeste second, au vers 1604, Weil remplaçait 'Αγαμέμνων par δὲ βασιλεύς.

Κἀν τῷδε Κάλχας — πῶς δοκεῖς; — χαίρων ἔφη·
« Ὦ τοῦδ' Ἀχαιῶν κοίρανοι κοινοῦ στρατοῦ,
ὁρᾶτε τήνδε θυσίαν, ἣν ἡ θεὸς
προὔθηκεν, ἔλαφον βωμίαν ὀρειδρόμον;
Ταύτην μάλιστα τῆς κόρης ἀσπάζεται,
ὡς μὴ μιάνῃ βωμὸν εὐγενεῖ φόνῳ.
Ἡδέως τε τοῦτ' ἐδέξατ' οὔριόν τε πλοῦν
δίδωσιν ἡμῖν Ἰλίου τ' ἐπιδρομάς.
Πρὸς ταῦτα πᾶς τις θάρσος αἶρε ναυβάτης,
χώρει τε πρὸς ναῦν· ἡμέρᾳ γὰρ τῇδε δεῖ
λιπόντας ἡμᾶς Αὐλίδος κοίλους μυχοὺς
Αἴγαιον οἶδμα διαπερᾶν. »
'Επεὶ δ' ἅπαν
κατηνθρακώθη θῦμ' ἐν Ἡφαίστου φλογί,
τὰ πρόσφορ' ηὔξαθ', ὡς τύχοι νόστου στρατός.
Πέμπει δ' Ἀγαμέμνων μ' ὥστε σοι φράσαι τάδε,
λέγειν θ' ὁποίας ἐκ θεῶν μοίρας κυρεῖ
καὶ δόξαν ἔσχεν ἄφθιτον καθ' Ἑλλάδα.
Ἐγὼ παρὼν δὲ καὶ τὸ πρᾶγμ' ὁρῶν λέγω·
ἡ παῖς σαφῶς σοι πρὸς θεοὺς ἀφίπτατο.
Λύπας δ' ἀφαίρει καὶ πόσει πάρες χόλον.
Ἀπροσδόκητα δὴ βροτοῖς τὰ τῶν θεῶν,
σῴζουσί θ' οὓς φιλοῦσιν· ἦμαρ γὰρ τόδε
θανοῦσαν εἶδε καὶ βλέπουσαν παῖδα σήν.

ΧΟ. Ὡς ἥδομαί τοι ταῦτ' ἀκούσασ' ἀγγέλου·
ζῶν δ' ἐν θεοῖσι σὸν μένειν φράζει τέκος.

Test. **1602** Mén., *Sam.* 674 Ja.

1592 ἡ L²P : ὁ L ‖ **1593** προὔθηκεν, ἔλαφον βωμίαν prop. Murray : προὔθηκε βωμίαν (βωμία P) ἔλ- LP ‖ **1595** μιάνῃ Paris. 2817 : μιάνοι LP ‖ **1596** ἐδέξατ' οὔριόν τε πλοῦν Semitelos : ἐδέξατο καὶ πλ. οὔ. LP ‖ **1598** αἶρε ναυβάτης LP² : αἴρ' ναυάτης P ‖ **1599** ἡμέρᾳ γὰρ Blaydes : ὡς ἡμέρα LP ‖ **1604** δ' Ἀγαμέμνων LP : δὲ βασιλεύς Weil ‖ **1607** δὲ L² : τε LP ‖ **1609** λύπας Bothe : λύπης LP ‖ **1610** δὴ βροτοῖς Bremi : δὲ βροτοῖσι LP ‖ **1611-1612** Bis legem porsonianam uiolat metrum.

Clytemnestre. — Mon enfant, quel est le dieu qui t'a ravie? De quel nom te saluer? Comment assurer que ce récit consolant n'est pas une vaine fiction destinée à apaiser en moi le chagrin de ta perte?

Le Coryphée. — Voici le seigneur Agamemnon qui s'avance : ce récit, il est en mesure de te le confirmer[1].

Agamemnon. — Femme, bénis soyons-nous dans notre fille, car il est bien réel qu'elle partage l'existence des dieux. Il te faut reprendre ce nourrisson de bonne race et rentrer au palais, car le départ de l'armée est en vue. Adieu ! Bien du temps s'écoulera avant que je ne t'adresse mon salut au retour de Troie. Et que tout aille bien pour toi[2] !

Le Coryphée. — Sois heureux, fils d'Atrée, à ton arrivée sur le sol phrygien, heureux à ton retour, avec les splendides trophées que tu nous rapporteras de Troie[3].

1. On distingue dans les v. 1615-1620 des traces du rythme anapestique qui est d'usage dans le couplet final de la tragédie. Toutefois l'altération est trop profonde pour permettre de rétablir le texte et le mètre.

2. On revient aux iambes pour les adieux d'Agamemnon, mais les v. 1621 et 1623 sont boiteux (εὐγενῆ pour νεαγενῆ supprime une des irrégularités). Pour le tour πρὸς πλοῦν ὁρᾷ, Weil cite le fr. 689, 4 N[2] (*Sylée*) : βλέπων πρὸς ἐμβολήν.

3. Il est impossible de rétablir un rythme anapestique normal pour les trois derniers vers. Nous reproduisons la colométrie des manuscrits.

ΚΛ. Ὦ παῖ, θεῶν τοῦ κλέμμα γέγονας;
πῶς σε προσείπω; πῶς δ' οὐ φῶ
παραμυθεῖσθαι τούσδε μάτην μύθους,
ὥς σου πένθους λυγροῦ παυσαίμαν;
ΧΟ. Καὶ μὴν Ἀγαμέμνων ἄναξ στείχει,
τούσδ' αὐτοὺς ἔχων σοι φράζειν μύθους.
ΑΓ. Γύναι, θυγατρὸς ἕνεκ' ὄλβιοι γενοίμεθ' ἄν·
ἔχει γὰρ ὄντως ἐν θεοῖς ὁμιλίαν.
Χρὴ δέ σε λαβοῦσαν τόνδε μόσχον εὐγενῆ
στείχειν πρὸς οἴκους· ὡς στρατὸς πρὸς πλοῦν ὁρᾷ.
Καὶ χαῖρε. Χρόνια τἀμά σοι προσφθέγματα
Τροίηθεν ἔσται· καὶ γένοιτό σοι καλῶς.
ΧΟ. Χαίρων, Ἀτρείδη, γῆν ἱκοῦ Φρυγίαν,
χαίρων δ' ἐπάνηκε,
κάλλιστά μοι σκῦλ' ἀπὸ Τροίας ἑλών.

1615 του L ‖ 1616 δ' οὐ LP : δὲ L² ‖ 1618 παυσαίμαν L²P : -μην L ‖ 1621 ἕνεκ' L²P² : οὕνεκ' LP ‖ 1623 εὐγενῆ Porson : νεαγενῆ LP ‖ 1625 Χρόνια Barnes : χρόνιά γε LP² χρ. γὰρ P.

τέλος ἰφιγενείας τῆς ἐν αὐλίδι P subscriptio nulla in L.

NOTES COMPLÉMENTAIRES

Page 59.

3. La distribution et le sens de ces vers ont fait l'objet de longues discussions. Nous gardons ici la répartition des manuscrits. D'autres éditeurs, suivant Bremi, donnent les six vers 6-11 à Agamemnon (contrairement au passage d'Ennius, mais conformément à la citation de Théon : ... ὁ ἀστὴρ πορθμεύει σείριος). On a aussi attribué le v. 6 au Vieillard et les suivants à Agamemnon. La difficulté centrale porte sur le sens de Σείριος. Avec une majuscule, c'est Sirius, mais l'astronomie ne permet pas de dire que Sirius est « près des Pléïades ». D'après Théon de Smyrne, σείριος peut désigner dans la langue des poètes tout astre brillant. Selon certains, il s'agirait ici d'Aldébaran ; selon l'astronome A. Rome (*Mélanges G. Mercati*, IV, p. 13-26) de Jupiter, qui d'après ses calculs aurait connu dans le ciel grec une brillance exceptionnelle « aux environs immédiats du 31 juillet 409 », entre Aldébaran et les Pléïades. Le texte traditionnel a été défendu notamment par J. Meunier, *Musée Belge* 31, 1927, p. 101-108 ; G. Mellert-Hoffmann, *Untersuchungen zur « Iphigenie in Aulis » des Euripides*, Heidelberg, 1969, p. 92-94 ; C. W. Willink, *Class. Quart.* 21, 1971, p. 350-352 (bien qu'il donne les v. 7-8 à Agamemnon). Sirius, étoile la plus brillante du ciel, appartient à la constellation d'Orion (c'est le « Chien d'Orion »). Orion lui-même est lié par la légende aux Pléïades, qu'il poursuit éternellement à travers le ciel (Pind., *Ném.* II, 17 : Πελειάδων μὴ τηλόθεν Ὀαριῶνα νεῖσθαι|ᾇσσων — ce μὴ τηλόθεν étant peut-être la source directe de l'ἐγγύς d'Euripide ; *Il.* X 29 ; *Od.* λ 572). Le lever de Sirius ne se produit qu'au cœur de l'été (fin juillet) et marque le début de la Canicule (qui est considérée, ainsi que le rappelle Willink, comme une période de danger et de crise). Le coucher des Pléiades intervient alors peu avant la fin de la nuit. Ces vers indiquaient donc au public athénien la *période de l'année* (la flotte restant bloquée à Aulis très avant dans la saison d'été), et le *moment de la journée* (peu avant l'aube (156-160), alors que la nuit doit faciliter le départ du Vieillard). Quant à la suite des idées, elle est simple : le vieux serviteur se vante d'avoir encore l'œil vif (5), et Agamemnon le met aussitôt à l'épreuve, pour tester une faculté qui lui sera nécessaire dans sa mission (145). Sur ces vers 1-11, voir F. Jouan, « *Iphigénie à Aulis*, v. 1-11 », *REG*, 96, 1983, p. 49-63.

4. Le Vieillard ne fait pas allusion à la relève de la garde, qui se produit à la fin de la nuit (*Rhés.* 527 sqq.), mais au fait que rien n'inquiète les sentinelles.

Page 60.

4. Racine traduit ainsi (*Iph.* 32-33) :

« Tandis que vous vivrez, le sort, qui toujours change,
Ne vous a point promis un bonheur sans mélange. »

Pour ce thème de la sagesse populaire, voir plus loin 161-163. Ces propos sentencieux (comme plus haut les v. 16-18) ont été plusieurs fois cités dans l'Antiquité, avec quelques variantes de forme, signalées, s'il y a lieu, dans l'apparat critique.

Page 61.

5. Les adversaires de l'authenticité du prologue ont beau jeu de dénoncer le passage abrupt des anapestes aux iambes. On peut répondre qu'Agamemnon est bien obligé de remonter loin dans un passé dont le Vieux Serviteur ne sait pas tout pour expliquer la situation présente. Même si dans l'ensemble la vraisemblance psychologique de la tirade reste faible, son utilité dramatique est évidente, en particulier du fait des variations introduites par le poète dans la légende, de la complexité des événements, des revirements même du roi. Ce quasi monologue du *prologizôn* s'adresse, comme d'habitude, beaucoup plus au public qu'au partenaire présent sur la scène, quand il y en a un (*Trachiniennes* de Sophocle, *Héraclides* ou *Héraclès* d'Euripide).

6. Sur cette énigmatique Phoebé, qu'Ovide (*Hér.* VIII, 77) est seul à mentionner avec Euripide, voir *Euripide et les... « Chants Cypriens »*, p. 154-155. Pour ce procédé d'exposition, comparer *infra* v. 697 sqq.

7. Une réminiscence d'Eschyle paraît probable ; dans les *Suppliantes* (379-380), le roi d'Argos déclare : Ἀμηχανῶ δὲ καὶ φόβος μ' ἔχει φρένας | δρᾶσαί τε μὴ δρᾶσαί τε καὶ τύχην ἑλεῖν.

8. A la suite d'Hemsterhuys, plusieurs éditeurs ont substitué à ἄριστα le mot ἄθραυστα, donné par Photius comme tiré d'*Iphigénie à Aulis* et qui n'y figure pas. Il est glosé : *sans offenser*, ou (plutôt) *sans trébucher*. Mais une erreur d'attribution est plus probable.

9. Sur le motif du serment des prétendants, voir *Euripide et les... « Chants Cypriens »*, p. 157-164 ; H. Neitzel, *Philol.*, 131, 1987, p. 198-203 ; C. A. E. Luschnig, *Tragic aporia...*, 1988, p. 38-42. Il est attesté dans le *Catalogue des Femmes* hésiodique, qui donne une longue liste de ces prétendants (fr. 196-204 M.-W.), et chez Stésichore (fr. 13 P.), mais il peut remonter aux *Chants Cypriens*. Il est souvent évoqué par les auteurs classiques (Soph., *Ajax* 1113 ; *Philoct.* 72 ; fr. 144 P. ; Thuc. I, 9 ; Isoc., *Hél.* 40, etc.). Voir *infra*, 391-394. Le motif du serment est utilisé dans un autre contexte, *Phén.* 1240-1241.

Page 62.

4. La leçon des manuscrits μόρῳ (*aiguillonné par le malheur*) est peu satisfaisante. Des diverses conjectures proposées, nous retenons celle de Toup, πόθῳ. On pourrait songer aussi à ἔρῳ (Burges, Willink). Au v. 80, L et P ont δορί et Aristote ποσίν. Le premier se justifie par les précédents épiques : ἀΐσσειν avec ἔγχει (Λ 484), φασγάνῳ (E 81) ou ἵπποις (P 460) ; voir aussi *Phén.* 1382 : ᾖσσον δὲ λόγχαις.

5. La forme κᾆτα des manuscrits a embarrassé les éditeurs. Aucune des très nombreuses conjectures proposées n'est satisfaisante,

Page 63.

3. On a tiré, à tort, de ces vers la conclusion que l'oracle avait été rendu publiquement, provoquant l'ordre de dissolution de l'armée. Mais en fait tout s'est passé dans le cadre restreint du haut état-major (cf. 106-107). Il faut comprendre : « Je disais à Talthybios... lorsque mon frère... »

4. Le v. 105 a été suspecté pour des raisons qui ne sont pas décisives. En 106-107, il manque en apparence un ἐγώ, rétabli dans la conjecture de Vitelli améliorée par Jackson : ... Μενέλεως ⟨ἐγώ⟩ θ' · ἃ δ' οὐ | καλῶς τότ' αὖθις... Cependant, la première personne ἴσμεν implique nécessairement Agamemnon.

5. Il y a dans cette fin de tirade des difficultés et des faiblesses qui ont entraîné sa condamnation (voir Page, *Actor's interpolations...*, p. 139) : contradictions avec la seconde partie des anapestes, reprise d'informations déjà données (109-110 et 35, 38 ; 114 et 45), ou doublets avec la suite (111 et 139, 152 ; 112 et 117-118), ressemblances excessives entre 112-113 et *I. T.* 760-761 : τἀνόντα κἀγγεγραμμέν' ἐν δέλτου πτύχαις | λόγῳ φράσω σοι πάντ' ἀναγγεῖλαι φίλοις. La suite des idées dans ces vers n'en reste pas moins cohérente, et Agamemnon y vient enfin à la mission qu'il veut confier au serviteur.

Page 64.

2. Pour l'antithèse ὄνομα-ἔργον, voir 938; 962. Sur les vers 124-135, H. C. Günther, *WüJb*, 13, 1987, p. 66-70.

3. Ces mots du Vieillard ont fortement embarrassé les éditeurs : il semble n'avoir pas compris ce que vient de dire Agamemnon, à savoir qu'Achille ignore tout de cette promesse de mariage. Plutôt que de mettre en cause la stupidité du vieil homme (Weil), on peut estimer que celui-ci a bien saisi en fait la situation et qu'il appréhende ce qui se passera lorsque le héros apprendra qu'on s'est ainsi servi de son nom (cf. 961 sqq.). Voir par exemple H. Erbse, *Studien zum Prolog...*, p. 271-72; H. Neitzel, *o. c.*, p. 185.

Page 66.

5. L'adjectif πολύθυτον, mis en relief au début de l'antistrophe, évoque pour les femmes du Chœur un rituel de fête, mais il prend un sens sinistre en fonction du sacrifice humain qui se prépare.

Page 67.

4. Le v. 215 se réfère au demi-tour exécuté par le char à l'extrémité de la carrière (Ψ 309 : περὶ τέρμαθ' ἑλισσέμεν) ; pour l'expression, Ψ 437 et 496 : ἐπειγόμενοι περὶ νίκης.

Page 68.

4. Comme ici, en Troade Achille occupe l'aile droite et Ajax l'aile gauche de la ligne des vaisseaux (Θ 224-226 ; Λ 5-9). Pour les 50 navires des Myrmidons d'Achille, voir B 683-685. L'origine du motif

décoratif des figures de proue semble remonter aux *Myrmidons* d'Eschyle (fr. 212 M.). A. Lesky, *l. c.*, pense plutôt aux emblèmes de boucliers des *Sept.*

Page 69.

4. La lacune de deux vers indiquée par les manuscrits après 261 suppose une lacune symétrique dans l'antistrophe. Nous la décalons cependant d'un vers, car il paraît difficile de séparer Νέστορος de son épithète Γερηνίου. Dans la première devait figurer le nom des chefs phocidiens et être indiqué le nombre de leurs navires (Schédios et Épistrophos avec 40 vaisseaux, en B 517-524). Dans la seconde, de même, le nombre des vaisseaux pyliens (90, en B 602). Pour les Locriens d'Ajax, fils d'Oilée, et leurs 40 vaisseaux, voir B 527-533. Le choix de la ville de Thronion s'expliquerait pour H. Grégoire, p. 24, par le souvenir d'un succès athénien de 431.

Page 70.

4. Les Épéens de l'*Iliade* comptent quatre chefs, conduisant chacun dix navires, dont un fils d'Eurytos, Thalpios (B 618-621) — d'où la correction d'Hermann Εὐρύτου pour Εὔρυτος. Hermann a aussi conjecturé ensuite une lacune d'après la *responsio* avec l'antistrophe. Les Taphiens, marins et pirates (ο 427), peuplaient entre autres les îles Échinades, ou Échinai, au large de l'Épire. Leur chef était Mégès, fils de Phyleus (B 625-628 ; N 691-692).

Page 71.

3. Sur les vers 303-314, voir W. Stockert, « Eine Komödienszene in Euripides' aulischer Iphigenie », *Wiener-St.*, 16, 1982, p. 71-78. Le v. 311 est presque semblable à *And.* 588. Pour le v. 312, voir *Hél.* 1640-1641. Ménélas parvient alors à arracher la lettre au Vieillard.

Page 72.

1. On passe des trimètres iambiques aux tétramètres trochaïques. Une note marginale au manuscrit L remarque : Τροχαικοὶ διὰ τὸ μετὰ δρόμου ἐξελθεῖν τὸν Ἀγαμέμνονα. L'*agôn* entre les deux frères sera marqué par la vivacité du ton. C'est un cas unique dans la tragédie où les deux discours opposés sont en tétramètres.

2. Il y a un jeu de mots étymologique sur le nom d'Atrée, « celui qui ne craint pas ». Même étymologie chez Platon (*Cratyle* 395 b) qui rapproche Ἀτρεύς d'ἄτρεστος.

3. Certains comprennent νιν comme désignant le Vieillard et traduisent : « Où t'es-tu saisi de lui? ».

4. Pour l'expression, voir *And.* 581. Dans le *Télèphe*, qui comportait aussi une scène de querelle entre les Atrides, Agamemnon disait à son frère : « Tu as reçu Sparte, gouverne-la ; mais Mycènes nous appartient en propre » (Fr. 723 N²). Comparer πλάγια φρονεῖς et *And.* 448-449 : ἑλικτὰ... φρονοῦντες, vice attribué par Pélée aux Spartiates, incarnés sur la scène par Ménélas !

Page 73.

3. Le texte de ce vers ainsi que le sens de κατατενῶ (si on le conserve) sont très controversés. Ce verbe peut signifier *étirer, tirer en longueur* (« je ne m'étendrai pas... » : voir le début de la réponse d'Agamemnon en 378). L. Parmentier avait suggéré (*Bull. Ac. Roy. Belg.*, 1919, p. 473) le sens de *torturer*, attesté en prose. Nous donnons au verbe son sens le plus courant : *être « tendu », ardent, véhément.*

4. Cette esquisse très vivante de la « campagne électorale » d'Agamemnon est évidemment anachronique pour le monde d'Homère et renvoie à l'Athènes contemporaine (cf. δημοτῶν au v. 380). On a, là encore, pensé à Alcibiade (E. Delebecque, p. 378-381 ; R. Goossens, p. 674-677). Mais le même reproche d'avoir changé de comportement une fois élu est adressé par Plutarque à Nicias (*Nic.* 5 : δυσπρόσοδος ἦν καὶ οἰκουρῶν δυσέντευκτος καὶ κατακεκλειμένος. Voir aussi, pour Pausanias, Thuc. I, 130. On comparera pour l'expression le v. 344 à *Suppl.* 867 ; *I. T.* 610.

Page 74.

3. Ces vers ont suggéré encore une allusion à Alcibiade, mais d'autres références contemporaines peuvent nous échapper, et ils conservent leur valeur de maxime générale. διαφυλάξασθαι : *sauvegarder jusqu'au bout.* Paley comprenait : *se concilier jusqu'au bout.*

4. Cet argument patriotique dans la bouche de Ménélas ne sonne guère juste, d'autant qu'il aboutit à décharger le mari d'Hélène de toute responsabilité sur le père d'Iphigénie. Pour cet emploi de οὐδείς, cf. *And.* 700 ; *Ion* 594 ; *infra*, 945.

5. Une foule de conjectures ont été proposées pour amender la leçon des manuscrits, μήδεν ἂν χρείους (ou χρέους), mais aucune ne s'impose nettement. Nous écrivons μήδεν οὖν γένους (Reiske, Monk, Bersanetti), car c'est par *droit de naissance*, comme frère de Ménélas, qu'Agamemnon a été mis à la tête de l'armée (84-85).

6. Il nous semble difficile de conserver le v. 375 : « *Car* (ou *de même*) tout homme peut gouverner une cité, s'il se trouve être intelligent », qui a tout l'air d'un vers — peut-être d'Euripide — rajouté par un lecteur. Il ne s'accorde ni avec le reste de la tirade ni avec les sentiments de Ménélas.

7. Le Chœur reste dans son rôle habituel de modérateur. Pour une telle condamnation des querelles entre membres d'une même famille, voir *Méd.* 520-521 ; *Phén.* 374.

Page 75.

3. Sur le serment des prétendants, voir *supra* 57-65. Faut-il écrire ἐλπίς ou 'Ελπίς? Pour l'idée, voir Théognis 1135 : 'Ελπὶς ἐν ἀνθρώποισι μόνη θεὸς ἐσθλὴ ἔνεστιν. αὐτό, au v. 393, se réfère moins au serment (qui a été imposé par Tyndare, non par Ménélas) qu'à ses conséquences, le rassemblement des prétendants à Aulis. Dans les vers suivants, Agamemnon précise bien qu'il n'est pas lié lui-même par le serment.

4. Le vers 394 a, omis par les deux manuscrits, a été suppléé par

la tradition indirecte : Théophile d'Antioche et Stobée le citent avec le v. 395.

5. Les éditeurs ont généralement adopté la conjecture de Lenting, κοὐ pour καί, mais on peut conserver καὶ avec la valeur de *et* (en conséquence). A. Lunelli (*Quad. dell'Ist. di Filol. Un. Padova* 1, 1970, p. 103-106), reprenant une conjecture de Busche et Bersanetti, écrit τἀμὰ δ' οὖν (*en tout cas*) et donne à toute la phrase le tour d'une interrogation indignée.

Page 76.

1. La stichomythie qui termine la scène est rejetée par Page, p. 158, mais défendue entre autres par Schroeder, Segal et Webster. Ces répliques confirment l'égoïsme de Ménélas. Συνσωφρονεῖν, au v. 407, est un *hapax*. L'élision finale de βούλομ(αι) fait difficulté, car elle ne se rencontre pas dans la tragédie, d'où la conjecture de Hartung βούλομαι, κοὐ. Cependant, comme elle n'est pas rare dans la comédie nouvelle, on pourrait l'accepter pour cette dernière pièce d'Euripide, ἀλλὰ étant préférable pour le sens à καί. Paley donnait la préférence à la citation de Plutarque : Συσσωφρονεῖν γάρ, οὐχὶ συννοσεῖν ἔφυν.

2. Sur ce motif de la maladie (de l'esprit) envoyée par un dieu à la Grèce, 392-393 ; 808-809 ; 1264. La guerre de Troie est déjà donnée comme l'œuvre des dieux dans *And.* 680 ; *Cyc.* 285.

3. Le brutal changement de ton de Ménélas a choqué un certain nombre de critiques (C. W. Willink, *Class. Quart.* 21, 1971, p. 362, retranche le vers et demi).

4. La brusquerie de l'arrivée du Messager est soulignée par son intervention au milieu d'un vers, comme par le fait qu'il n'a pas été annoncé (ainsi, Soph., *Ant.* 213 ; Eur., *And.* 1070 ; *Hél.* 597). Ce type d'entrée deviendra courant dans la comédie nouvelle. La tirade du Messager tout entière a été parfois considérée comme interpolée (Kirchhoff, Dindorf, Nauck, England, Wecklein, Page), surtout sur des critères stylistiques.

Page 77.

3. Voir Racine, *Iph.* 358 :

« Jamais père ne fut plus heureux que vous l'êtes. »

4. προτελίζειν n'est attesté ailleurs que dans une citation de Cratinos (fr. 180 K.), mais προτέλεια est plus courant (718 ; Eschl., *Ag.* 65 ; 227). Sur ces rites — lustration et sacrifice — voir 1110-1114. Photios, *s. v.*, précise que ce jour était « celui où les parents conduisaient les jeunes filles à marier à la déesse, sur l'Acropole, et offraient un sacrifice ».

5. Pour ces rites, voir 1471 et *El.* 1142 (la corbeille contenait les grains d'orge pour le sacrifice) ; l'hyménée, les chants et les danses : 1036-1048 ; *Hél.* 1433-1435. En tant qu'oncle de la mariée, Ménélas sera naturellement appelé à tenir le rôle du *paranymphe*. Cette proposition est involontairement d'une ironie sinistre. Du reste, comme le remarque Willem, plus le Messager évoque des perspectives riantes, plus il aggrave la souffrance d'Agamemnon.

6. La tirade d'Agamemnon est du type de la *rhésis* délibérative. Il va se persuader qu'il ne peut que se plier à la nécessité (ἀνάγκη, 443 ; cf. 511). Comparer Eschl., *Ag.* 218 : ἐπεὶ δ' ἀνάγκας ἔδυ λέπαδνον... Plus loin, il parle d'ἀπορία (537 ; cf. 744-745).

Page 78.

2. Comme le remarque A. G. Katsouris (*Linguistic and Stylistic Characterization...*, Jannina, 1975, p. 93), Agamemnon présente souvent les faits sous forme d'un dilemme (voir aussi 56 ; 93 ; 1257-1258).

3. Tout le passage 454-468 a été jugé suspect. England attribue 454-459 à l'interpolateur qui serait responsable de 413-441. Dindorf et Wecklein ne condamnent que les derniers vers (464-468). Pour l'expression ποῖον ὄμμα συμβαλῶ ;, voir Soph., *Ajax* 462 : ποῖον ὄμμα πατρὶ δηλώσω ; Au v. 456, Paley et England comprennent ἐπί : *au temps, au milieu* (de mes malheurs).

4. Pour le mouvement παρθένον — τί παρθένον, comparer *Alc.* 806-807. Dans *Hécube* (612), la reine appelle Polyxène παρθένον... ἀπάρθενον. Pour ce motif du « mariage avec Hadès », voir Soph., *Ant.* 654 ; 816 ; Eur., *I. T.* 369 ; *Or.* 1109.

5. England condamne les vers 463-464, estimant stupide ce vœu d'Iphigénie, repris d'un passage d'*Iphigénie en Tauride* (364-365) : ὦ πάτερ, νυμφεύομαι | νυμφεύματ' αἰσχρὰ πρὸς σέθεν. Cependant, la crainte d'entendre Iphigénie lancer contre son père une imprécation aussi grave n'est pas gratuite. On rappellera que dans l'*Agamemnon* d'Eschyle (234-238), la jeune fille était baillonnée avant d'être portée sur l'autel du sacrifice.

6. England et Page retranchaient ces deux vers, comme la plupart de ceux où était mentionné le petit Oreste, passages insérés à leur avis pour accroître le *pathos* (621-626 ; 1119-1120, etc.). Le motif du v. 466 sera repris en 1243-1245. Pour le tour, voir par exemple *Troy.* 625 : οὐ σαφῶς εἶπεν σαφῶς.

7. Le rapt d'Hélène par Pâris n'exclut pas leurs noces qui furent célébrées à leur arrivée à Troie et qu'Euripide évoque souvent (1236 ; 1253 ; *Héc.* 948 ; *And.* 103 ; *Troy.* 498 ; *Hél.* 668 ; 697).

8. Le vocatif ἀδελφέ et la poignée de mains, préliminaire habituel d'un serment (473-476 ; cf. 58 ; Soph., *Trach.* 1181 ; *Phil.* 942 ; *O. C.* 1632) sont d'un grand effet dramatique.

Page 79.

2. Ménélas reprend l'un après l'autre les arguments même de son frère (485-487 = 382-383, 385-386, 389-390 ; 489 = 389, 401, 407). Pour ἄφρων καὶ νέος (*jeune*, donc *irréfléchi*, *irresponsable*), voir fr. 510 N[2] (*Mélanippe*) : νέος καὶ σκαιός. Pour l'idée des v. 489-490, *Ion* 585-586.

3. Même si Ménélas est sincère, le fond de son attitude ne change guère par rapport aux v. 370-372, car il se décharge encore de toute sa responsabilité sur son frère, dans des termes qui évoquent une sorte de contrat commercial. Toute la fin de la tirade est marquée par des asyndètes (489 ; 495 ; 501 ; 502) qui lui impriment un rythme un peu

saccadé. On y a vu la marque de la violence que Ménélas s'impose et de la profondeur de son émotion.

4. Tantale est le père de Pélops, le fondateur de la dynastie.

Page 80.

1. Toute la fin de l'épisode a été contestée, pour son peu de vraisemblance psychologique et pour des raisons de style, en particulier par England et par Page.

2. Allusion aux luttes fratricides d'Atrée et de Thyeste. On notera que les trois vers 507-509 commencent par un anapeste. Quant aux mots ταρχχή et πλεονεξία, ils ne figurent qu'ici chez Euripide.

3. Plusieurs critiques sont choqués par la froide cruauté manifestée par Ménélas. Certes, le « Spartiate » Ménélas ne s'embarrasse pas de sentiments, malgré ses dires. On rappellera pourtant qu'en Tauride, c'est avec joie qu'Iphigénie accueille la nouvelle de la mort de Calchas (*I. T.* 532-533). Pour l'expression, voir ce que Cassandre dit d'elle-même chez Eschyle (*Ag.* 1326) : δούλης θανούσης, εὐμαροῦς χειρώματος.

4. σπέρμα peut avoir un sens péjoratif (*engeance*) : voir 524 ; *Héc.* 254 ; fr. 1012. Pour l'hostilité des personnages d'Euripide aux devins, cf. *Hipp.* 1059 ; *I. T.* 572-575 ; *Hél.* 753-757 ; *Phén.* 772 ; fr. 795 N² (*Philoctète*). Mais voir aussi Sophocle, *Ant.* 1055 : μαντικὸν γὰρ πᾶν φιλάργυρον γένος.

5. Texte et sens très contestés. J. Meunier (*Mél. Fohalle*, Gembloux, s. d., p. 352-354, et *Musée Belge* 31, 1927, p. 31-35) gardait ἄχρηστον des manuscrits, avec le sens, attesté dans un passage de Platon (*Rép.* I, 331 c et e) de *non utilisé*, et traduisait : « En rien on ne se passe d'eux, mais leur présence ne sert à rien. » Nous avons préféré la conjecture de Canter, γε χρηστόν, qui donne un sens plus naturel.

6. Une telle filiation, ici et en 1362, n'est pas donnée sans intention, Sisyphe étant le modèle même du fourbe qui a su duper jusqu'aux dieux (en 204, Ulysse était fils de Laerte). Cette généalogie semble remonter aux *Chants Cypriens* (Sisyphe aurait séduit Anticlée avant qu'elle n'épousât Laerte). Elle apparaît chez Eschyle (fr. 286 M.), chez Sophocle (*Ajax* 190 ; *Phil.* 417 ; 625 ; 1311), et chez Euripide dans le *Cyclope* (104). Pour H. Grégoire (*Bull. Ac. Roy. Belg.* 19, 1933, p. 83-97), le poète stigmatisait ainsi la politique antiathénienne de Corinthe ; voir aussi E. Delebecque, p. 369 ; R. Goossens, p. 678. ποικίλος répond à peu près au πολύτροπος homérique, mais avec une valeur dépréciative (*fourbe*). Un jugement encore plus sévère est porté par le Chœur d'*Hécube* (131-133) : ὁ ποικιλόφρων | κόπις ἡδύλογος δημοχαριστὴς | Λαερτιάδης.

Page 81.

3. *Méd.* 635-636 : στέργοι δέ με σωφροσύνα, δώρημα κάλλιστον θεῶν ; fr. 503 : μετρίων λέκτρων, μετρίων δὲ γάμων | μετὰ σωφροσύνης | κῦρσαι θνητοῖς ἄριστον.

4. V. di Benedetto, *Euripide...*, p. 294, met l'accent sur l'hédonisme qui semble marquer l'idéal d'Euripide dans les pièces de la

dernière période ; cf. *Bacch.* 426 : εὐαίωνα διαζῆν. Pour l'expression du v. 551, *And.* 291 : σύγχυσιν βίου. νιν (552) renvoie plutôt à τό δ' qu'à Ἔρως.

Page 82.

4. Nous comprenons avec H. Weil ἐξαλλάσσουσαν : *qui s'écarte du commun, exceptionnelle* ; d'autres comprennent χάριν ἐξαλλάσσουσαν *le don de discernement.* ὑπὸ γνώμας : *sous l'effet de la réflexion.*

5. Κύπριν κρυπτάν peut désigner les amours secrètes (coupables), mais plutôt ici, à notre sens, l'intimité de la vie conjugale. κόσμος ἐνών (ἐνών conjecturé par Markland, d'après Plat., *Lois* III, 689 b) désignerait l'*ordre intérieur*, la *conduite réglée.* Pour ce sens de κόσμος, voir Plat., *Rép.* IV, 430 c : Κόσμος πού τις... ἡ σωφροσύνη ἐστὶν καὶ ἡδονῶν τινων καὶ ἐπιθυμιῶν ἐγκρατεία. μυριοπλήθης : *aux multiples formes* ou *aux multiples effets* (dans les diverses activités de la vie publique). Les variantes du Papyrus de Cologne n'apportent malheureusement pas de lumières sur ce passage difficile.

6. Sans transition, le Chœur passe au motif du jugement des déesses et de l'enlèvement d'Hélène, pour rejoindre à la fin, par un effet de composition annulaire, le thème de l'Éros. Pour un commentaire d'ensemble de l'épode, voir T. C. W. Stinton, *Euripides and the Judgment of Paris*, Londres, 1965, p. 26-29. On peut comprendre que Pâris, faute sans doute d'une bonne éducation, n'a pas su se maîtriser et a connu avec Hélène la seconde forme de l'amour, celle qui ruine, outre les protagonistes, leur cité entière. Et aussi l'innocente Iphigénie...

7. Olympos, élève de Marsyas, Mysien ou Phrygien, était donné comme le créateur du mode musical phrygien (probablement celui qui avait été choisi pour ce morceau). C'était le mode sensuel par excellence, s'accordant avec la personnalité de l'Asiatique Pâris. On notera une série de contrepoints : une gracieuse scène pastorale s'achève sur une évocation de la folie ; puis une autre scène de beauté (qui emprunte à l'épopée, au sujet du palais de Ménélas (δ 73), et au lyrisme amoureux) bute sur le rappel de la fatale querelle troyenne.

Page 83.

3. ἐμήν, qui ne convient pas aux femmes de Chalcis, a été retranché comme une glose par Bothe.

4. Voir *El.* 994-995, où le Chœur dit à Clytemnestre : σεβίζω σ' ἴσα καὶ μάκαρας | πλούτου μεγάλης τ' εὐδαιμονίας ; Eschl., *Cho.* 59-60. ὀλβοφόρος est un hapax, mais on trouve ὀλβοδότης et ὀλβοδότειρα (*Bacch.* 573 et 419).

Page 84.

4. Le masculin εὐλαβούμενοι s'adresse aux serviteurs (des figurants, κωφὰ πρόσωπα) qui accompagnaient le cortège.

5. Cf. *El.* 998-999 : Ἔκβητ' ἀπήνης, Τρῳάδες, χειρὸς δ' ἐμῆς | λάβεσθ', ἵν' ἔξω τοῦδ' ὄχου στήσω πόδα.

6. Ce détail réaliste ajoute au charme familier de la scène.

7. On a parfois jugé que les vers relatifs au petit Oreste étaient

trop développés et sacrifiaient trop au *pathos*. Mais cette scène de tendresse familiale devait paraître piquante au public qui savait que le « petit Oreste » ne reverrait plus son père et tuerait sa mère !

Page 85.

1. Beaucoup d'éditeurs à la suite de Porson intervertissent les v. 631-632 et 633-634, et retranchent 635-637 comme une dittographie. On peut cependant conserver le texte et l'ordre des vers : Iphigénie s'adresse à sa mère avant de courir au-devant de son père pour le saluer. Clytemnestre salue à son tour son mari. Iphigénie parle ensuite à son père, mais pour ses trois derniers mots, elle se retourne à demi honteuse vers sa mère, afin de lui demander pardon.

2. L'adjectif φιλοπάτωρ caractérise très justement Iphigénie. A. G. Katsouris, *o. c.*, p. 96, a relevé la fréquence du vocatif πάτερ dans les vers qu'elle prononce.

3. Une longue stichomythie va se dérouler entre Iphigénie et son père. La tendresse pure et naïve de la jeune fille, les mots d'affection si naturels et si vrais qu'elle adresse à son père sont pour celui-ci autant de pointes qui s'enfoncent dans sa chair. D'où l'ambiguïté constante de ses réponses, qui trompent la jeune fille, mais non le spectateur. Nous avons là un modèle insigne de ces propos à double sens si caractéristiques du dialogue tragique. La transposition de Racine (*Iph.* 531-578) reste souvent très près de l'original. La contrainte subie par Agamemnon l'entraîne plusieurs fois à des réponses ou des exclamations qu'on a considérées comme des apartés (643 ; 655 ; 677), mais à tort ; cf. D. Bain, *Actors and Audience*, Oxford, 1977, en particulier p. 51. Pour le tour εὖ... ἐποίησας : *Merci de m'avoir...*, cf. P. T. Stevens, *Colloquial Expressions in Eur.*, Wiesbaden, 1976, p. 54.

4. Ce tour, assez fréquent dans la tragédie, marque une réticence, voire une vive appréhension (*Méd.* 1011 ; *Troy.* 630 ; *El.* 289 ; *I. T.* 575 ; Soph., *O. R.* 1376 ; *O. C.* 273 ; 336). La tension du Roi se traduit dans les allitérations du v. 651.

5. Ce vers, altéré, a appelé d'innombrables conjectures. C. Prato, *Maia* 9, 1957, p. 62, défend toutefois le texte transmis en citant d'autres vers d'Euripide qui contiennent deux anapestes. Le sens n'est du reste guère contesté que par ceux qui corrigent en Οὐκ οἶδ'... κοἶδα : « Je ne sais pas et je sais... », prêtant à la jeune fille une petite malice.

Page 86.

1. Voir *Méd.* 1016 : ἄλλους κατάξω πρόσθεν ἡ τάλαιν' ἐγώ. Agamemnon pense à sa fille, celle-ci sans doute aux futures victimes des combats.

2. Pour le mouvement, comparer Eschl., *Pe.* 231 : ποῦ τὰς 'Αθήνας φασὶν ἱδρῦσθαι χθονός ;

3. Le texte de ce vers est lui aussi gravement fautif. Nous adoptons la conjecture de Parmentier. Sur le sens d'ἐφήκειν, *être arrivé*, voir Soph., *Ajax* 34 ; *Ant.* 1257. Plusieurs éditeurs ont bouleversé

l'ordre des v. 651-666 pour établir une meilleure suite des idées. Bien à tort. Paley, pour sa part, retranchait 665-666. De 664 à 669 les doubles sens jouent sur la traversée de Grèce en Troade et la grande « traversée » — celle du Styx, si l'on veut — qui attend Iphigénie.

4. A partir d'ici, l'équivoque porte sur le mariage avec Achille et le « mariage avec Hadès ». Il est très probable, quoi qu'on en ait dit, que c'est bien au mariage que pense Iphigénie au v. 670. Au v. 671, nous écrivons Ἔα γέ μ' (cf. *Phén.* 592), Euripide employant toujours ce verbe avec un complément. Comparer 672 et *Bacch.* 48-49 : ἐς δ' ἄλλην χθόνα | τἀνθένδε θέμενος εὖ, μεταστήσω πόδα.

5. Encore un vers contesté et diversement compris. ξὺν ἱεροῖς peut signifier *en accord avec, d'après les victimes*, ou *avec les prêtres*. Libations et autel sont aussi associés dans *El.* 792. Pour le v. 676, cf. Racine, *Iph.* 578 :

« Vous y serez, ma fille. »

Page 87.

1. L'expression μηδὲν φρονεῖν est à dessein ambiguë. Elle peut signifier *ne rien comprendre* (*Ajax* 554 ; *O. R.* 316) ou *n'avoir aucun souci*. Les deux vers suivants prennent, selon la ponctuation adoptée, un sens différent. Ils paraissent en relation avec l'usage grec qui voulait qu'une jeune fille ne sorte pas et ne se laisse pas voir par des étrangers avant son mariage ; cf. Ps. Phocyl. 216-217 ; *infra* 738 ; 992-996 ; *Phén.* 89-95).

2. L'attendrissement d'Agamemnon s'exprime dans les mêmes termes que celui de Médée embrassant une dernière fois ses enfants (*Méd.* 1071-1076) ou d'Oreste condamné à mort serrant sa sœur dans ses bras (*Or.* 1049-1050 : ὦ στέρν' ἀδελφῆς, ὦ φίλον πρόσπτυγμ' ἐμόν...). L'usage de la tragédie classique ne permet à l'Agamemnon de Racine qu'un bref baiser (537).

3. Page considère 691-693 comme suspects et 694 comme interpolé. England retranche seulement 693. En 694, J. Jouanna (*REG*, 101, 1968, p. 515-521) a proposé de revenir à la conjecture de Porson, κατισχανεῖ.

4. Ici commence une nouvelle stichomythie, entre Agamemnon et Clytemnestre. Elle ne sera pas moins éprouvante pour le roi, car sa femme retournera le fer dans la plaie en le pressant de questions sur le futur époux et les cérémonies du mariage, et en refusant tout net de rentrer en Argos avant la célébration. L'allégresse de la Reine expliquera la violence de sa déception quand elle comprendra qu'elle a été jouée.

5. Oenoné : nom mythique de l'île d'Égine (Pind., *Ném.* IV, 75 ; V, 29 ; VIII, 12). Le nom de Zeus est mis en évidence au début du vers 699 ; de même en 703. Asopos, un dieu-fleuve du Péloponnèse, était lui-même fils de Poséidon.

Page 88.

1. Le récit des antécédents d'Achille traduit un choix significatif parmi les différentes versions légendaires. Il élimine la légende des métamorphoses de Thétis pour échapper à Pélée, la rivalité amoureuse de Zeus et de Poséidon autour de Thétis et leur renoncement à la suite d'un oracle de Thémis (peut-être y a-t-il une allusion voilée

en 702). En 703, ὁ κύριος pourrait désigner Zeus, en tant qu'ayant autorité sur elle. Mais il est plus probable qu'il s'agit de son père, Nérée (cf. 1057 ; 1077). Sur ces noces, voir 1036-1079.

2. Dans les *Chants Cypriens* — contrairement à l'*Iliade* — Pélée, abandonné par Thétis, remettait le petit Achille à Chiron, qui l'élevait sur le Pélion ; voir K. Friis Johansen, « Achill bei Chiron », Δρᾶγμα *M. P. Nilsson*, 1939, p. 184-198 ; *Euripide et les... « Chants Cypriens »*, p. 87-92. A la différence des v. 208-210, Euripide met ici l'accent, comme il le fera en 926-927, sur l'aspect moral de cette éducation.

3. Dans *Andromaque*, Thétis et Pélée habitaient ensemble le Thétidéion, en Thessalie. L'Apidanos est un affluent du Pénée qui arrose la Phthiotide (région de la Pharsale historique).

4. Autre exemple de l'ambiguïté des réponses d'Agamemnon.

5. Pindare, *Isth.* 8, 44, rappelle précisément que les noces de Thétis et de Pélée eurent lieu un soir de pleine lune. A Athènes, l'époque normale des noces était la pleine lune du mois de Gamélion. Pour la προτέλεια, voir v. 133. D'après une scolie aux *Thesmophories*, 973, un sacrifice prénuptial était offert à Héra Téleia (Héra sera invoquée par Clytemnestre en 739). Le mot ἔσφαξας doit être particulièrement douloureux pour Agamemnon.

6. Le texte du v. 724 n'est pas sûr. καλῶς, si on le conserve, doit être pris ironiquement. L'idée semble être qu'il faut faire contre mauvaise fortune bon cœur. Οἶσθ'... δράσον, tour de la langue parlée, apparaît cinq autres fois chez Euripide (cf. P. T. Stevens, *o. c.*, p. 35).

Page 89.

1. Le cortège nuptial vers la maison de l'époux défilait à la lueur des torches, tenues, entre autres, par la mère de la mariée (*Méd.* 1027 ; *Phén.* 344-345). Que ce rôle fût rempli par le père semble un manquement choquant à l'usage (νόμος).

2. Dans un autre registre, cette idée du partage des tâches se retrouve en particulier dans *El.* 73-75. Le vers 741 est le plus souvent condamné. Même avec l'émendation de Nauck (distinguant parmi les fiancés entre jeunes gens et jeunes filles), ce vers est assez terne. — Clytemnestre sort après ce vers. Elle n'a pas cédé, tandis que la Clytemnestre de Racine s'incline devant l'ordre exprès de son mari (*Iph.* 827-830).

3. Les v. 742-750 n'ont guère trouvé grâce devant la critique. Ils sont nécessaires à l'action et ne sont pas indéfendables, mais le style en est laborieux.

4. Cette courte tirade, qui clôt l'épisode, finit comme il est fréquent par une *sententia.* L'expression est équivoque, mais il semble qu'il y ait une intention dénigrante à l'égard de Clytemnestre (qui célébrera ses propres louanges en 1146 sqq.).

Page 90.

4. Voir *Or.* 809 : παρὰ Σιμουντίοις ὀχετοῖς.

5. Pour l'apothéose des Dioscures et leur transformation en astres, *Tr.* 1001 ; *El.* 990-992 ; *Hél.* 1496-1498, etc. Sur cette légende dont le

caractère cultuel est bien attesté en pays dorien, voir F. Chapouthier, *Les Dioscures au service d'une déesse*, Paris, 1935 ; *Euripide et les... « Chants Cypriens »*, p. 195-198.

6. Pour l'adjectif δορίπονος (ici avec métonymie), voir *El.* 479-480 : δοριπόνων... ἀνδρῶν.

Page 91.

3. En 790-791, le Papyrus de Leyde donne τᾶς γᾶς πατρίας — *lectio facilior* — et confirme la conjecture de Monk, ὀλομένας. Pour ἀπολωτίζειν, voir *Suppl.* 449 ; *Hél.* 1593. La terreur des femmes troyennes lors de la dernière nuit d'Ilion est le sujet d'un chœur d'*Hécube*, 905-952.

4. Pour la naissance d'Hélène, enfant de Léda et de Zeus métamorphosé en cygne, Euripide est notre plus ancien témoin : voir *Hél.* 16-21 ; 214-216 ; 256-259 ; *Or.* 1385-1387 ; *Euripide et les... « Chants Cypriens »*, p. 145-152.

5. On a tort, à notre sens, de parler à propos de ces vers de rationalisme ou de scepticisme de la part d'Euripide. Il présente avec précaution une légende (qui semble, d'après le v. 798, d'origine poétique) opposée à la tradition commune (Hélène fille de Zeus et de Némésis). Même prudence dans *Hél.* 17-18. Pour de telles réserves à propos des mythes en général, voir les réflexions de Pindare, *Ol.* I, 28-29. Pour 799, voir la note au v. 72.

Page 92.

3. De la même façon dans le *Télèphe* daté de 438, Achille rejoignant la flotte grecque s'indignait des retards mis à l'appareillage. On peut citer en particulier trois vers transmis par deux papyrus :

> Κ[ἀγ]ὼ μέν, ὡς ὁρᾶ[τ]ε, δρᾶν ἕτοιμος ὢν
> ἥκω, στρατός τε Μ[υρ]μιδών, καὶ πλεύσ[ομαι
> τὰ τ]ῶν Ἀτρειδᾶ[ν οὐ μένων] μελλήμ[ατα.

Il faut préciser que le dernier vers a été complété par Page précisément d'après *I. A.* 818. Cf. E. W. Handley-J. Rea, *The « Telephus » of Euripides, Bull. Inst. Cl. St., Suppl.* 5, Londres, 1957, p. 1 sqq. ; *Euripide et les... « Chants Cypriens »*, p. 242. L'impatience des Myrmidons explique leur attitude aux v. 1352-1357.

4. Cette distichomythie, qui va jusqu'au v. 856, correspond à une forme qu'Euripide n'emploie largement que dans ses dernières pièces (*Hél.* 1032-1084 ; *Or.* 217-267 ; 1022-1059 ; *Bacch.* 923-962).

5. Pour l'exclamation ὦ πότνι' Αἰδώς, voir l'*Hippolyte voilé* (fr. 436 N[2]), dont le héros témoignait de la même retenue devant les femmes... La correction de Nauck, προσῆκες pour προσέβης, peut s'entendre au sens de *être en rapports* (de parenté), *être lié à* (*I. T.* 550 ; *Suppl.* 472). On a suggéré aussi προσεῖδες (Fix) et προσῆλθες (Paley).

Page 93.

1. La honte manifestée par Achille et son refus scandalisé de serrer la main de la femme d'Agamemnon s'accordent avec les convenances

du ve siècle : l'Électre d'Euripide, femme d'un laboureur, est choquée qu'un inconnu — en fait, son frère — veuille lui serrer la main (*El.* 223 : Ἄπελθε, μὴ ψαῦ' ὧν σε μὴ ψαύειν χρεών), et la réponse d'Oreste (224) va dans le même sens que celle de Clytemnestre. Le v. 831 explicite le jeu de scène et la fausse sortie d'Achille. Pour le malentendu, il rappelle celui d'*Ion* 517 sqq.

2. Pour la surprise qui rend muet, *Hér.* 515 ; *Hél.* 549.

3. Ἀλλ' ἦ ; marque une interrogation nuancée de doute : *Serait-ce vraiment que...?* (*Alc.* 816 ; *Hcld.* 425). La découverte de la méprise par Clytemnestre la plonge à son tour dans la confusion (851 ; comparer *Héc.* 972), et c'est elle maintenant qui veut s'enfuir.

Page 94.

1. Le début de ce vers a été diversement compris. Nous pensons que τόδ(ε) renvoie au contenu de 849-850 : « Il en va de même pour toi à mon égard. » On a peut-être compliqué à l'excès la question du mouvement des personnages : Clytemnestre doit se diriger vers une *parodos*, tandis qu'Achille se prépare à entrer dans la tente par la porte centrale (cf. 861), quand celle-ci est entrouverte par le Vieux Serviteur.

2. Ainsi que l'indique une note du manuscrit P, le passage aux tétramètres trochaïques traduit la hâte du Serviteur. Même type d'entrée en 414 et 1345. Il s'agit évidemment, comme l'avait vu Markland, du même esclave que dans la première scène, et non d'un autre θεράπων, comme l'indiquent les manuscrits.

3. Dans les deux scènes où il était déjà apparu, le Vieillard avait montré un caractère sentencieux. Le verbe ἀδρύνεσθαι était employé par le Chœur d'*Agamemnon* à propos de la captive Cassandre (1205). Achille manifeste sa méfiance à l'égard de tout ce qui touche à Agamemnon. Pour les esclaves comme « biens privés », voir *And.* 374-375.

4. Les manuscrits donnent le vers 863 à Clytemnestre, et la plupart des éditeurs à la suite d'Hermann à Achille, car les stichomythies à trois personnages sont presque toujours constituées d'une succession de dialogues à deux. Le v. 864, à la fois emphatique et mystérieux, exprime un vœu sans en préciser la matière ni les bénéficiaires : pour ce procédé, voir *Hér.* 748 ; 762 ; *Hél.* 1405.

5. ἂν ὤσῃ des manuscrits, dépourvu de sens, a suggéré d'innombrables conjectures, parmi lesquelles ἀνοίσει, *se rapportera à*, ou ἀνήκει (F. W. Schmidt), *concerne*, semblent convenir. La leçon ὄγκον à la fin du vers a été défendue comme un trait d'ironie d'Achille devant l'emphase du Vieillard (on compare Soph., *O. C.* 1162 : βραχύν... μῦθον, οὐκ ὄγκου πλέων). Mais ὄκνον, *incertitude*, *appréhension* donne un sens plus riche (voir Soph., *Ant.* 243). Clytemnestre intervient alors (866) pour tendre la main au Serviteur et lui assurer ainsi une garantie.

6. La préférence du Serviteur pour sa maîtresse rappelle celle du vieil esclave de Créuse (*Ion* 811-812) ou de la servante d'Andromaque (*And.* 59). La situation fait penser à celle d'*Ion*, mais plus encore, peut-être, à celle du *Second Phrixos*, où le secret du maître était de même trahi auprès de la maîtresse (fr. 830 N[2]).

Page 95.

1. Voir la *Notice*, p. 21. Racine s'est efforcé de rivaliser de brièveté avec Euripide. L'auteur de la révélation, Arcas, dit en effet :

« Il l'attend à l'autel pour la sacrifier. »

Au v. 875, le Vieillard semble répondre ingénuement au Πῶς de Clytemnestre, qui n'est qu'une exclamation d'incrédulité. L'insistance sur l'intervention personnelle d'Agamemnon dans le sacrifice trahit l'influence de la version ancienne (voir 935 ; 1177-1178 ; *Notice*, p. 18).

2. Ce sacrifice est plusieurs fois considéré comme un trait de folie (136 ; 401 ; 489). Comparer pour le tour du v. 877 *Or.* 540.

3. Ce vers, ainsi que 893, semblent se rapporter à la version ancienne où Clytemnestre accompagnait sa fille à Aulis (voir la *Notice*, p. 17).

Page 96.

1. La répétition par Achille οὐ φαύλως φέρω... κοὐχ ἁπλῶς οὕτω φέρω a gêné critiques et éditeurs, ces deux expressions ayant un sens voisin. Le héros veut dire, en fait, qu'il est *à la fois* sensible à l'outrage qu'il a subi d'Agamemnon — et qu'il met au premier plan — et au mauvais traitement que le roi a infligé à Clytemnestre et à sa fille.

2. La tirade de Clytemnestre est un modèle de rhétorique persuasive, qui joue sur tous les sentiments que peut éprouver Achille : pitié, orgueil, sens de l'honneur et de la responsabilité...

3. Clytemnestre affirme que la responsabilité morale d'Achille est engagée du moment qu'il a été parlé de lui comme mari d'Iphigénie, même à son insu (cf. 908 ; 936 ; 1356). Sur la valeur juridique de cet argument, voir P. Roussel, *Rev. Ét. Gr.*, 28, 1915, p. 239-240.

4. Cf. *Héc.* 607-08 : ἀκόλαστος ὄχλος ναυτική τ' ἀναρχία | κρείσσων πυρός, κακὸς δ' ὁ μή τι δρῶν κακόν.

5. Le thème du salut est essentiel, et le verbe σῴζω ne revient pas moins de treize fois dans la pièce.

6. Cf. Soph., *El.* 770 : Δεινὸν τὸ τίκτειν ἐστίν.

7. Cette longue tirade d'Achille compte parmi les morceaux les plus malmenés par les éditeurs, et sans doute pour les raisons les moins convaincantes. Ainsi, England dépèce le texte au point de ne reconnaître que 23 vers authentiques sur 55 ! Pour Page, l'ensemble 919-1035 serait post-euripidéen et traduirait la technique de la comédie nouvelle. On reproche pour l'essentiel à cette *rhésis* l'incohérence des idées (notamment de 943 à 958), les répétitions, les invraisemblances psychologiques, les emprunts à d'autres œuvres d'Euripide. Récemment, W. Ritchie (*Dionysiaca* (*Mél. D. Page*), Cambridge, 1978, p. 183-203) a présenté un examen détaillé de ce morceau pour conclure, avec pleine raison à notre sens, à sa cohérence et à son authenticité. Nous lui emprunterons, dans les notes suivantes, quelques-unes de ses remarques.

Page 97.

2. Sur l'éducation d'Achille par Chiron, voir 208 ; 709. Il y a ici référence implicite aux *Préceptes de Chiron*, une sorte de traité de

morale en vers appartenant au corpus hésiodique et qui était couramment étudié dans les écoles d'Athènes. L'accent est mis sur les qualités de franchise et d'indépendance qui sont les marques même du héros chez Homère. Du reste, pas plus qu'Agamemnon Achille n'est lié par le serment des prétendants, car il était pour sa part trop jeune à l'époque du mariage d'Hélène.

3. Le v. 932 est la reprise presque littérale d'un mot prononcé par l'Ombre de Clytemnestre dans les *Euménides* (100). Le vers suivant a été suspecté, à tort : Achille dit qu'il va agir en faveur de Clytemnestre dans la mesure permise à un homme (et non à un dieu), et à un jeune homme (à l'égard d'une femme plus âgée et mariée à un haut dignitaire). περιβάλλειν et καταστέλλειν appartiennent au même domaine métaphorique du vêtement : *envelopper* et *arranger* (*Bacch.* 933 ; Ar., *Thesm.* 256) : *t'entourant de pitié, je te rendrai le calme* (cf. Ritchie, p. 188).

4. La métaphore hardie du « nom qui saisit le fer » est très acceptable dans le contexte et compte tenu de l'exaltation d'Achille (cf. 910 ; 947). Le sacrifice d'Iphigénie constituerait pour Achille une tare non seulement morale, mais véritablement physique.

5. Le vers 943, souvent retranché, contient pourtant un tour parfaitement correct, plus fréquent il est vrai en prose qu'en vers. Ritchie cite Soph., fr. 960 : θαυμαστὰ γὰρ τὸ τόξον ὡς ὀλισθάνει. Il défend aussi la conjecture de Monk, ἠτιμάσμεθα qui s'accorderait avec l'égocentrisme d'Achille et atténuerait la difficulté du δ' auprès θαυμαστά.

Page 98.

3. La référence à l'*Iliade* (I, 395-397) est appuyée, avec une amplification rhétorique qui prête à sourire (μυρίαι... θηρῶσι). Mais l'Achille d'Euripide n'est pas un modeste, comme le prouvent encore les vers suivants.

4. Les v. 962-967 ont été récusés par beaucoup de critiques, à cause de l'argumentation et parce qu'ils sont dits en présence de Clytemnestre (à moins d'adopter la solution, facile, mais douteuse, de l'aparté). Comme l'a bien vu Ritchie, Achille se place par hypothèse dans une tout autre situation (peut-être celle de l'*Iphigénie* de Sophocle ; cf. L. Séchan, *R. É. G.* 44, 1931, p. 384). Le motif de l'intérêt commun (τὸ κοινὸν αὔξειν) tiendra une place importante dans son comportement ultérieur. S'il cite le nom de Clytemnestre en sa présence, ce nom, accompagné de l'article, prend selon Ritchie une nuance élogieuse : « une femme comme Clytemnestre » (son nom est accolé à μοι en fin de vers). De plus, la sensibilité des Grecs n'est pas forcément la nôtre et une telle affirmation d'Achille, qui nous choque, ne choquait sans doute pas le public. Sinon, il pouvait l'interpréter comme une manifestation de l'ἁπλότης d'Achille, qui ne dissimule pas la priorité donnée à ses propres intérêts sur ceux des deux femmes qu'il va protéger.

5. Certains gardent la leçon παρά γε, ponctuent après στρατηλαταῖς et comprennent : « Je ne compte pour rien aux yeux des généraux et il leur importe peu que j'agisse bien ou mal. »

6. Pour cet emploi du futur de οἶδα avec une nuance de menace,

Eschl., *Cho.* 305 ; Eur., *Phén.* 253. Le texte de 971 est altéré, αἵματος étant peut-être une glose remplaçant un autre mot.

7. Encore deux vers très discutés, et défendus avec raison par Ritchie, qui rappelle l'insistance de Clytemnestre sur l'origine divine d'Achille (819, 836, 896), ses supplications en forme de prières aux dieux (900-903 ; 911 ; 915), et aussi l'emploi courant de l'hyperbate par laquelle on assimile un sauveur à un dieu (*Hér.* 521 ; *Rhés.* 385-387). Achille, toujours confiant en lui-même, promet à Clytemnestre de tenir le rôle qu'elle attend de lui.

Page 99.

3. Deux constructions sont possibles : isoler δι' αἰδοῦς (*Bacch.* 441 : δι' αἰδοῦς εἶπον) ou, moins bien, le rattacher au participe : δι' αἰδοῦς... ἔχουσα = αἰδουμένη, et ὄμμα à l'accusatif de relation.

4. Nauck et England retranchent ce vers, à tort. Clytemnestre, avec son pragmatisme, est prête à renoncer aux convenances, si elle peut ainsi sauver sa fille (voir 901-902, 1033, 1343-1344).

5. ἀμαθές : soit *ignorant* (de la situation), soit plutôt *qui n'est pas instruit, sot.*

Page 100.

2. De nouveau, des vers (1017-1023) condamnés par Dindorf et England. S'ils manquent d'éclat et si l'établissement du texte fait parfois difficulté (notamment 1017-1018 ; 1022-1023), ils complètent heureusement le caractère de ce « nouvel » Achille, plus prudent que téméraire. Pour certains (Grube, *The Drama of Euripides*, p. 431 ; Conacher, *Euripidean Drama*, p. 260), Euripide veut faire sourire le public de son héros, et les remerciements de Clytemnestre (1024) sont ironiques ; nous ne le croyons pas (voir la *Notice*, p. 35 et n. 2).

Page 101.

4. Les Piérides, Muses de Piérie, dans la région de l'Olympe, assistent à ces noces, comme les Muses béotiennes de l'Hélicon aux noces de Cadmos et d'Harmonie, les deux scènes étant souvent associées. Dès les *Chants Cypriens* (fr. III Al.), les noces des parents d'Achille se déroulaient sur le Pélion, dans la caverne de Chiron (aussi chez Alcée, Pindare, et *supra* 705). Au v. 1045, nous gardons le μελῳδοί des manuscrits (μελῳδοῖς Elmsley) car Euripide applique toujours cette épithète aux chanteurs, et non à leur chant.

5. C'est précisément sur le Pélion et contre les Centaures que Pélée avait accompli, avec l'aide de Chiron, un exploit qui l'avait distingué aux yeux des dieux (*Catal.*, fr. 78-79 ; 81 M.-W.) ; *Euripide et les... « Chants Cypriens »*, p. 64-65.

6. L'expression s'inspire des vers de l'*Iliade* (A 598) montrant Héphaïstos (qui figure à la même place de l'antistrophe, en 1072) jouant le rôle d'échanson, ainsi que du vers de l'*Hymne homérique à Aphrodite* (206) où Ganymède remplissait la même fonction ; cf. encore *Troy.* 819-824.

Page 102.

3. Il est de peu d'intérêt de se demander où finit exactement le chant prophétique (England l'arrête à 1067). On remarquera la variante légendaire qui attribue à Achille des armes d'or, présent d'Héphaïstos, avant son départ pour Troie (et non après la mort de Patrocle, comme dans l'*Iliade*). Il n'y a pas là simple inadvertance ou invention d'un interpolateur, puisque la remise de ces armes à Achille par les Néréides en Grèce même formait le thème d'un *stasimon* d'*Électre* (434 sqq.).

4. Le récit se conclut sur une note joyeuse (1076 : μακάριον) et suivant le procédé de la composition annulaire (1036 : ὑμέναιος ; 1079 ὑμεναίους). Il manque apparemment deux thèmes attendus : la remise aux époux des présents des dieux, remplacée par l'évocation des armes d'Achille, et surtout la querelle des déesses suscitée par Éris et cause directe du jugement de Pâris, plusieurs fois évoquée ailleurs dans la pièce.

Page 103.

2. Le chant établit un parallèle entre la génisse, élevée par les bergers en vue du sacrifice, et Iphigénie, élevée par sa mère en vue d'épouser un noble argien (un descendant du fondateur Inachos). νυμφόκομον... γάμον fait problème : nous comprenons : (afin d'être) *une épouse parée pour les noces* (pour ce sens de γάμος, *And.* 103 ; pour le verbe νυμφοκομεῖν, *Méd.* 985.).

3. Ces vers paraissent déborder le contexte de la pièce. A. Bonnard (*Mus. Helv.* 2, 1945, p. 97) y voyait l'affirmation de la solitude de l'homme et de sa nature pervertie. A. Rivier (*Essai*..., p. 85), l'introduction de la responsabilité humaine à côté de la fatalité. Pour H. Weil, c'était un cri d'inquiétude du poète devant la démoralisation de la Grèce à la fin de la guerre du Péloponnèse. On peut encore y voir un motif littéraire : dans le prologue des *Chants Cypriens*, qui ont fourni leur thème principal à ce *stasimon*, une des causes de la guerre de Troie était la plainte de la Terre, « accablée par le poids des humains et alors qu'aucune piété n'existait parmi eux » (sc. AD en A 5 ; *Kyp.*, fr. I Al.). Une glose paraît s'être glissée dans le texte (δύναμιν glosant δύνασιν).

4. Pendant ce chant du Chœur, Clytemnestre a révélé à sa fille les véritables intentions d'Agamemnon (1100-1102). Le troisième épisode débute par un dialogue de forme irrégulière (1098-1145), avec une faible partie en stichomythie, contrairement aux stichomythies nettement construites des pièces tardives d'Euripide (cf. B. Seidensticker, in W. Jens, *Die Bauformen der Tragödie*, p. 212). Le rôle prédominant de Clytemnestre est bien marqué par le rapport des vers prononcés par chacun (28 1/2 pour Clytemnestre, 19 1/2 pour Agamemnon). Dans la première partie de la scène, 1114, 1117-1119 et 1126 sont retranchés par England. Page suspecte seulement ces vers (ainsi que 1106-1108, 1110 et 1118-1123) d'être des amplifications *spectaculi causa*.

Page 104.

1. Pour purifier le lave-main (χέρνιψ), on y plongeait une braise du foyer (*Hér.* 928-929). Pour l'expression καθάρσιον πῦρ, *Hér.* 937 ; voir *infra* 1471. On comparera pour l'expression *El.* 803-804 : Λαβὼν δὲ προχύτας... ἔβαλλε βωμούς. Le mot μόσχοι est chargé d'une grande force dramatique, si l'on se rapporte à 1083. On conviendra en revanche que le v. 1114 pourrait être supprimé sans dommage.

2. Les v. 1117-1123 ont été suspectés à divers titres. Il est cependant nécessaire, comme le remarque England, qu'Iphigénie puisse entendre ce qui va être dit entre Clytemnestre et Agamemnon. Pour les beaux vers 1122-1123, voir l'*Iphigénie en Aulide*, 1171-1172 :

« Ma fille, vous pleurez,
Et baissez devant moi vos yeux mal assurés. »

Cette apparition d'Iphigénie en larmes et voilée fait contraste avec son arrivée joyeuse en 640. Il y a là ce qu'O. Taplin appelle à propos d'Eschyle des scènes-miroirs.

3. L'aspect rhétorique de ces vers n'est pas un indice d'inauthenticité. Un personnage tragique dans l'embarras peut s'interroger ainsi, dans une sorte de semi-aparté, sur la conduite ou les propos à tenir : ainsi par exemple Électre (*El.* 907-908) : Εἶεν · τίν' ἀρχὴν πρῶτά σ' ἐξείπω κακῶν, | ποίας τελευτάς ; τίνα μέσον τάξω λόγον ;

Page 105.

2. La question d'Agamemnon en 1138 prend un sens différent avec l'actif ἠδίκησας : « Pourquoi (ou en quoi) m'as-tu fait tort? », ou le passif ἠδίκησαι : « En quoi t'a-t-on fait tort? ». Le v. 1139 est donné par les manuscrits à Agamemnon. England admet cette attribution et comprend ὁ νοῦς, l'*intelligence*, ou l'*esprit* (qui consiste à poser une telle question). Le v. 1140 est le seul de la scène qui mérite pour D. Bain, *Actors and Audience*, p. 55-56, le qualificatif d'aparté. On peut même se demander si son cas est bien différent des précédents : σιγᾶν (1142) et σιωπῶ (1144) marquent moins un silence d'Agamemnon qu'un refus de répondre à des questions de Clytemnestre dont celle-ci connaît déjà la réponse. Comparer l'exclamation du roi chez Racine (*Iph.* 1174) :

« Ah ! malheureux Arcas, tu m'as trahi. »

3. Clytemnestre va plaider la cause d'Iphigénie, mais en fait elle parlera surtout d'elle-même, dans un discours révélateur des aspects cachés de sa personnalité.

4. Cette légende apparaît ici pour la première fois, et elle n'aura que des témoins rares et tardifs. Cependant, elle présente des caractères anciens et peut remonter à une épopée du cycle (on songerait à l'*Alcméonide*, qui faisait le lien entre les cycles thébain et troyen). On a pensé aussi à Stésichore (voir *Euripide et les... « Chants Cypriens »*, p. 276, n. 2). Ce Tantale (II) était un descendant du fondateur de la dynastie. Il est généralement donné comme fils de Thyeste (Apollod., *Ep.* II, 5 ; Paus. II, 18, 2 ; II, 22, 2). Le massacre du fils de Tantale, tout sauvage qu'il est, répond à un précepte bien connu, illustré

notamment par un vers des *Chants Cypriens* (fr. XXV Al.) : « Sot est celui qui tue le père et laisse vivre les enfants. » Cf. aussi Hdt. I, 155 ; Eur., *Troy.* 721-725. Ce meurtre serait une des causes de la vengeance d'Égisthe, autre fils de Thyeste, sur Agamemnon.

Page 106.

4. L'expression du v. 1173 appartient au langage courant, comme le montre Platon, *Rép.* VI, 492 c : τὸ λεγόμενον. Avec des sentiments différents, l'Électre de Sophocle (*El.* 266-270) contemplant Égisthe assis sur le trône d'Agamemnon et l'Admète d'Euripide (*Alc.* 945-947) s'imaginant en face du siège vide d'Alceste, s'expriment en des termes très voisins.

Page 107.

4. Le texte du vers 1193 est lui aussi altéré. Elmsley a substitué ἵν(α) à ἐὰν, améliorant mètre et sens. On a parfois conservé la leçon προθέμενος, de προτίθεσθαι, *placer devant soi, préférer* (Paley) ; pour E. Cahen, *l. c.*, l'emploi était métaphorique : *exposer en public, mettre à l'encan* (à l'instar d'Iphigénie elle-même, vendue pour le salut commun). On préfère généralement les conjectures d'Elmsley, προέμενος ou de Weil, προσέμενος : *ayant laissé approcher, admis près de toi.* Pour l'expression διὰ λόγων ἰέναι au sens de *réfléchir à*, cf. *Méd.* 872 ; *Troy.* 916. Clytemnestre ne fait que reprendre ici les critiques de Ménélas (354-357).

5. W. H. Friedrich (*Hermes* 70, 1935, p. 97, n. 2) estime que ce motif du tirage au sort a pu appartenir à une version légendaire plus ancienne, mais non nécessairement tragique. On le retrouve mentionné à propos du sacrifice de Macarie (*Hcld.* 543-546) comme une manière d'agir ἐνδικωτέρως.

6. Pour l'argumentation, voir *supra* 396-399. Racine l'a reprise (*Iph.* 1268-1272). A travers le blâme, on discerne la jalousie de Clytemnestre, mère « irréprochable » (1158) à l'égard d'une sœur à la conduite scandaleuse. Au v. 1204, plusieurs éditeurs écrivent ὑπότροπος ou ὑπότροφος : *s'occupant d'elle* (Hermione). κομίζειν a le sens, surtout épique, de *protéger, prendre soin de.*

Page 108.

3. L'évocation d'Orphée a été jugée trop rhétorique; en fait, il s'agit d'un lieu commun, comme le prouvent les références tragiques : Eschl., *Ag.* 1629 ; Eur., *Méd.* 543 ; *Cycl.* 646-647, et surtout *Alc.* 357-362, très proche de notre passage par le tour de la phrase d'Admète et le vocabulaire (Εἰ δ' Ὀρφέως μοι γλῶσσα... ὥσθ'... κηλήσαντα... κατῆλθον ἄν).

4. L'image était plus parlante pour les Anciens que pour nous : l'ἱκετηρία était un rameau d'olivier muni de bandelettes de laine, dont le suppliant touchait l'autel ou la personne implorée. Ici, tout le corps d'Iphigénie s'identifie avec ce rameau, en s'attachant au genou d'Agamemnon. L'expression indique le jeu de scène, comme en 1227.

5. Le génitif εὐδαίμονος des manuscrits conviendrait pour le sens (« au foyer d'un heureux mari »), moins bien pour le mètre, (anapeste « déchiré »).

Page 109.

3. Le v. 1249 a été diversement ponctué et interprété. Nous comprenons : *en résumant tout en un mot, je l'emporterai sur tout argument.* φῶς βλέπειν ou ὁρᾶν, c'est vivre pour un Grec, et il n'est pas surprenant que ce thème revienne comme un leit-motiv dans la pièce (484 ; 1218-1219, et pour φάος /φῶς, 1281 ; 1394 ; 1502 ; 1509 ; 1571). Bien sûr, Iphigénie est très loin de l'héroïsme d'un Ajax, qui définissait ainsi son idéal : καλῶς ζῆν ἢ καλῶς τεθνηκέναι (*Aj.* 479). Polyxène disait aussi (*Héc.* 378) : τὸ γὰρ ζῆν μὴ καλῶς μέγας πόνος. Mais cet attachement naturel à la vie donnera plus de valeur dramatique à son revirement.

4. Sur ce motif de la responsabilité d'Hélène, voir 467-468 ; *I. T.* 356 ; 566 ; *El.* 1027-1029.

Page 110.

3. Tout le passage 1264-1275 est athétisé par Dindorf, Paley, Cecchi, 1264-1268 par Hennig et England, 1270 par Nauck et England, Page suspecte 1263 et 1270, etc. On ne peut nier qu'il y ait quelque désordre dans l'argumentation d'Agamemnon, voire des discordances entre 1264-1268 et 1269-1275. Ces raisons ne sont pas décisives : l'Atride, aux abois, livre pêle-mêle les motifs qui l'obligent à obéir à l'oracle, et dont la plupart ont déjà été exprimés précédemment. Comparer 1282-1283 et 89-93 ; 1263-1264 et 808-809 ; 1267-1268 et 533-535. Pourtant, Agamemnon dégage ici plus nettement deux buts de guerre essentiels : faire cesser les rapts des Grecques par des barbares (1266 ; 1274-1275) et lutter contre ceux-ci, tous les Grecs réunis, pour la liberté de l'Hellade (1265 ; 1271-1274). Il est important que ce soit sur cette déclaration qu'Agamemnon quitte — définitivement — la scène.

4. La monodie d'Iphigénie est précédée d'un bref dialogue anapestique qui donne comme le ton du chant suivant. Les formes μᾶτερ et ἀελίου (si on les admet) laissent à penser qu'il ne s'agit pas d'un système, mais d'anapestes lyriques. Pour l'expression, comparer 1277 et *Hipp.* 1178 : ταὐτὸν δακρύων ἔχων μέλος.

Page 111.

3. Les éditeurs se partagent entre les leçons ὤφελες et ὤφελεν. Nous avons modifié notre première traduction en tenant compte des arguments de M. Huys (*LEC*, 54, 1986, p. 135-146). Celui-ci cite plusieurs passages parallèles sugérant que c'est l'Ida lui-même (1284) qu'est interpelé par Iphigénie.

4. Le cadre du jugement des déesses est présenté avec un grand luxe de détails pittoresques. Sur les sources de l'Ida (qualifié de πολυπῖδαξ dans l'*Iliade*, voir *supra* 182. Deux fragments des *Kypria* (IV et V Al.)

décrivaient la toilette d'Aphrodite avant le jugement et énuméraient les essences de fleurs parfumant sa robe, dont la rose et la jacinthe (IV, 3-4). Sur les peintures de vases à figures noires, les déesses tiennent fréquemment des fleurs à la main.

5. On croit voir le cortège des déesses guidées par Hermès, tel qu'il figure sur de très nombreux vases attiques (voir C. Clairmont, *Das Parisurteil in der antiken Kunst*, Zürich, 1951).

6. Les raisons alléguées par les déesses pour obtenir le prix de la beauté peuvent remonter à la scène de querelle des Noces de Thétis et de Pélée ; elles remplacent ici un autre motif traditionnel, celui des offres adressées à Paris par chacune d'elles. Ces motifs d'orgueil ont tous leurs origines dans l'*Iliade* : dons de séduction d'Aphrodite (Ξ 198-199 ; cf. *Hymne hom. Aphr.* 1-5) ; fierté de guerrière d'Athéna (Φ 410-411) ; prestige d'Héra, épouse de Zeus (Δ 59-61 ; Ξ 213 ; cf. *Troy.* 978).

7. Les mots κρίσις et ἔρις sont rapprochés à dessein. C'était le titre de deux drames satyriques de Sophocle, *Eris*, la *Querelle* (fr. 199-201 P.) et *Crisis*, *Le Jugement* (fr. 360-361 P.), consacrés à ces deux épisodes. Querelle et jugement sont pareillement associés dans *Héc.* 644-646. La correction d'Hermann, προθύματ(α) offre une construction acceptable. Elle permet surtout de dégager une double antithèse : entre le concours de beauté des déesses et la mort promise à Iphigénie ; entre la gloire que son sacrifice donnera à l'ensemble des Grecs et la lâcheté d'Agamemnon (μὲν... δὲ), qu'elle va stigmatiser en termes très durs (1314 : προδούς ; cf. 1278).

Page 112.

3. Il est fait ici nettement référence à des vents contraires, alors qu'ailleurs l'ἄπλοια semble causée par l'absence de vents ; mais R. G. Bury (*Proc. Cambr. Phil. Soc.* 178, 1941-1945, p. 6) tire de ce passage des conclusions excessives en rejetant à une date plus tardive la tradition du calme plat. Les discordances, sur ce point et sur d'autres, ne manquent pas dans la pièce.

4. Iphigénie glisse à des réflexions sur la manière dont Zeus distribue les vents aux hommes suivant son bon plaisir (bien entendu, ces vents sont *aussi* ceux de la fortune). Elle pose une série d'antithèses, tantôt de verbes, tantôt de substantifs, mais la pensée est loin d'être claire. On peut à notre avis constituer deux groupes : les vents favorables (λαιφέσι χαίρειν, ἐξορμᾶν, enfin στέλλειν : *amener les voiles* au terme du voyage) et les vents défavorables ou l'absence de vent (λύπαν, ἀνάγκαν, μέλλειν).

5. Le texte et le sens de cette maxime ne sont pas sûrs. En tout cas, Iphigénie « dépersonnalise » en quelque sorte son malheur en y voyant un effet de la condition humaine. Sur la clausule métrique des v. 1331-1332, semblable à *Phén.* 1580-1581, *cf.* M. L. West, in *ZPE.*, 45, 1982, p. 3.

6. Pour l'idée, voir dans l'*Iliade* A 2, la colère d'Achille : ἣ μυρί' Ἀχαιοῖς ἄλγε' ἔθηκε. Cf. *Troy.* 369 ; *Or.* 743 ; 1305-1306.

7. Euripide emploie ici encore (1338-1401) le tétramètre trochaïque,

mais en y joignant un emploi développé de l'*antilabè*. Euripide n'use guère de ce procédé que dans ses derniers drames (*Hélène*, *Phéniciennes*, *Oreste*). Il témoigne de l'extrême agitation des interlocuteurs : ainsi pour le rapport d'Achille entrecoupé par les vives demandes de Clytemnestre (1345-1348 et 1355-1357). Une courte scène se déroule d'abord entre Clytemnestre et sa fille (1338-1344) pendant l'arrivée d'Achille, accompagné de quelques-uns de ses hommes (1338). Les termes d'αἰδώς, ἁβρότης et σεμνότης qualifient bien la pudeur d'Iphigénie (cf. 996-997), qui cherche à se dissimuler à la vue d'Achille dans la tente. Pour un échange analogue entre Antigone et Jocaste, voir *Phén.* 1276 : AN. Αἰδούμεθ' ὄχλον. — IO. Οὐκ ἐν αἰσχύνῃ τὰ σά. En 1344, ἢν δυνώμεθα est possible, mais faible (voir 1420).

Page 113.

1. Avec les mots πάντες Ἕλληνες apparaissent à la fois le motif de la pression de l'armée sur ses chefs et le thème de l'intérêt panhellénique lié au sacrifice de la jeune fille.

Page 114.

1. Sur ce motif de la révolte des Myrmidons contre leur chef, voir la *Notice*, p. 18. Dans une telle société militaire, le guerrier qui place l'amour avant l'honneur ou l'intérêt général est méprisé. Voir par exemple *And.* 631 : Ἥσσων πεφυκὼς Κύπριδος, ὦ κάκιστε σύ ; Soph., *Ant.* 746 ; 756, etc. Le loyal Achille est amené ici à mentir (1356). Qu'en pensait le spectateur athénien? La remarque de Clytemnestre (1357) se retrouve dans *Or.* 772 : δεινὸν οἱ πολλοί. On est tenté d'y voir la pensée même d'Euripide.

2. Ces armes sont celles d'Achille, portées par ses soldats, et qui témoignent de sa volonté persistante de défendre Iphigénie.

3. Euripide se souvient ici de la forme antérieure de la légende, où Iphigénie était traînée au supplice. Ulysse est l'exécuteur des basses œuvres des Grecs, tant pour le sacrifice de Polyxène (*Hécube*) que pour le meurtre d'Astyanax (*Troyennes*). Au v. 1362, on comprend parfois ἄξει δ' : *il l'emmènera*. Pour Ulysse fils de Sisyphe, voir 524. Le mouvement du v. 1364 rappelle *Hél.* 1633. Le geste qu'Achille prête à Ulysse est celui du vainqueur entraînant une captive de guerre : Eschl., *Sept* 326-329 ; Eur., *And.* 401-402 ; *Hél.* 116, et les peintures de vases représentant des prises de villes (Ilioupersis, par exemple).

Page 115.

3. L'impossibilité de continuer à lutter (καρτερεῖν) constitue un premier ἀδύνατον. Iphigénie rejoint ainsi le sentiment d'Agamemnon, et par là même l'excuse. Second thème : le vain danger couru par Achille (qu'elle ne nomme pas, par pudeur : τὸν ξένον... ὅδε ; de même en 1392). Rappelons que pour W. D. Smith, c'est par amour pour Achille qu'Iphigénie accepte de mourir et tous ses autres arguments ne sont que de fausses raisons. Sur la crainte du blâme de l'armée, voir 1392-1394, et *supra* 999 ; 1354-1357.

4. Iphigénie marque les étapes de son raisonnement au fur et à

mesure qu'elles se précisent dans son esprit (1377, 1383, 1392, et la forte particule composée en 1385). Le μοι de 1375 a été compris tantôt *pour moi*, tantôt *par moi*. Le second sens est sûrement le vrai : la décision d'Iphigénie est délibérée (ἐννοουμένη, βούλομαι, σκέψαι) et irrévocable, née d'un idéal généreux (1376). Pour le thème de la gloire (1378), voir 1383 : κλέος ; 1399 : δόξα.

5. εἰς ἔμ' et κἀν ἐμοὶ en tête de vers témoignent de la prise de conscience par Iphigénie de l'importance de son rôle. Pour Ἑλλὰς ἡ μεγίστη, voir *Méd.* 439 : Ἑλλάδι τᾷ μεγάλᾳ. La jeune fille reprend la substance des paroles d'Agamemnon en 1266 et 1274-1275. Le texte de 1381-1382 ne justifie pas les condamnations de certains éditeurs (England retranche 1381), et les quelques corrections proposées le rendent acceptable.

6. Praxithéa usait du même type d'argument dans *Erechtée*, fr. 360 N², 14-15 : τέκνα τοῦδ' ἕκατι τίκτομεν, | ὡς θεῶν τε βωμοὺς πατρίδα τε ῥυώμεθα. Mais le patriotisme d'Iphigénie s'étend à tous les Grecs (1406). En 1385, aussi bien que le τι d'Emsley, on pourrait admettre le τὸ de Bothe.

7. Voir ce que dit Agamemnon en 1269-1273. La forme fait difficulté pour le v. 1391, mais non le fond : Iphigénie se persuade de la justesse de ses raisons.

Page 116.

4. Ce thème de la supériorité des Grecs sur les barbares est résumé dans une formule retenue par Aristote, mais c'est un lieu commun de la littérature du Vᵉ siècle, admis par tous à l'exception de quelques sophistes. Chez Euripide, voir *Télèphe*, fr. 719 N² ; *And.* 665-666 ; *Troy.* 933 ; *Hél.* 276 (τὰ βαρβάρων γὰρ δοῦλα πάντα πλὴν ἑνός) ; *Or.* 1115.

5. On revient aux trimètres avec les deux vers du Chœur. Son admiration pour la jeune fille s'assortit d'une condamnation (timide) de l'oracle et du rôle des dieux. Pour l'expression, comparer *Phén.* 1202 : Καλῶς τὰ τῶν θεῶν καὶ τὰ τῆς τύχης ἔχει. Le rapprochement de la divinité et de la *tychè* est significative. Au IVᵉ siècle, c'est celle-ci qui passera généralement pour gouverner le destin des hommes.

6. Pour Page, il ne s'agit dans les v. 1404-1432 que d'une assez bonne imitation d'Euripide et il rejette un tiers au moins des vers comme indignes du poète. H. Siegel au contraire les défend, à l'exception de 1425.

7. L'optatif τύχοιμι (là où l'on attendrait l'imparfait de l'irréel) montre qu'Achille ne désespère pas encore de sauver la jeune fille. Un tour analogue à celui du v. 1406, mais négatif (οὐκ ἀξιῶ) se trouve dans *And.* 328-329. A son tour, Achille adopte le motif de la croisade panhellénique.

8. A la suite de Monk, de nombreux éditeurs retranchent les deux vers 1408-1409, qui rompent à leur avis la suite des idées et sont de mauvaise facture. Le second reproche nous semble plus justifié que le premier (ὅ ne représente évidemment pas τὸ θεομαχεῖν, mais le pouvoir divin). Achille peut reconnaître par la raison le bien-fondé des arguments d'Iphigénie, et en même temps souhaiter, sous l'effet

des sentiments amoureux qui s'éveillent en lui, la sauver de la mort (d'où le δέ en 1410).

9. Achille ne fait que répéter ce qu'affirmait (avant son revirement) Iphigénie en 1250-1251.

Page 117.

2. La critique s'est acharnée sur les v. 1422-1432, en particulier sur les huit derniers. Selon Dindorf et Wecklein, 1424-1427 et 1428-1432 formeraient une dittographie. Vitelli a tenté de modifier l'ordre des vers, sans grand succès. En fait, le texte reçu peut être justifié, ainsi que l'a entrepris H. Weil. Ὦ λῆμ' ἄριστον se retrouve dans *I. T.* 609. Le v. 1425 est terne et pourrait être assez facilement retranché, mais aucune raison décisive n'y oblige. La remarque est valable à un moindre degré pour 1427. On ne peut en tout cas tirer argument de la contradiction avec le v. 1568, dont l'authenticité est beaucoup plus douteuse.

3. Le terme d'ἀφροσύνη a choqué la critique, puisque Achille venait de reconnaître le caractère raisonnable de la décision d'Iphigénie. Mais il pouvait encore tabler sur une réflexion plus approfondie de la jeune fille, l'instant d'exaltation passé, et sur sa peur de la mort (1415 ; 1429). Et il n'y a pas d'invraisemblance à ce qu'il renouvelle une promesse de nature à rassurer Iphigénie (H. Weil).

4. Cette scène d'adieux en stichomythie (avec *antilabè* aux v. 1459-1460 et 1464-1466) est conduite à peu près comme la scène des adieux de Polyxène à Hécube (*Héc.* 402-443). On comparera notamment 1447 et *Héc.* 422 ; 1459 et *Héc.* 408 ; 1460 et *Héc.* 398 ; 1466 et *Héc.* 439. Avec la différence que, dans *Hécube*, il y a un tiers, Ulysse, et que Polyxène quitte sa mère totalement désespérée. Chez Iphigénie cohabitent la douleur de quitter la vie et les siens et une sérénité née de la vision de la gloire qui l'attend. Pour l'expression de 1433, voir *Méd.* 922.

5. Dindorf et England retranchaient le v. 1438, qui brise la stichomythie et ferait double emploi avec 1448. Mais ici il s'agit de Clytemnestre, et en 1448 de ses filles. Dans ces vers, Iphigénie se réfère aux rites traditionnels (1443 : νομίζεται) du deuil (πενθεῖν en 1481), que Clytemnestre devra omettre : se couper les cheveux (c'est le πλόκαμος πενθητήριος), verser la terre d'un tombeau (1442), prendre des habits noirs (1438 ; 1448). Dans la scène d'*Hécube* (422), c'était la jeune fille qui se chargeait d'un message pour les morts, son père et son frère.

Page 118.

1. England retranchait les quatre vers relatifs au petit Oreste, tout en reconnaissant que les deux derniers ne prêtent guère à critique. Pour ἐπικουρεῖν, voir 1241.

2. Le spectateur savait que la générosité d'Iphigénie serait vaine et que Clytemnestre ne pardonnerait pas à son mari. Ses réponses sont lourdes de menaces et les allitérations témoignent de sa fureur cachée (dentales, sifflantes). Le nom d'Atrée veut-il rappeler qu'Aga-

memnon n'a pas été digne de ce père « qui ne tremblait pas » (cf. 321)?

3. Pour ce motif, voir 1356 et la note.

Page 119.

3. Le chant de sortie d'Iphigénie isole à la manière d'un *stasimon* les cent derniers vers, qui forment l'*exodos* proprement dite. Le dialogue lyrique avec le Chœur n'occupe que la partie centrale (1498-1519). Ce chant alterné est précédé et suivi de deux longs couplets, l'un d'Iphigénie, l'autre du Chœur. Ils se répondent en partie (ainsi 1475-1479 et 1509-1513), mais sans qu'il y ait une véritable *responsio*, telle qu'Hermann et Nauck ont cherché à l'établir entre 1475-1490 et 1510-1520. Le rythme dominant est iambique, et le chant s'accompagne d'une danse circulaire du Chœur (1480-1481). L'adjectif ἑλέπτολις semble une création d'Eschyle (*Ag.* 689), qui l'applique à Hélène. Pour cette *deuotio*, comparer les paroles de Macarie, en trimètres toutefois, dans les *Héraclides*, 528-530.

4. Le texte des v. 1485-1486 ne mérite pas les suspicions qu'il a soulevées : αἵματα et θύματα sont deux termes bien attestés au pluriel chez Euripide ; ἐξαλείφειν θέσφατα signifie à notre avis *effacer* l'interdit énoncé par l'oracle (le verbe s'emploie pour un édifice qu'on badigeonne à la chaux). La métaphore peut être aussi celle d'une *dette* ou d'une *obligation* que l'on efface d'une tablette (parce que le nécessaire a été fait).

5. Les v. 1487-1490 sont attribués à tort par les manuscrits au Chœur. Ils n'exigent pas que Clytemnestre soit encore en scène. Pour cette interdiction rituelle de pleurer, voir 1466 et note ; *Suppl.* 289-290. Dans *Iphigénie en Tauride*, l'héroïne se rappelle au contraire « les larmes et les sanglots auprès de l'autel » (860).

Page 120.

4. Les vingt-deux vers qui suivent représenteraient le temps pendant lequel s'accomplit le sacrifice, jusqu'à l'arrivée du Messager. Pour cette grave difficulté, voir la *Notice*, p. 26. Aussi beaucoup d'éditeurs (Kirchhoff, England, Wecklein, etc.) font-ils commencer ici la partie apocryphe qui s'étendrait jusqu'à la fin de la pièce. D. Page (*o. c.*, p. 191-192) dénonce de plus dans ce passage la pauvreté de la pensée et la faiblesse de l'expression, les reprises de termes dès v. 1475-1476, et attribue ces vers à « une mauvaise main du IVe siècle ». D'autres, comme Webster ou Cecchi, estiment le passage authentique, même si le texte en est mal assuré. De fait, il ne nous paraît pas sans mérites poétiques et la symétrie avec le début du *commos* serait plutôt, à notre sens, un indice d'authenticité.

Page 121.

4. Le Messager qui va décrire le sacrifice d'Iphigénie est un des serviteurs d'Agamemnon qui ont conduit la jeune fille à l'autel (1463 ; 1543-1544). Parmi les critiques qui tiennent ce récit pour authentique, au moins jusqu'au v. 1571 (ou 1578), plusieurs supposent l'existence d'une lacune entre 1531 et 1532, pour ménager un temps de

théâtre suffisant après la sortie d'Iphigénie. Selon Page, cette description, illustrée par les bols mégariens, pourrait être pour l'essentiel du IVe siècle.

5. δεινά a le sens d'*étranges* plutôt que de *terribles*. Weil propose de substituer κέδνα (*heureuses*, pour des nouvelles), et Murray κλεινά.

Page 122.

3. Les paroles d'Iphigénie rappellent celles de Polyxène (*Héc.* 547-552), mais les rapprochements restent ponctuels, sauf pour 1559 (même idée, *Héc.* 548-549) et 1560, qui reproduit presque littéralement *Héc.* 549. Mais, comme dans les v. 1502-1503, l'attitude d'Iphigénie traduit sa fierté de mourir pour le salut de la Grèce.

4. Dans *Hécube* (531-533), Talthybios réclame de même le silence pour le sacrifice de Polyxène.

5. Le geste de Calchas est conforme au rite (Ar., *Paix* 948 et sc.; *Héc.* 543-544) : il tire le couteau du sacrifice du fourreau pour le déposer dans la corbeille contenant les grains d'orge. Mais Iphigénie était déjà couronnée (1477-1478 ; 1512-1513).

Page 123.

3. Pour Th. Zielinski (*Tragodoumenon*..., p. 282), il est contraire aux usages tragiques que l'armée s'aperçoive du prodige qui vient de s'accomplir.

Page 124.

3. Nous corrigeons avec Bothe et Hermann λύπης en λύπας, d'après la construction de *Méd.* 456 : ὀργὰς ἀφῄρουν.

4. H. Weil reconnaît dans ces vers le « cachet » d'Euripide, mais l'idée est banale et n'exclut pas une imitation. On pense à la formule stéréotypée, en anapestes, qui termine des drames comme *Alceste*, *Médée*, *Andromaque*, *Hélène* et les *Bacchantes*. Mais cette formule est ici adaptée au sujet.

TABLE DES MATIÈRES

	Pages
Sigla	7
Notice	8
Texte et traduction	59
Notes complémentaires	127

Ce volume,
le deux cent quatre-vingt-onzième
de la série grecque
de la Collection des Universités de France,
publié aux Éditions Les Belles Lettres,
a été achevé d'imprimer
en août 2023
sur les presses
de La Manufacture Imprimeur
52205 Langres Cedex, France

N° d'édition : 10730
N° d'impression : 230623
Dépôt légal : août 2023